中國學術思想 研究輯刊

十 二 編

林 慶 彰 主編

第 **8** 冊

《詩經》男性人物形象研究（上）

譚 莊 蘭 著

花木蘭文化出版社

國家圖書館出版品預行編目資料

《詩經》男性人物形象研究(上)／譚莊蘭 著 — 初版 — 新北市：
花木蘭文化出版社，2011〔民 100〕
目 4+186 面；19×26 公分
（中國學術思想研究輯刊 十二編；第 8 冊）
ISBN：978-986-254-650-5（精裝）
1. 詩經　2. 男性　3. 形象　4. 研究考訂
030.8　　　　　　　　　　　　　　　　100015768

ISBN-978-986-254-650-5

9 789862 546505

中國學術思想研究輯刊
十二編　第八冊　　　　　　ISBN：978-986-254-650-5

《詩經》男性人物形象研究（上）

作　　者　譚莊蘭
主　　編　林慶彰
總 編 輯　杜潔祥
出　　版　花木蘭文化出版社
發 行 所　花木蘭文化出版社
發 行 人　高小娟
聯絡地址　新北市永和區中正路五九五號七樓
　　　　　電話：02-2923-1455／傳眞：02-2923-1452
網　　址　http://www.huamulan.tw 信箱 sut81518@gmail.com
印　　刷　普羅文化出版廣告事業
封面設計　劉開工作室
初　　版　2011 年 9 月
定　　價　十二編 55 冊（精裝）新台幣 90,000 元
版權所有・請勿翻印

《詩經》男性人物形象研究（上）

譚莊蘭　著

作者簡介

譚莊蘭，目前任教於台中市之國民中學，凡一十七年，秉兢兢業業之教育熱忱，懷夙夜匪懈之學習心態，素得學生之欽敬仰賴，同僚之佩服請益。自民國八十三年畢業於國立台灣師範大學，承受業師長 余培林教授之感召，除用心教學外，對《詩經》之研究不遺餘力。曾於中國文化月刊、台中縣教師研究論文比賽發表學術論文，顯見研究能力堪稱傑出。持「教，然後知困；學，然後知不足」之理念，於九十四年研修於東海大學中文研究所，師事 呂珍玉教授，進行《詩經》之深入探討與研究，藉由文學、政治、文化之視角，完成《詩經男性人物形象研究》論文，深獲呂教授之嘉許，並於國家圖書館廣受點閱與下載，實是當前《詩經》研究方面之佳作。

提　　要

　　《詩經》是中國最古老的詩歌總集，它所以能夠流傳至今數千年而不墜，除了因為具有音樂性，易於傳唱之外，最主要是因為它有動人的力量，而這個動人的力量即來自於《詩經》中的人物所傳達出來的情感思想，以及由其人格特質所樹立出來的典範，所以，吾人可以說：《詩經》中的人物是詩的靈魂。是以考察《詩經》中男性人物形象的塑造，則能呈現出周代獨特的政治、歷史、文化內涵。本文各章內容如下：

　　第一章為緒論。說明本文的研究動機與研究目的；男性人物形象義界與研究範圍；研究架構與研究方法等。

　　第二章為《詩經》中單一人物形象的探析。以神話人物、歷史人物及典型人物等作為研究對象，以《詩經》文本為主，再兼採經史子集中的相關資料，以使人物形象的呈現更為完足，並藉此凸顯各人物形象的特色。

　　第三章為《詩經》專有名稱人物形象的探討。選取常被詩人作為諷刺對象的「彼其之子」以及為詩人所鍾愛的「君子」，分別探析其形象。

　　第四章為《詩經》中的群像圖。選取最能凸顯周代政治、歷史、文化特色的王會諸侯圖、田獵圖、祭祀圖、宴飲圖等四大類；並考察詩人對於「群像圖」是如何剪裁內容、鋪陳事件、描述過程、形塑角色、安排場景、營造氣氛等。

　　第五章為《詩經》中男性人物形象的塑造技巧。從男性人物的外在描寫、內在描寫，環境（景物）烘托或氣氛營造以及其他塑造技巧等方面來論述。

　　第六章為《詩經》中男性人物形象所反映周代政治、文化內涵及其文獻史料價值的探討。

　　第七章為結論。提出全文研究成果及未來研究期許。

　　綜上所述，透過《詩經》中男性人物形象的考察，吾人除了可以了解《詩經》中各類型的男性人物形象外，還可藉此得知《詩經》男性人物形象的形塑技巧、周人的天命觀、優秀的領導哲學、領導策略以及重視人民的理念等。並發現《詩經》中男性人物形象所呈現出來的周文化內涵是以「德」作為貴族該有的風範，以「禮」為其核心價值，以「和」為周文化最高的境界。此外，《詩經》文獻史料的價值也是不容忽視的一環，而史料的接受與詮釋問題更是值得學者重視。

謝　辭

　　大學畢業十多年之後，能重拾書本，首先得感謝胡石明主任不時給予鞭策及提醒，才使我能下定決心再進修，其次感謝家人給予的支持及鼓勵，最後感謝清海國中給我這個進修的機會。

　　在進修的過程中感謝東海大學提供了良好的學習環境及師資陣容，使我在求學的過程中獲得許多專業的知識，及學得從事研究應有的態度：要能耐煩、耐操、還要能耐磨。

　　而在撰寫論文的過程中，感謝我的學生：孟紅、彥伶、慧娟、小芬、宏儒、承鈞，在我蒐集資料時，能適時給予援助，以及家鳳、昀翔、聰文、妙如、恩惠，常在閒暇時幫我打字；感謝我的同學：秀紋及毓蘋對我的幫助及勉勵；更要感謝我的指導老師——呂珍玉老師，總是不辭勞苦地為我批閱論文，任何一點錯誤都難逃老師的法眼。此外，最欽佩老師以研究室為家的務實精神，以及對待學生客氣和善的態度，以致我在撰寫論文的過程中絲毫不敢懈怠，深怕寫不好會對不起老師。

　　在口試時，感謝莊雅州老師及江乾益老師能來指導我的論文，兩位老師提供許多寶貴的意見，使我從口試的過程中見識到老師們治學嚴謹的態度，以及溫文儒雅的學者風範。

　　最後，感謝所有吵我的人，使我在研究的過程中更堅定自己的意志及方向；感謝所有沒吵我的人，使我得以順利完成論文，然後還是不免俗地說：要感謝的人實在太多了，還是感謝天吧！

譚莊蘭謹誌於台中
97 年 6 月

目

次

第一章 緒 論

第一節 研究動機與研究目的

一、研究動機

《詩經》中的人物是詩的靈魂，而人物的形塑成功，就能使讀者感受到「詩中有人」，使詩產生感動的力量。所以，成功的人物形塑，可使讀者因詩而想見其形貌，想見其思想情感，想見其人格特質，此即爲本研究動機之一。

對於《詩經》中人物形象的探討，學界多以女性人物形象作爲研究的主題，鮮少針對男性，若有，也僅是針對個別人物，或以淺談的方式爲之。但事實上《詩經》中除了個別人物形象之外，也有群像以及專有名稱人物形象，而且男性人物形象比女性人物形象更豐富，更能呈現周代獨特的政治、歷史、文化內涵，因此，引發撰者濃厚的研究興趣，此即爲本研究動機之二。

周代已是以男性爲主的社會，撰者希望透過對男性人物形象的摹寫，來考察《詩經》時代以男性爲中心所建構的社會，舉凡時代背景、領導哲學、領導策略、核心價值、政治理想境界、藝術審美等等面向，此即爲本研究動機之三。

二、研究目的

撰者希望透過《詩經》中男性人物形象的研究，可以了解《詩經》各類

型男性人物形象，以及詩人如何去形塑男性人物形象？還有《詩經》中男性
人物形象反映出什麼樣的政治、文化內涵？是以，希望透過以下預設的問題
以達成研究目的：

(一)《詩經》中禹的神話人物形象為何？其與《山海經》、《淮南子》、《楚
　　辭》、《史記》等書中所述有何異同？

(二) 后稷除了是周人始祖這樣的身份之外，在《詩經》中還以何種形象
　　出現？

(三) 公劉、古公亶父、季歷、文王、武王、成王、厲王、宣王、幽王等
　　在周代歷史中扮演著關鍵角色的君王，其在《詩經》中形象各為何？

(四) 黎侯、衛宣公、齊襄公、晉獻公、陳靈公等五位諸侯，在《詩經》
　　及史籍中對其陋行皆有詳細記載者，其形象各為何？

(五) 在典型性人物中的獵人、讒佞之人、隱逸之人、憂國憂民之人、心
　　有怨嘆之人等五大類，各具何種形象特點？所反映的歷史文化特色
　　又為何？

(六)《詩經》常對「彼其之子」有所諷刺，其形象為何？

(七)「君子」常是《詩經》中詩人鍾愛的對象，其形象又為何？

(八)「王會諸侯」的意義何在？《詩經》中所呈現是什麼樣王會諸侯的
　　畫面？

(九) 〈小雅‧車攻〉、〈小雅‧吉日〉二詩，都曾描寫周宣王親自舉行的
　　田獵活動，但是這兩首詩在描述田獵的目的、內容、氣氛和語言特
　　色等方面有何不同？

(十) 〈秦風‧駟驖〉是秦襄公時代的狩獵詩，其代表什麼樣的歷史意義？
　　其所呈現的畫面又為何？

(十一)《詩經》中的祭祀群像圖，以〈小雅〉中的〈楚茨〉、〈信南山〉、〈甫
　　　田〉、〈大田〉四篇為主，此四詩中，或祭祀祖先，或祭田祖或祭
　　　土地神、四方之神，其所呈現的祭祀活動各為何？有何異同？

(十二)《詩經》中如何呈現宴飲圖？其所展現的禮樂文化又為何？

(十三)《詩經》中如何形塑男性人物形象？

(十四) 透過《詩經》中男性人物形象的描摹，如何呈現《詩經》時代的
　　　政治特色、文化內涵以及有何文獻史料的價值？

以上所述十四則研究前預設的問題，希望透過所採用的研究方法，能夠

抽絲剝繭，逐一解決，以期達到研究的目的。

第二節　形象義界與研究範圍

一、形象義界

　　所謂的形象，不只是形而下的狀貌形容，而重在形而上的人格表現。〔註1〕
盧燕麗於〈詩經人物形象的文化史意義〉一文中提到：「文學作品的人物形象包
括對人物外形的描寫，和對人物精神世界、內心思想的刻畫和挖掘，而對人物
精神世界的刻畫，則是人物形象的靈魂。」〔註2〕而李孟君則在《唐詩中的女
性形象研究》一文中指出：

> 提供真切鮮明「形象的主要訊息來源有三：情境、目標人的特質及
> 觀察者本身的特質。」（李美枝：《社會心理學》，大洋出版社，1981
> 年，頁 285。）觀察者根據目標人所處的時空背景，透過事件的進
> 行，或從橫空截斷的瞬間，一窺目標人的言行舉止、待人處事的態
> 度、心理狀態的變化等，俾以掌握他的人格特質。〔註3〕

綜上所述：本研究擬將「形象」一詞定義為包括具體的外貌形體，抽象的心
理活動，動態的言行舉止，靜態的待人處事態度，以及透過外在的事件、時
空背景，所形塑而成的人格表現，除了《詩經》中的描寫形象之外，還有歷
史史料的形象，以及後人著作對於《詩經》文本之補充等。是以，本研究即
針對上述所界定的形象意義，來探究《詩經》中的男性形象，各具何種特色，
以及其背後所展現的周代政治、歷史、文化內涵。

二、研究範圍

　　有關《詩經》中的男性人物形象非常豐富，本研究擬將其分為三大部分
來探討：其一為單一人物形象；其二為專有名稱人物形象；其三為群像圖。

〔註1〕李小平：《左傳五霸形象之研究》，（台北：政治大學中文研究所碩士論文，1984
　　　　年5月），頁7。

〔註2〕盧燕麗：〈詩經人物形象的文化史意義〉，《詩經研究叢刊》，（北京：學苑出版
　　　　社，2004年7月），頁250。

〔註3〕李孟君：《唐詩中的女性形象研究》，（台北：輔仁大學中文研究所碩士論文，
　　　　1992年6月），頁7。

在單一人物形象中再細分為三，有神話人物、實有其人的歷史人物，以及典型性人物形象等。而在專有名稱人物方面則以「彼其之子」、「君子」為例來探討。至於群像圖的部份則選取最能凸顯周代政治、歷史、文化的王會諸侯圖、田獵圖、祭祀圖以及宴飲圖。

茲將各章節的研究範圍臚列如下：

（一）單一人物形象——神話人物

以禹及后稷作為《詩經》中神話人物代表來探討，本研究中所採用的詩篇，則有：

1 禹：〈小雅・信南山〉、〈大雅・文王有聲〉、〈韓奕〉、〈魯頌・閟宮〉、〈商頌・長發〉、〈殷武〉等六篇。

2 后稷：〈大雅・生民〉、〈周頌・思文〉、〈魯頌・閟宮〉等三篇。

（二）單一人物形象——實有其人的歷史人物

在實有其人的歷史人物部份，又分為周王及諸侯兩部分。周王部分茲選取公劉、古公亶父、季歷、文王、武王、成王、厲王、宣王、幽王等在周代歷史中扮演著關鍵角色的君王。而諸侯的部份則選取黎侯、衛宣公、齊襄公、晉獻公、陳靈公等五位，在《詩經》及史籍中對其陋行皆有詳細記載者。周王部分，於本研究中相關的詩篇，則有：

1. 公劉：〈大雅・公劉〉一篇。
2. 古公亶父：〈大雅・皇矣〉、〈緜〉、〈周頌・天作〉等三篇。
3. 季歷：〈大雅・皇矣〉一篇。
4. 文王：〈大雅・大明〉、〈思齊〉、〈皇矣〉、〈棫樸〉、〈緜〉、〈文王有聲〉、〈靈臺〉、〈周頌・雝〉、〈賚〉、〈維清〉、〈我將〉、〈維天之命〉、〈清廟〉等十三篇。
5. 武王：〈大雅・文王有聲〉、〈大明〉、〈周頌・時邁〉、〈桓〉、〈執競〉、〈武〉、〈般〉、〈賚〉、〈雝〉等九篇。
6. 成王：〈豳風・鴟鴞〉、〈小雅・蓼蕭〉、〈大雅・假樂〉、〈卷阿〉、〈周頌・閔予小子〉、〈訪落〉、〈敬之〉、〈小毖〉、〈烈文〉、〈昊天有成命〉、〈載芟〉、〈噫嘻〉、〈豐年〉、〈載見〉、〈振鷺〉等十五篇。
7. 厲王：〈大雅・桑柔〉、〈蕩〉兩篇。
8. 宣王：〈小雅・庭燎〉、〈鴻鴈〉、〈斯干〉、〈無羊〉、〈吉日〉、〈車攻〉、〈祈

父〉、〈沔水〉、〈白駒〉、〈大雅・雲漢〉、〈常武〉等十一篇。

9. 幽王：〈小雅・正月〉、〈十月之交〉、〈節南山〉、〈巧言〉、〈菀柳〉、〈白華〉、〈小弁〉、〈大雅・召旻〉、〈瞻卬〉等九篇。

而諸侯的部分，於本研究中有關的詩篇，則有：

1. 黎侯：〈邶風・旄丘〉、〈式微〉兩篇。
2. 衛宣公：〈邶風・新臺〉、〈鄘風・鶉之奔奔〉兩篇。
3. 齊襄公：〈齊風・載驅〉、〈南山〉、〈敝笱〉等三篇。
4. 晉獻公：〈唐風・采苓〉一篇。
5. 陳靈公：〈陳風・株林〉一篇。

（三）單一人物形象——典型人物

《詩經》中的典型人物，多栩栩如生，血肉豐滿，是以，本研究茲選取：獵人、讒佞之人、隱逸之人、憂國憂民之人、心有怨嘆之人等五大類，而本研究所採用之詩篇，茲分述如下：

1. 獵人：〈召南・騶虞〉、〈鄭風・叔于田〉、〈大叔于田〉、〈齊風・還〉、〈盧令〉等五篇。
2. 讒佞之人：〈唐風・采苓〉、〈陳風・防有鵲巢〉、〈小雅・巧言〉、〈巷伯〉、〈十月之交〉、〈青蠅〉、〈大雅・瞻卬〉等七篇。
3. 隱逸之人：〈衛風・考槃〉、〈陳風・衡門〉、〈小雅・鶴鳴〉、〈邶風・北風〉、〈魏風・十畝之間〉等五篇。
4. 憂國憂民之人：〈王風・兔爰〉、〈黍離〉、〈鄭風・蘀兮〉、〈魏風・園有桃〉、〈檜風・匪風〉、〈小雅・苕之華〉、〈無將大車〉等七篇。
5. 心有怨嘆之人：〈召南・小星〉、〈邶風・柏舟〉、〈北門〉、〈秦風・權輿〉、〈唐風・鴇羽〉、〈小雅・北山〉、〈四月〉等七篇。

（四）專有名稱人物形象——彼其之子、君子

本研究專有名稱人物形象以「彼其之子」及「君子」為例，相關研究詩篇臚列如下：

1. 彼其之子：〈王風・揚之水〉、〈鄭風・羔裘〉、〈魏風・汾沮洳〉、〈唐風・椒聊〉、〈曹風・候人〉等五篇。
2. 君子：〈衛風・淇奧〉、〈秦風・小戎〉、〈終風〉、〈曹風・鳲鳩〉、〈小雅・南山有臺〉、〈蓼蕭〉、〈瞻彼洛矣〉、〈裳裳者華〉、〈桑扈〉、〈采菽〉、〈大

雅・旱麓〉、〈假樂〉、〈泂酌〉、〈卷阿〉等十四篇。

（五）群像圖

本研究針對群像圖的部份，選取了王會諸侯圖、田獵圖、祭祀圖、宴飲圖等四大類。而與研究有關之詩篇，茲分述如下：

1. 王會諸侯圖：〈小雅・車攻〉一篇。
2. 田獵圖：〈秦・駟鐵〉、〈小雅・吉日〉兩篇。
3. 祭祀圖：〈小雅・楚茨〉、〈信南山〉、〈甫田〉、〈大田〉等四篇。
4. 宴飲圖：〈小雅・鹿鳴〉、〈常棣〉、〈伐木〉、〈彤弓〉、〈桑扈〉、〈頍弁〉、〈賓之初筵〉、〈瓠葉〉、〈大雅・行葦〉、〈既醉〉、〈鳧鷖〉、〈魯頌・有駜〉等十二篇。

第三節　研究架構與研究方法

一、研究架構

本論文之研究架構，擬分成七章來探討，茲分述如下：

（一）第一章緒論，擬分成三小節說明：第一節爲研究動機與研究目的；第二節爲形象義界與研究範圍；第三節爲研究架構與研究方法。

（二）第二章《詩經》單一人物形象，亦分成三小節來探討：第一節是以神話人物形象爲探討的主題；第二節則以實有其人的歷史人物形象爲主；第三節則探析典型性人物形象。

（三）第三章《詩經》專有名稱人物形象的探討，選取「彼其之子」及「君子」，擬分成二節來探析。

（四）第四章《詩經》中的群像圖，選取王會諸侯圖、田獵圖、祭祀圖、宴飲圖等四大類，擬分成四小節來探討。

（五）第五章《詩經》中男性人物形象的塑造技巧，擬從男性人物的外在描寫、內在描寫，環境（景物）烘托或氣氛營造以及其他塑造技巧等四小節來說明。

（六）第六章則針對《詩經》男性人物形象所反映出周代政治、文化內涵及其文獻史料價值作爲探討的主題。

（七）第七章爲結論。提出全文研究成果及未來研究期許。

二、研究方法

　　本論文研究主題爲《詩經》男性人物形象研究，所採取研究策略分別從三大方向進行：其一是針對有關男性人物形象詩篇內容分類探討；其二是分析《詩經》中如何形塑男性人物形象；其三則是探究有關男性人物形象所展現的周代政治、歷史、文化等內涵。

　　而在研究方法上，分別採用內容分類探討法、文獻分析法、經史互證法、兼採子集法、比較分析法、綜合歸納法、史料接受與詮釋法等研究方法，以助研究過程之順利，並藉此釐清所欲探討之主題，以強化本研究之深度及廣度。茲分述如下：

（一）內容分類探討法

　　首先將內容分成三大類：其一爲單一人物形象，其二爲專有名稱人物形象，其三爲群像圖。而在單一人物形象的部份又分成神話人物、實有其人的歷史人物以及典型性人物形象；專有名稱人物形象，則以「彼其之子」及「君子」兩類來探討；在群像圖的部分則從王會諸侯圖、田獵圖、祭祀圖及宴飲圖四大類來探析。

（二）文獻分析法

　　本研究著重《詩經》內容之考察，凡與本研究之主題相關者，皆一一探析。而所採之文獻以鄭玄《毛詩鄭箋》爲研究之文本，〔註4〕並運用《毛詩序》〔註5〕、《毛傳》、《鄭箋》、孔穎達《毛詩正義》〔註6〕、陳啓源《毛詩稽古編》、胡承珙《毛詩後箋》、馬瑞辰《毛詩傳箋通釋》、陳奐《詩毛氏傳疏》等以《毛詩》爲主的注疏本，再參引呂祖謙《呂氏家塾讀詩記》、朱熹《詩經集註》〔註7〕、王質《詩總聞》、何楷《詩經世本古義》、姚際恆《詩經通論》、方玉潤《詩經原始》等以獨立觀點研究《詩經》的作品，以及使用現代研究《詩經》的多家著作，如：屈萬里《詩經詮釋》、朱守亮《詩經評釋》、陳子展《詩三百解題》以及余培林《詩經正詁》等書，以期使本研究能更周延、更詳實地呈現研究主題。

〔註4〕 以下簡稱《鄭箋》。
〔註5〕 以下簡稱《詩序》。
〔註6〕 以下簡稱《孔疏》。
〔註7〕 因爲本研究使用的是群玉堂出版社所出版的朱熹《詩經集註》，故以下皆以《詩經集註》稱之，而不以《詩經集傳》稱之。

（三）經史互證法

本研究中因涉及對周王、諸侯以及對於周代歷史、禮樂、田獵、祭祀、宴飲等文化的考察，所以，除了對《詩經》文本的考察之外，也運用《尚書》、《論語》、《孟子》、《周禮》、《儀禮》、《禮記》、《國語》、《左傳》、《竹書》、《史記》、《春秋繁露》、《列女傳》、《吳越春秋》等經史典籍以資互證，以期使人物形象的呈現更完足。

（四）兼採子集法

子集中對本研究主題有相關之論述者，則兼採之，如《荀子》、《墨子》、《莊子》、《淮南子》、《說苑》、《呂氏春秋》、《潛夫論》等，以補經史之不足處。

（五）比較分析法

對於歷代《詩經》學家的見解，透過比較分析的方式，求得最合詩義者，作為解詩的依據。或同為某一類型人物，透過比較分析以呈現其異同，並藉此凸顯其特色。

（六）綜合歸納法

運用綜合歸納的方式，歸納各類型人物的共性，以凸顯其特質；歸納形塑人物的藝術手法，以凸顯其特色；歸納《詩經》男性人物的呈現，以凸顯周代政治、歷史、文化的特徵。

（七）史料接受與詮釋法

本研究中對於史料接受與詮釋採用接受學與詮釋學的方法，試以「初始的視域」與「現在的視域」做一融合，以成撰者全新的視域，再以《詩經》文本為主，並配合史料的描述，以更全面性的角度來詮釋《詩經》中的男性人物形象。

第二章 《詩經》單一人物形象

第一節 神話人物形象

　　何謂神話，趙沛霖在〈中國神話的民族性特徵〉一文中曾經爲其定義，並指出神話之所以產生的原因：

> 神話是原始先民的偉大創造，是產生於原始時代和奴隸制時代早期的神奇故事和傳說，它以超自然形象、幻想的形式表現人們對於自然現象、社會現象的原始理解和積極進取態度。由於原始時代生產力發展水平極爲落後，生產條件極爲惡劣，原始先民面臨的首要任務就是如何從自然中索取來維持氏族團體的生存和繁衍，因此征服自然，利用自然，祈求勞動豐收和部族繁衍，讚美勇敢頑強和不怕犧牲的精神就成爲神話的重要內容。另外，面對既給他們帶來恩惠，又給他們帶來災難的變化莫測的大自然，原始先民的內心除了虔誠的崇拜之外，還充滿了好奇與恐懼，於是，解釋說明世界起源和各種自然現象的神話也就應運而生。〔註1〕

趙沛霖將「神話」和「傳說」視爲一類，並未細分，而茅盾在〈神話的意義與類別〉一文則將其區分爲：「神話所述，是神或半神的超人所行之事；傳說所敘述者，則爲一民族的古代英雄（往往即爲此一民族的祖先或最古的帝王）所行的事。」〔註2〕然觀《詩經》一書中，不管是姜嫄的履上帝之迹感天而生

〔註1〕 趙沛霖：〈中國神話的民族性特徵〉，《古典文學知識》，（2000 年 5 月），頁 24。
〔註2〕 茅盾：〈神話的意義與類別〉，《二十世紀中國文學史論文精粹‧神話卷》，（石

子（〈大雅‧生民〉），〔註3〕或是簡狄吞燕卵而生契（〈商頌‧玄鳥〉），其行徑都是異於常人，故可視為「神話」無疑，至於禹的善整治山水，后稷的善稼穡等，在詩中不僅被視為英雄，甚至其行徑也是神或半神的超人才做得出來的事，實不適用茅盾的方法細分之，故今將禹、后稷都視為神話人物來探討。

一、禹

　　禹在《詩經》中共出現六次，〈國風〉中未見；二〈雅〉中有〈小雅‧信南山〉一篇；在〈大雅〉中有〈文王有聲〉、〈韓奕〉等兩篇；在〈魯頌〉中有〈閟宮〉一篇；在〈商頌〉中則有〈長發〉、〈殷武〉等兩篇，〈周頌〉中未有稱「禹」的詩篇。顧頡剛在〈禹的來歷在何處〉一文中，曾針對〈周頌〉是《詩經》中最可信又為最古的詩，但為何〈周頌〉中未見稱「禹」，提出看法，他說：

> 一部《詩經》，可信為最古的詩惟有〈周頌〉。〈周頌〉有「自彼成康，奄有四方」之語，可見作於成康以後，昭穆之世。細繹〈周頌〉的話，它們也說山河，（如：「天作高山」，「及河喬嶽」，「猗與漆沮」，「墮山喬嶽，允猶翕河」）但沒有道出一個「禹」字。它們也說耕稼（如〈思文〉、〈噫嘻〉、〈豐年〉、〈載芟〉、〈良耜〉、〈桓〉等篇），但又沒有道出一個「禹」字。它們也說后稷（如「思文后稷，克配彼天；立我烝民，莫非爾極」），但又沒有道出他和禹曾有過什麼的關係。一比了商、魯〈頌〉及大、小〈雅〉的對於禹的尊崇的態度，就顯出〈周頌〉的特異了。〈周頌〉為什麼特別地不稱禹？原來作〈周頌〉時，尚沒有禹的偉大的神跡傳播到周民族來；或者雖經傳播而勢力不廣，還沒有引起共同的信仰。〔註4〕

顧頡剛懷疑〈周頌〉成詩較早最為可信，但當時沒有禹的偉大的神跡傳播到

〔註3〕　家莊：河北教育出版社，2000年5月），頁145。
姜韞霞在〈從性別角度看始祖誕生的感生神話〉一文中指出：「所謂感生，即感天而生，是指女子並未與男子交合，而是有感於（或感應、或接觸、或目睹、或吞食）動物、植物、或無生物等，竟神秘的懷孕生子。我國古代的神話中有著大量的關於感生的神話傳說。」（語見姜韞霞：〈從性別角度看始祖誕生的感生神話〉，《江淮論壇》，2004年，第四期，頁126。）

〔註4〕　顧頡剛：〈禹的來歷在何處〉，《二十世紀中國文學史論文精粹‧神話卷》，（石家莊：河北教育出版社，2000年5月），頁183。

周氏族來；或者雖經傳播而勢力不廣，所以，還沒有引起共同的信仰。至於
〈商頌〉、〈魯頌〉為何屢屢把禹提起，顧頡剛則認為與其時代、環境等背景
有關：

> 〈周頌〉三十一篇沒有「禹」的一字，那時人竟沒有禹的偉大功績
> 的觀念；一到穆王末年的〈呂刑〉，禹就出現了；到西周後期，社祀
> 也舉行了，大、小〈雅〉及商、魯〈頌〉屢屢把禹提起，看得他在
> 古史中的地位是最重要的了。這一點分別是何等的顯著！且當時既
> 與他方種族關係較輕，而適在專力開闢南疆的時候，中原民族初與
> 南方民族接觸的時候，這一個環境更是何等的重要。

> 商周間，南方的新民族有平水土的需要，醞釀為禹的神話，這個神
> 話的中心點在越（會稽）；越人奉禹為祖先。自越傳至群舒（塗山）；
> 自群舒傳至楚；自楚傳至中原。流播的地域既廣，遂看得禹的平水
> 土是極普遍的；進而至於說土地是禹鋪墊的，山川是禹陳列的，對
> 於禹有了一個「地王」的觀念。

> 中原民族自周昭王以後，因封建交戰而漸漸與南方民族交通，故穆
> 王以來始有禹名見於《詩》、《書》，又特設后土之禮，得與周人的祖
> 先后稷立於對等的地位。〔註5〕

顧頡剛認為因為昭穆之後，漸與南方民族交通，所以，禹的神話，得以漸漸
傳至中原。又根據大野圭介〈論詩經中的禹〉一文中提到：

> 在二〈雅〉中有禹出現的詩都是祝頌詩。〈信南山〉把禹用於興，以
> 歌咏於祭祀承擔重要任務的曾孫的功績，〈文王有聲〉始終歌頌文王
> 和武王，不說到興建國都的具體過程。〈大雅·公劉〉、〈綿〉等詩也
> 歌咏建國都的事迹，說用龜卜聽天的意思，但卻沒有說到禹。由此
> 可知，在二〈雅〉中，禹不出現於以開國敘事為主的詩，而是在祝
> 頌詩中作為整治大地的神出現。〔註6〕……，在〈頌〉中，禹已經
> 不是個山川之神，而是作為治理洪水而把可以統治的土地提供給先
> 王的人物，成為開國敘事的一部份。〔註7〕

〔註5〕　顧頡剛：〈禹的來歷在何處〉，頁184。
〔註6〕　大野圭介：〈論詩經中的禹〉，《詩經研究叢刊》，（北京：學苑出版社，2002
　　　　年7月），頁247。
〔註7〕　大野圭介：〈論詩經中的禹〉，頁248。

大野圭介認爲禹在二〈雅〉中是整治大地的神，具有「神的形象」；在〈頌〉中，則是個把可以統治的土地提供給先王的人物，是以「人的形象」出現。爲此，大野圭介還引了〈大雅・思齊〉：「思齊大任，文王之母。思媚周姜，京室之婦。大姒嗣徽音，則百斯男。」及《國語・周語》：「杞、繒二國姒姓，夏禹之後，大姒之家也。大姒，文王之妃，武王之母也。」來說明文王妃是大姒，她的血統是夏王朝的後裔。大野圭介並據顧頡剛〈禹興於西羌〉一文，認爲禹是羌族傳說中的人物。另引《國語・周語下》：「共之從孫四嶽佐之（禹）。……，皇天嘉之，祚以天下，賜姓曰姒，氏曰有夏。祚四嶽國，命爲侯伯，賜姓曰姜，氏曰有呂。」而認爲姒氏與姜（羌）氏分屬兩族。禹本身興於姜姓的傳說是源於姜姓四嶽輔佐禹的傳說的，並強調：禹是姒姓的傳說也不容忽視。〔註8〕所以，大野圭介提出了這樣的假設：假如禹是文王時期與姬氏有關係的姒氏的祖神，西周貴族們相傳許多關於禹的傳說並咏之於詩，也不足爲怪。周人以祖神后稷爲農業神，以禹爲山川神來信仰。因爲禹不是姬氏本身的祖神，所以在開國敘事詩中不歌咏禹本身的事迹，在祝頌詩中把他作爲整治大地秩序的象徵而用之於類興的表現方法。〔註9〕

另外，大野圭介還引了《逸周書・商誓解》，說明禹之所以成了春秋時期魯國和宋國整治國土的人物，是因爲統治者利用思想滲透的結果，而當人民接受了這樣的說法之後，統治者便容易達到他所要的政治目的，他說：

> 在說周王所統治國土的來歷時提到禹，是在西周時期已有的。《逸周書・商誓解》是西周時期成立的，它說：「（武）王曰，在昔后稷，爲上帝之言，克播百谷，登禹之績。凡在天下之庶民，罔不維后稷之元谷用蒸享。在商先哲王，明祀上帝，□□□□，亦維我后稷之元谷用告和，用胥飲食。肆商先哲王維厥故，斯用顯我西土。」這裡的内容是：武王對商朝遺臣說后稷在禹整治過的土地上種谷，商用此舉行祭祀。成了強國。這種想法滲透的結果，在春秋時期的魯國和宋國，禹成了整治國土的人物，在〈魯頌〉、〈商頌〉中禹已經不單純用於興的手法，而是用於開國敘事，在這裡歌頌的是與魯同族的周或宋的祖先商的先王，繼承了禹的功績。這時候從五帝到商周的帝王系譜已經成立了，所以禹也由此

〔註8〕 大野圭介：〈論詩經中的禹〉，頁249～250。
〔註9〕 大野圭介：〈論詩經中的禹〉，頁250。

成了歷史上的帝王。〔註10〕

綜上所述：禹的身分，不管是顧頡剛所謂的「地王」，或是大野圭介所說的「整治大地的神」、「作爲治理洪水而把可以統治的土地提供給先王的人物」，都具有相當濃厚的神話色彩。

　　趙沛霖在〈論詩經的神話學價值〉一文中曾提到：「禹繼舜位成爲夏代開國君王等等，一律不見之於《詩經》，而且全部是通過春秋戰國時代的文獻，如《墨子》、《國語》、《左傳》、《山海經》以及屈賦的記載而流傳下來。」〔註11〕司馬遷所作之《史記》可能也受這些書的影響，記錄了禹繼舜位之事，《史記‧夏本紀》：「帝舜薦禹於天，爲嗣。十七年帝舜崩。三年喪畢，禹辭避舜之子商均於陽城。天下諸侯皆去商均而朝禹。禹於是遂即天子位，南面朝天下。」〔註12〕《淮南子》一書則更明言禹是位廣納雅言，善用賢才的明君，《淮南子‧汜論篇》曰：「禹之時，以五音聽治，懸鐘鼓磬鐸，置鞀，以待四方之士，爲號曰：教寡人以道者擊鼓，諭寡人以義者擊鐘，告寡人以事者振鐸，語寡人以憂者擊磬，有獄訟者搖鞀。」〔註13〕而在《淮南子‧原道篇》中，禹則是位施之以德，使四夷稱服的賢君：「昔夏鯀作三仞之城，諸侯背之，海外有狡心，禹知天下之叛也，乃壞城平池，散財物，焚甲兵，施之以德，海外賓伏，四夷納職，合諸侯于塗山，執玉帛者萬國。」〔註14〕此外，《淮南子‧原道篇》中禹又成爲珍惜光陰的聖人：「故聖人不貴尺之璧，而重寸之陰，時難得而易失也，禹之趨時也，履遺而弗取，冠挂而弗顧，非爭其先也，而爭其得時也。」〔註15〕在《淮南子‧墜形篇》中禹又成爲整治山水的專家：「禹乃使太章，步自東極至于西極，二億三萬三千五百里七十五步，使豎亥，步自北極至于南極，二億三萬三千五百七十五步。凡鴻水淵藪，自三百仞以上，二億三萬三千五百五十里，有九淵，乃以息土塡洪水，以爲名山。」〔註16〕光是《淮南子》一書，即從不同的面向來

〔註10〕大野圭介：〈論詩經中的禹〉，頁250～251。
〔註11〕趙沛霖：〈論詩經的神話學價值〉，《第二屆詩經國際學術研討會論文集》，（北京：語文出版社，1994年），頁675。
〔註12〕瀧川龜太郎：《史記會注考證》，（台北：洪氏出版社，1986年9月），卷二，頁41。
〔註13〕劉文典：《淮南鴻烈集解》，（台北：文史哲出版社，1985年9月），卷十三，頁11～12。
〔註14〕劉文典：《淮南鴻烈集解》，卷一，頁9。
〔註15〕劉文典：《淮南鴻烈集解》，卷一，頁17。
〔註16〕劉文典：《淮南鴻烈集解》，卷四，頁2～3。

描繪禹，足見禹在古籍中形象之多元。是以，吾人試從《詩經》中有關「禹」的篇章及詩句，來說明《詩經》中如何呈現「禹」的形象，再以《尚書》、《淮南子》、《山海經》、《楚辭》、《史記》等書，觀其提到「禹」之形象與《詩經》中之「禹」有何異同。今將《詩經》中出現「禹」的篇章及詩句整理如下表：

《詩經》中出現「禹」的篇章及詩句一覽表

序號	篇　　名	詩　　　　句
1	〈小雅・信南山〉	信彼南山，維禹甸之。畇畇原隰，曾孫田之。我疆我理，南東其畝。（一章）
2	〈大雅・文王有聲〉	豐水東注，維禹之績。四方攸同，皇王維辟。皇王烝哉！（五章）
3	〈大雅・韓奕〉	奕奕梁山，維禹甸之，有倬其道。韓侯受命，王親命之：「纘戎祖考。無廢朕命，夙夜匪解，虔共爾位。朕命不易，幹不庭方，以佐戎辟。」（一章）
4	〈魯頌・閟宮〉	閟宮有侐，實實枚枚。赫赫姜嫄，其德不回。上帝是依，無災無害。彌月不遲，是生后稷。降之百福，黍稷重穋，稙稚菽麥。奄有下國，俾民稼穡。有稷有黍，有稻有秬。奄有下土，纘禹之緒。（一章）
5	〈商頌・長發〉	濬哲維商，長發其祥，洪水芒芒，禹敷下土方。外大國是疆，幅隕既長。有娀方將，帝立子生商。（一章）
6	〈商頌・殷武〉	天命多辟，設都于禹之績。歲事來辟，勿予禍適，稼穡匪解。（三章）

　　《詩經》中的「禹」，既未明言是夏之開國國君，所以，也未以「君主」的形象出現，然而，《詩經》中「禹」又是以何種形象出現呢？〈小雅・信南山〉：「信彼南山，維禹甸之。畇畇原隰，曾孫田之。我疆我理，南東其畝。」〈大雅・文王有聲〉：「豐水東注，維禹之績。四方攸同，皇王維辟。皇王烝哉！」〈大雅・韓奕〉：「奕奕梁山，維禹甸之，有倬其道。」這三篇詩中所稱頌的「禹」是個善於整治山川的先人，因為整治有成，為周朝的江山奠定了良好的基礎，所以，詩人在頌讚周王之前，也不忘讚美「禹」之功績。

　　而〈魯頌・閟宮〉：「奄有下土，纘禹之緒。」〈商頌・長發〉：「濬哲維商，長發其祥，洪水芒芒，禹敷下土方。外大國是疆，幅隕既長。有娀方將，帝立子生商。」〈商頌・殷武〉：「天命多辟，設都于禹之績。歲事來辟，勿予禍適，稼穡匪解。」亦是言「禹」之善治山水，而使後之君王得以承續其功，

設都於禹所治之土，進而開疆闢土，從事農事不懈怠，足見禹非僅是整治山川的專家，儼然已成治國者之典範，詩中君王常將「禹」之善治山水之功績，掛在嘴邊，並順勢引出自己的功績，頗有「神主牌」的作用。而有關「禹」之善治山川，亦見於下列書籍中，例如：《尚書·禹貢》云：「禹敷土，隨山刊木，奠高山大川。冀州既載，壺口治梁及岐。既修太原，至于岳陽。覃懷厎績，至于衡漳。厥土惟白壤，厥賦惟上上錯，厥田惟中中，恆、衛既從，大陸既作。」〔註17〕《尚書·益稷》則引禹的話，說明整治洪水之績：「禹曰：『洪水滔天，浩浩懷山襄陵，下民昏墊，予乘四載，隨山刊木，暨益奏庶鮮食。予決九川，拒四海，濬畎澮距川。暨稷播，奏庶艱食鮮食，懋遷有無化居，烝民乃粒，萬邦作乂。』」〔註18〕《孟子·滕文公下》則說明洪水猛獸危害人民，幸禹治山川，使人民得安居：「當堯之時，水逆行，氾濫於中國；蛇龍居之。民無所定，下者為巢，上者為營窟。……使禹治之，禹掘地而注之海，驅蛇龍而放之菹……險阻既遠，鳥獸之害人者消，然後人得平土居之。」〔註19〕而《山海經》中描述鯀、禹之治水之事，曰：「洪水滔天。鯀竊帝之息壤以堙洪水，不待帝命。帝令祝融殺鯀於羽郊。鯀復生禹。帝乃命禹卒布土以定九州。」〔註20〕另《楚辭·天問》則以神話的方式敘述「禹」之出生、治水之功，及娶了涂山之女一事：

> 伯禹腹鯀，夫何以變化？纂就前緒，遂成考功。何續初繼業，而厥謀不同？洪泉極深，何以窴之？地方九則，何以墳之？應龍何畫？河海何歷？鯀何所營？禹何所成？康回馮怒，地何故以東南傾？九州安錯？川谷何洿？東流不溢，孰知其故？東西南北，其修孰多？南北順楕，其衍幾何？崑崙玄圃其凥安在？增城九重，其高幾里？四方之門，其誰從焉？……，禹之力獻功，降省下土四方。焉得彼涂山之女，而通於臺桑？〔註21〕

至於司馬遷的《史記》，對「禹」的描寫，則從鯀治水不成，被舜殛於羽山，到禹居外十三年，過家門不敢入，最後治水成功，一一詳述於《史記·夏本紀》：

〔註17〕孔安國傳，孔穎達疏：《尚書正義》，《十三經注疏·尚書正義》，（台北：臺灣古籍出版社，2001年9月），卷六，頁159～163。

〔註18〕孔安國傳，孔穎達疏：《尚書正義》，卷五，頁134～135。

〔註19〕朱熹：《四書集註·孟子》，（台北：學海出版社，1991年3月），頁271。

〔註20〕袁珂：《山海經校注》，（台北：里仁書局，1981年11月），頁472。

〔註21〕屈原等著：《楚辭》，（台北：臺灣古籍出版社，1996年11月），頁91～98。

當帝堯之時,鴻水滔天,浩浩懷山襄陵,下民其憂。堯求能治水者,
群臣四嶽皆曰鯀可。堯曰:「鯀爲人負命毀族,不可。」四嶽曰:「等
之未有賢於鯀者,願帝試之。於是堯聽四嶽,用鯀治水。九年而水
不息,功用不成。於是帝堯乃求人,更得舜。舜登用,攝行天子之
政,巡狩行視鯀之治水無狀,乃殛鯀於羽山以死。天下皆以舜之誅
爲是。於是舜舉鯀子禹,而使續鯀之業。堯崩,帝舜問四嶽曰:「有
能成美堯之事者,使居官。」皆曰:「伯禹爲司空,可成美堯之功。」
舜曰:「嗟,然!」命禹:「女平水土,維是勉之。」禹拜稽首,讓
於契、后稷、皋陶。舜曰:「女其往視爾事矣。」禹爲人敏給克勤,
其直不違,其仁可親,其言可信。聲爲律,身爲度,稱以出。亹亹
穆穆,爲綱爲紀。禹乃遂與益、后稷奉帝命,命諸侯百姓,興人徒
以傅土,行山表木,定高山大川。禹傷先人父鯀功之不成受誅,乃
勞身焦思,居外十三年。過家門不敢入。薄衣食,致孝于鬼神,卑
宮室,致費於溝淢。陸行乘車,水行乘船,泥行乘橇,山行乘檋。
左準繩,右規矩,載四時,以開九州,通九道,陂九澤,度九山。
令益予庶稻可種卑溼,命后稷予庶難得之食。食少。調有餘相給,
以均諸侯。禹乃行,相地宜所有以貢,及山川之便利。禹行自冀州
始。冀州既載。壺口治梁及岐。既脩太原,至于嶽陽。覃懷致功,
至於衡漳。其土,白壤。賦,上上錯,田,中中。常、衛既從,大
陸既爲。鳥夷皮服。夾右碣石入于海。濟、河維沇州。九河既道,
雷夏既澤,雍、沮會同,桑土既蠶,於是民得下丘居土。其土黑墳,
草繇木條。田,中下。賦,貞作十有三年乃同。其貢,漆絲。其篚,
織文。浮於濟、漯,通於河。海岱維青州。嵎夷既略,濰、淄其道。
其土,白墳,海濱廣潟。厥田,斥鹵。田,上下,賦,中上。厥貢,
鹽絺,海物維錯。岱畎絲枲,鉛松怪石。萊夷爲牧,其篚,檿絲。
浮於汶,通於濟。〔註22〕

綜上所述可知:禹之善治山水,不管是志怪之書,甚或經、史、子書,皆相
當肯定其功績。所不同的是:《詩經》中未明言「禹」是夏之開國國君;但《國
語》、《山海經》、《淮南子》、《楚辭》、《史記》等書,卻肯定其爲君王之身分。
《詩經》中善治山水的「禹」,儼然成爲當時君王的「神主牌」,當君王要顯

〔註22〕瀧川龜太郎:《史記會注考證》,卷二,頁41～43。

耀自己的功績之前，不忘飲水思源，也提提「禹」之功；而《山海經》、《淮南子》、《楚辭》、《史記》等書，則以其誇張的神話筆調述禹治水之功。

二、后　稷

　　有關后稷的生卒年代，根據古籍的記載，《國語・周語上》說：「昔我先王世后稷，以服事虞、夏」；〔註23〕《史記・周本記》則云：「后稷之興，在陶唐、虞、夏之際」，〔註24〕與堯舜同時；《禮記・祭法》卻說：「夏之衰也，周弃繼之，故祀以爲稷」，〔註25〕約當夏末；而《左傳》昭九年曾提到：「我自夏以后稷。」〔註26〕《左傳》昭二十九年亦云：「有烈山氏之子，曰柱。爲稷。自夏以上祀之；周弃亦爲稷，自商以來祀之。」〔註27〕而李超孫《詩氏族考》引《人表考》曰：「弃本作棄，字度辰，堯使居稷官，百穀稷首種，稷爲大官農官之君，故號后稷，周之太祖，國于邰，厥相披頤，以癸巳日死於于黑水之山，葬黑水閒都廣之野。」〔註28〕眾說紛紜。但若綜上所述，則可知后稷的生卒年代歷經了唐堯、虞舜、夏等朝代。

　　而有關后稷的誕生說，則更是眾說紛岐，根據蕭東海在〈大雅生民前三章神話解讀〉一文中，所整理出的說法有：

> 有劉向、鄭玄的賤棄説，有馬融、王肅的遺腹説，有蘇洵的難産説，朱熹的不祥説，王夫之的避亂説，臧琳的早産説，汪龍的赤毛説，胡承珙的避孕説，又有晚生説，怪胎説，不哭説，假死説，陰謀説，還有輕男説，殺長説，宜弟説，觸忌説，犯禁説，如此等等，不一而足。〔註29〕

《史記・周本紀》則記載：「周后稷，名弃（棄）。其母有邰氏女，曰姜原。姜原爲帝嚳元妃。姜原出野，見巨人跡，心忻然說，欲踐之，踐之而身動，

〔註23〕左丘明撰，韋昭注：《國語》，（台北：里仁書局，1981年12月），頁2。
〔註24〕瀧川龜太郎：《史記會注考證》，卷四，頁64～65。
〔註25〕阮元校勘：《十三經注疏・禮記》，（台北：藝文印書館，1956年），卷四十六，頁802。
〔註26〕左丘明著，杜預集解，竹添光鴻會箋：《左傳會箋》，（台北：明達出版社，1986年10月），頁1513。
〔註27〕左丘明著，杜預集解，竹添光鴻會箋：《左傳會箋》，頁1774。
〔註28〕李超孫：《詩氏族考》，（台北：台灣商務印書館，1966年），卷第五，頁114。
〔註29〕蕭東海：〈大雅生民前三章神話解讀〉，《詩經研究叢刊》，（2004年7月），頁329。

如孕者。居期而生子，以爲不祥。」〔註30〕司馬遷認爲后稷的誕生，是一種「感天而生」，不惟《史記》有載，鄭玄因爲是今文經學者，又相信讖緯之說，所以也採用了司馬遷的「感天而生」說，鄭氏云：

> 祀郊禖之時，時則有大神之迹，姜嫄履之，足不能滿。履其拇指之處，心體歆歆然。其左右所止住，如有人道感己者也。於是遂有身，而肅戒不復御。後則生子而養長之，名之曰棄。舜臣堯而舉之，是爲后稷。〔註31〕

而王肅則不以爲然，引用馬融的話駁「感天而生」之說，並說明因爲后稷是個遺腹子，所以姜嫄爲避嫌而棄之，其曰：

> 王肅引馬融曰：「帝嚳有四妃，上妃姜嫄生后稷，次妃簡狄生契，次妃陳鋒生帝堯，次妃娵訾生帝摯。摯最長，次堯，次契。下妃三人，皆已生子，上妃姜嫄未有子，故禋祀求子。上帝大安其祭祀而與之子。任身之月，帝嚳崩。摯即位而崩，帝堯即位。帝嚳崩後十月而后稷生，蓋遺腹子也。雖爲天所安，然寡居而生子，爲眾所疑，不可申說。姜嫄知后稷之神奇，必不可害，故欲棄之，以著其神，因以自明。堯亦知其然，故聽姜嫄棄之。」肅以融言爲然。又其《奏》云：「稷契之興自以積德累功於民事不以大與燕卵也且不夫而育乃載籍之所以爲妖宗周之所喪滅。」〔註32〕

鄭、王二人因爲今、古文經學家治學的方法不同，一重微言大義，一重章句訓詁，又今文經學派信讖緯，古文經學派信實事，因此對於后稷誕生之說有不一樣的見解。

另王基則提出三點看法，以駁王肅所言的缺失處：

> 凡人有遺體，猶不以爲嫌，況於帝嚳聖主，姜嫄賢妃，反當嫌於遭喪之月便犯禮哉！人情不然一也。就如融言，審是帝嚳之子，凡聖主賢妃生子，未必皆賢聖，能爲神明所祐。堯有丹朱，舜有商均，文王有管、蔡，姜嫄御於帝嚳而有身，何以知其特有神奇而置之於寒冰乎？假令鳥不覆翼，終疑逾甚，則后稷爲無父之子，嚳有淫昏之妃，姜嫄

〔註30〕瀧川龜太郎：《史記會注考證》，卷四，頁64。

〔註31〕鄭玄：《毛詩鄭箋》，頁127。

〔註32〕孔穎達：《毛詩正義》，李學勤主編《十三經注疏·毛詩正義》標點本（北京：北京大學出版社，1999年），頁1064。

有污辱之毀，當何以自明哉！本欲避嫌，嫌又甚焉，不然二也。又《世本》云：「帝嚳卜其四妃之子，皆有天下。」若如融言，任身之月而帝嚳崩，姜嫄尚未知有身，帝嚳焉得知而卜之？苟非其理，前卻縈礙，義不得通，不然三也。不夫而育，載籍之所以為妖，宗周之所以喪滅。誠如肅言，神靈尚能令二龍生妖女以滅幽王，天帝反當不能以精氣育聖子以興帝王也？此適所以明有感生之事，非所以為難。肅信二龍實生褒姒，不信天帝能生后稷，是謂上帝但能作妖，不能為嘉祥。長於為惡，短於為善。肅之乖戾，此尤甚焉。〔註33〕

孔穎達於《毛詩正義》中也舉了以下數例以證「感天而生」之說：

〈河圖〉曰：「姜嫄履大人跡生后稷。」〈中候·稷起〉云：「蒼耀稷生感跡昌。」〈契握〉云：「玄鳥翔水遺卵流，娀簡吞之，生契封商。」〈苗興〉云：「契之卵生，稷之迹乳。」〔註34〕

這些古籍都記載著「感天而生」的說法，而有關這種「感天而生」的說法，夏傳才在《思無邪齋詩經論稿》中，也曾提出他的看法：

后稷的誕生，詩中記述的是「履帝迹而生」，《周本紀》、《列女傳》、《河圖》以及《論衡》、《太平御覽》所引，為「履巨人迹」，都是履迹。履迹而孕的傳說，不只是姜嫄生后稷，《山海經·海內東經》：「大迹出雷澤，華胥履之而生伏羲。」《路史》：「帝嚳父僑極取陳豐氏，曰衰，履大人迹而生嚳。」關於古代偉大人物「感天而生」的神話甚多，都由於後來諱言祖先無夫而孕，野合雜交而生，附會一些神話來美化自己的帝王祖先。針對這種利用天下感生的傳說來神化帝王的妄誕神學。漢代唯物主義哲學家王充曾經指出：「物生自類本種」，「天地之間，異類之物，相與交接，未之有也。」他說明人不可能和人以外的任何神異的東西配偶，批判姜嫄履迹感生之說虛妄不實。……，我們認為姜嫄履迹感生，后稷「初生如達」，「三棄不死」，都是妄誕的神話。神話雖帶著幻想的翅膀，卻是從它所產生的社會基礎上起飛的。透過這些傳說的荒誕外衣，還是反映出氏族社會生活的折光。郭沫若《中國古代社會研究·導論》說：「黃帝以來的五帝和三王的祖先的誕生社會傳說，都是感天而生，知有母而不

〔註33〕孔穎達：《毛詩正義》，頁1064。
〔註34〕孔穎達：《毛詩正義》，頁1060。

－19－

知有父，那正表明是一野合的雜交時代或者血族群婚的母系社會。」
周人把后稷尊爲始祖，因爲后稷是他們所知道的最早的男性祖先，
正表示后稷時代是母系社會的結束和父系社會的開始，后稷是周人
氏族社會由母系制向父系制過渡的偉大人物。〔註35〕

夏傳才認爲后稷是周人最早的男性祖先，而后稷的時代正表示是母系社會的
結束和父系社會的開始，后稷是周人氏族社會由母系制向父系制過渡的偉大
人物，所以，會有神話來美化他是理所當然的事。因爲歷代統治者都美化自
己祖先的亡靈，宣揚他們是天帝之子，周人一再渲染后稷出生的神異，意在
宣揚他們自己是天神的後裔；並把天上的上帝和人間的帝王合在一起。〔註36〕
朱熹《詩經集註》於〈大雅·生民〉一詩中說：「此詩推本其始生之祥，明其
受命於天，固有以異於常人也。」〔註37〕余培林《詩經正詁》也認爲：

或疑此詩多神話，如前三章所述即是。不知后稷教民稼穡，改善農
事，固大有功於生民，即此，亦足以稱偉人矣。夫偉人多神話，古
今中外皆然；若平凡人，雖欲以神話加之，亦不可得也。〔註38〕

這是就統治者的立場而言，欲將其政權合理化、神聖化，並試圖使人民信服
的一種作法。但無獨有偶地，我國古籍中也記載著歷史上其他民族領袖的感
生神話，它們記載了這些領袖們，皆因其母與某種自然現象巧合而生。例如
伏羲因其母華胥踩巨人迹而生；炎帝因其母嫙感神龍而生；黃帝因其母附寶
感天之異象而生；堯因母慶都與赤龍合婚而生；簡狄吞玄鳥卵而生契等。這
是否也意味著古代的政權，欲從神權到君權的一種過渡手法。

而陳桐生在《史記與詩經》一書中，則引《史記·三代世表》後附錄了張
夫子及褚先生的對話，而提出「兩言說」，爲《史記》中的〈殷本紀〉、〈周本紀〉
與〈三代世表〉關於聖人有父與無父的矛盾說法，提供一個合理的解套：

《史記·三代世表》後附錄了張夫子的疑問：「《詩》言契、后稷皆
無父而生。今案諸傳記咸言有父。父皆黃帝子也。得無與《詩》謬
乎？」褚先生回答說：「《詩》言契生於卵，后稷人迹者，欲見其有
天命精誠之意耳。鬼神不能自成，須人而生，奈何無父而生乎！一

〔註35〕夏傳才：〈周人的開國史詩和古史問題〉，《思無邪齋詩經論稿》，（北京：學苑
出版社，2000年9月），頁58～59。

〔註36〕夏傳才：〈周人的開國史詩和古史問題〉，頁59。

〔註37〕朱熹：《詩經集註》，（台北：群玉堂出版社，1991年10月），頁149。

〔註38〕余培林：《詩經正詁》，（台北：三民書局，1995年10月），下冊，頁378。

言有父，一言無父，信以傳信，疑以傳疑。故兩言之。堯知契、稷皆賢人，天之所生，故封之。契七十里。後十餘世至湯王天下。堯知后稷子孫之後王也。故益封之百里。其後世且千歲，至文王而有天下。」褚先生指出《魯詩》之所以強調聖人無父感天而生，並不是缺乏生殖常識，而是爲了突出「天命精誠之意」，突出契、后稷乃「天之所生」，爲眞命天子。至於傳記說聖人有父，則是根據生命繁殖的常情而言。這叫做「信以傳信，疑以傳疑」的「兩言」說法。《史記》中的〈殷本紀〉、〈周本紀〉與〈三代世表〉關於聖人有父與無父的矛盾說法，就是「兩言」的說法的採用。〔註39〕

黃中松《詩疑辨證》則認爲后稷的誕生異於常人，故不可以常理論之，而提出「理氣之論」，認爲帝武生稷，是代表周之禎祥，世人宜以曠達之心來看待之：

夫天生后稷，既異之於人，則不可以常理論矣，竊意天地之間，有理有氣，理則有定者也，氣則無定者也，據理而言，則聖人之生，必由父母，當無以異於恆人，而氣化之變，每多不可測。中庸曰：國家將興，必有禎祥，國家將亡，必有妖孽。太戊之祥桑，高宗之雊雉，非殷之妖孽乎？但遇妖孽，而能脩德，殷道遂復興耳，乃殷之妖孽，彰彰載在《尚書》者，諸儒既不敢不信，元鳥生契，帝武生稷，實殷周之禎祥也，明明見於〈雅〉、〈頌〉者，諸儒何獨不信乎？且古帝王之興，莫不各有靈異之徵，〈詩含神霧〉、〈春秋合成圖〉、〈孔演圖〉、〈河圖〉、〈中候稷起〉、〈契握〉、〈苗興〉、〈帝王世紀〉、〈遁甲開山圖〉、〈合璧〉諸書所言，黃帝、少昊、顓頊、堯、舜、禹、湯之興，皆爲妄乎？又史稱太昊之母，居於華胥之渚，履大人迹，意動虹，且繞之始娠，生帝於成紀，與稷適相合，可知，造物施生之奇，有不可以常理限者，所謂天地之大，何所不有，而拘墟之見，誠難與於曠達之觀也。〔註40〕

綜上所述，有關后稷的誕生，不管是「感天而生說」、「兩言說」、或是「理氣說」，都不過是爲了將后稷的誕生提供一個合理化的解釋，這些說法都凸顯了后稷在《詩經》中具有神話角色的特質。是以，本研究試從〈大雅・生民〉

〔註39〕陳桐生：《史記與詩經》，（北京：人民文學出版社，2000年2月），頁178。

〔註40〕黃中松：《詩疑辨證》，《文津閣四庫全書》30，（北京：商務印書館，2005年），卷五，頁470。

及〈周頌・思文〉、〈魯頌・閟宮〉等三篇與后稷有關之內容，來探究《詩經》如何呈現后稷的神話人物形象。茲分述三篇中「后稷」之形象爲何：

（一）〈大雅・生民〉

> 厥初生民，時維姜嫄。生民如何？克禋克祀，以弗無子。履帝武敏歆，攸介攸止。載震載夙，載生載育，時維后稷。（一章）

> 誕彌厥月，先生如達。不坼不副，無菑無害。以赫厥靈，上帝不寧。不康禋祀，居然生子。（二章）

> 誕寘之隘巷，牛羊腓字之。誕寘之平林，會伐平林；誕寘之寒冰，鳥覆翼之。鳥乃去矣，后稷呱矣。實覃實訏，厥聲載路。（三章）

> 誕實匍匐，克岐克嶷，以就口食。蓺之荏菽，荏菽旆旆，禾役穟穟，麻麥幪幪，瓜瓞唪唪。（四章）

> 誕后稷之穡，有相之道。茀厥豐草，種之黃茂。實方實苞，實種實襃，實發實秀，實堅實好，實穎實栗，即有邰家室。（五章）

> 誕降嘉種，維秬維秠，維穈維芑。恒之秬秠，是穫是畝；恒之穈芑，是任是負。以歸肇祀。（六章）

> 誕我祀如何？或舂或揄，或簸或蹂；釋之叟叟，烝之浮浮。載謀載惟，取蕭祭脂，取羝以軷，載燔載烈，以興嗣歲。（七章）

> 卬盛于豆，于豆于登。其香始升，上帝居歆。胡臭亶時！后稷肇祀，庶無罪悔，以迄于今。（八章）

〈大雅・生民〉一詩，全詩八章，詩的前三章述后稷誕生之異。一章述姜嫄履帝迹而妊娠。二章述姜嫄無痛安然而生后稷。三章述后稷遭棄的經過——置之隘巷、平林、寒冰，而終無恙，可謂奇矣。次三章述后稷投身農事。四章述其幼年好種植，而所種植者皆莖葉繁茂而果實豐碩。五章述其稼穡有道，並非倖致，終以農功而封邰。六章述其收穫豐碩，歸以肇祀。末二章述后稷祭祀情形。七章述其舂、揄、簸、釋、烝、燔、烈，以示奉祀之誠。末章述其祭品馨香，上帝居歆，世世如此，迄今而無咎。〔註41〕

所以，后稷在〈大雅・生民〉一詩中是個異於常人的形象，舉凡出生之異、遭棄仍生之奇，年幼即有善稼穡之才，在在暗示后稷不凡的一生。而詩中爲了

〔註41〕余培林：《詩經正詁》下冊，頁378～379。

鋪排后稷奇異的一生，就連其母——姜嫄，也是一位奇女子，因爲她能爲了求子，潔祀以除去無子之不祥。〔註42〕當她踩到了上帝的腳印，而有所感應，止息在踩到腳印的地方，因此而有了身孕，所生下的孩子就是后稷。經過妊娠十月，就生下了后稷，雖然是頭胎，但生產過程非常順利，母體沒有任何破裂、傷損之苦，平平安安地將小孩生下。因爲上帝安享姜嫄的禋祀，所以上帝顯其靈，使姜嫄安然妊娠而生子。〔註43〕但因爲后稷是無父而生，〔註44〕所以，姜嫄生下后稷之後，就把后稷拋棄，這時一連串神蹟出現了，當姜嫄將后稷棄置於狹隘巷中，牛羊自動避開不踐踏他，反而還保護他；再將后稷棄置於平地林木中，剛好有人去伐木，看見了就收容他；又將后稷棄置於冰寒的地方，鳥兒就用牠們的翅膀蓋住他、保護他，使他不受寒。在這一連串的被拋棄在險惡環境中，冥冥之中，似有天助，后稷總是毫髮無傷地度過難關。最後，鳥兒離去，

〔註42〕「克禋克祀，以弗無子」，屈萬里：「言姜嫄能潔祀以除去無子之不祥；即祭祀以求生子也。」（語見屈萬里：《詩經詮釋》，（台北：聯經出版事業有限公司，2004年10月），頁484。

〔註43〕「以赫厥靈，上帝不寧。不康禋祀，居然生子」，余培林：「赫，《傳》：『顯也。』句言上帝顯其靈也。不，同丕，大也。寧，《箋》：『安也。』句言上帝大安寧也。按姜嫄履帝迹而孕，則后稷乃帝之子。今姜嫄生后稷易而平安，故帝甚寧也。康，《箋》：『安也。』陳奐《傳疏》：『樂也。』居，《詩經詮釋》：『安也。』二句言上帝安樂姜嫄之禋祀，故使之安然妊娠而生子也。」（語見余培林：《詩經正詁》下冊，頁373。）

〔註44〕馬瑞辰《毛詩傳箋通釋》：「此詩毛鄭異說，嘗合經文及《周禮》觀之，而知姜嫄實相傳無夫生子，以姜嫄爲帝嚳妃者誤也。〈周官・大司樂〉：『享先妣。』鄭注：『周立廟，自后稷爲始祖，姜嫄無所妣，是以特立廟而祭之。』使姜嫄爲帝嚳妃，不得言無所妣也。一證也。守祧：奄八人。賈疏謂：『守七廟及姜嫄廟。』使姜嫄爲帝嚳妃，不得有姜嫄廟而無帝嚳廟。二證也。詩言履帝武敏，而不言上帝不寧，〈閟宮〉詩曰：『上帝是依』，是知帝爲上帝，非高辛氏之帝。三證也。武、跡、拇也，見於《爾雅・釋訓》，則履跡之說，相傳已久。四證也。詩曰：『克禋克祀，以弗無子。』許氏益之曰：『弗無之爲言，有也。故莫非爾極者，皆是爾極也；求福不回者，求之正也；方社不莫者，祭之早也；其則不遠者，則之近也。』戴氏震曰：『如許氏說，無庸破弗爲祓。然不直言有子，而曰以弗無子，反言以見其非理之常。又二章居然生子，亦出於意外之詞。若夫而生子，人道之常，何以言以弗無子，又何以言居然生子。』五證也。《楚詞・天問》：『稷唯元子，帝何篤之？投之於冰上，鳥何燠之？』王逸注：『元、大也。帝、天帝也。篤、厚也。言后稷之母姜嫄，出見大人之跡，怪而履之，遂有娠而生后稷，后稷生而仁賢，天帝獨何以厚之乎？投、棄也。燠、溫也。言姜嫄以后稷無父而生，棄之於冰上，有鳥以翼覆薦溫之，以爲神而養之。』六證也。」馬瑞辰舉出六證，以證姜嫄非爲帝嚳妃也。（語見馬瑞辰：《毛詩傳箋通釋》，（台北：廣文書局，1999年5月，卷二十五，頁27。）

后稷發出呱呱的哭泣聲，聲音長而宏亮，連大老遠的地方都聽得到，顯見這個嬰兒的不凡，真不知是其求生意志旺盛，還是其生命力特強，終於姜嫄不忍心，便將其帶回撫養。

當后稷剛會爬行時，就看得出他的聰明，〔註45〕因為他能自己吃，根本不需要人餵他。〔註46〕而他所種的大豆、穀類、瓜果，都長得很茂盛。所有的種植都有一定的方法、步驟，首先要去除雜草，以免妨害作物的生長，接著從浸泡種子，〔註47〕到所有的種子開始脫殼、發芽、抽穗，一路生長得很好，最後，穀子成熟了，穀子長得又大又多又飽滿，還垂了下來。〔註48〕最後，由於后稷的善稼穡，有功於民，所以被封於邰。〔註49〕但是后稷並未將功勞歸為己有，反而將其功勞歸諸上帝，感謝上帝賜予了品質良好的種子，所以，不管是黑黍、赤苗或白苗都是好的品種，當種滿了這些種子之後，就準備豐收了，有的收割，有的負責搬運，能有這麼好的收成當然要感謝上帝，所以，后稷準備了祭品要祀奉上帝。於是，把粟擣一擣，而後從臼中拿出，再揚去糠，或用手將糠揉除，接著淘米，炊煮米飯，然後開始籌畫要祭祀上帝之事。取了香蒿與祭牲之脂來燃燒，使香氣遠播，請上帝來受饗，〔註50〕還準備了牡羊來祭行道之神，將肉串成一串，以火來燒烤，祈求來年仍然能夠豐收。接著將祭品盛放在祭器上，馨香往上升，請上帝安樂地來受饗。這個香氣一直傳達著祭祀者的誠善之心，所以，自后稷祭祀天開始至於今，還好子孫也都無罪過，因此，能一直享受后稷的餘蔭。

后稷在此詩中所扮演的角色，是個有上帝保佑的天之驕子，所以，即使

〔註45〕 「克岐克嶷」，余培林：「岐、嶷，《傳》：『岐，知意也。嶷，識也。』大約如今語聰明。」（語見余培林：《詩經正詁》下冊，頁374。）

〔註46〕 「以就口食」，余培林：「《集傳》：『就，向也。口食，自能食也。蓋六七歲時也。』按口食，不需餵食也。」以一尚在爬行之嬰兒而言，能自食，而不需人餵養，故可見其異於常人。（語見余培林：《詩經正詁》下冊，頁374。）

〔註47〕 「實方實苞」，朱熹《詩經集註》：「此漬其種也。」（語見朱熹：《詩經集註》，頁149。）

〔註48〕 「實穎實栗」，朱熹《詩經集註》：「穎，實繁碩而垂末也。」孔穎達《毛詩正義》：「栗，穀熟貌。」（分見朱熹：《詩經集註》，頁149。孔穎達：《毛詩正義》，頁1070。）

〔註49〕 「即有邰家室」，朱熹《詩經集註》：「堯以其有功於民，封於邰，使其母家而居之，以主姜嫄之祀。故周人亦世祀姜嫄焉。」（語見朱熹：《詩經集註》，頁149。）

〔註50〕 「取蕭祭脂」，余培林：「言取香蒿與祭牲之脂燕之，使香氣遠聞，而神歆饗。」（語見余培林：《詩經正詁》下冊，頁377。）

屢遇危難，總能化險爲夷。而他離奇地來到這個世界上，也似乎肩負著一個重要的使命——利用他善稼穡的天份來造福百姓。更因爲他祭祀之誠，就連他的後代子孫也一直承受上帝的庇祐，所以，無怪乎《詩序》說：「〈生民〉，尊祖也。后稷生於姜嫄，文武之功，起於后稷，故推以配天也。」〔註51〕有周一代，之所以能有文武之功，皆源於其始祖后稷其德能配天，故後代子孫才能受到餘蔭，足見周人對這位充滿神話色彩始祖之尊敬。

（二）〈周頌・思文〉

　　　思文后稷，克配彼天。立我烝民，莫匪爾極。貽我來牟，帝命率育，
　　　無此疆爾界，陳常于時夏。

在〈周頌・思文〉一詩中，子孫們頌美后稷的文德可以配天，而后稷之德表現在能安定眾民，欲使眾民安定最直接有效的方法即是做到皆有所養，所以，上帝命后稷徧養眾民，於是后稷遺民以小麥與大麥，〔註52〕並將稼穡之法不分國界地陳布於此中國。〔註53〕所以，〈周頌・思文〉中提到的后稷形象是以照顧人民的祖先神的形象出現。

（三）〈魯頌・閟宮〉

　　　閟宮有侐，實實枚枚。赫赫姜嫄，其德不回。上帝是依，無災無害。
　　　彌月不遲，是生后稷。降之百福，黍稷重穋，稙穉菽麥。奄有下國，
　　　俾民稼穡。有稷有黍，有稻有秬。奄有下土，纘禹之緒。（一章）

〈魯頌・閟宮〉一詩也提到因爲有上帝的保佑而無災害，所以，后稷足月而生，上帝降大福，所種的穀物先後成熟了。〔註54〕天下因爲有禹平水土，又有后稷教民種植各種穀類，后稷承續了禹之功業，造福百姓，所以，周人頌美之。觀〈周頌・思文〉、〈魯頌・閟宮〉二詩，誠如劉生良在〈頌詩二題〉一文中提到：

　　　古代人對於他們英雄的祖先，充滿一種眞誠的崇拜與敬仰，視爲神

〔註51〕鄭玄：《毛詩鄭箋》，（台北：學海出版社，2001年9月），頁127。

〔註52〕「貽我來牟，帝命率育」，余培林：「言爾（后稷）遺我民以小麥與大麥，此乃上帝命后稷徧養我眾民也。」（語見余培林：《詩經正詁》下冊，頁539。）

〔註53〕「陳常于時夏」，余培林：「陳布此稼穡之常道於此中國也。」（語見余培林：《詩經正詁》下冊，頁539。）

〔註54〕「黍稷重穋」，余培林：「《傳》：『後熟曰重，先熟曰穋。』《釋文》：『重，又作種。穋，又作稑。』按《周禮・天官・內宰》鄭司農曰：『先種後熟謂之重，後種先熟謂之穋。』蓋指所有穀類非徒黍稷也。」（語見余培林：《詩經正詁》上冊，頁430。）

聖。在他們看來,這些光榮的祖先體現著天命,承受著天命,與天命融爲一體,是具有人格的神。於是,在他們的心目中,祖先、英雄、天神三位一體,受到最爲虔誠的膜拜。〔註559〕

所以,從〈大雅‧生民〉、〈周頌‧思文〉、〈魯頌‧閟宮〉三詩,可看出后稷在周人的心目中,不僅僅是他們的始祖,安養眾民的英雄,更是天神的化身。

第二節　實有其人的歷史人物形象

本研究在實有其人的歷史人物部份,分爲兩部份來探討,其一爲周王,其二爲諸侯。而在周王的部分,選取一、周先王——公劉、古公亶父、季歷;二、文王;三、武王;四、成王;五、厲王;六、宣王;七、幽王等九位,分述其在《詩經》中所呈現的形象,並參照史籍記載,以見《詩經》的文學及史料價值,今分述如下:

一、周　王

(一)周先王——公劉、古公亶父、季歷

1. 公　劉

有關周先世之世系,據《史記‧周本紀》載:「后稷卒,子不窋立。不窋末年,夏后氏政衰,去稷不務,不窋以失其官而犇戎狄之間。不窋卒,子鞠立。鞠卒,子公劉立。」〔註56〕司馬遷以爲公劉爲后稷之曾孫。而戴震《毛鄭詩攷正》則認爲后稷傳至不窋,已歷經數代,戴氏曰:

> 不窋以上,世爲后稷之官,不知凡幾,傳至不窋,然後失其官也。夏之衰,疑值孔甲時,《史記》稱孔甲淫亂,夏后氏德衰,諸侯叛之。殆后稷之官及有邰之封,此時乃相因而失,諸侯奪侵,天子不正,是以遠竄。禹至孔甲三百餘年,據《史記》十一世十四君,則有邰始封而至不窋,亦且十餘世。……,孔甲之後,帝皋、帝發、帝桀;不窋之後,鞠、公劉,此代系不相遠者。〔註57〕

〔註559〕　　劉生良:〈頌詩二題〉,《第二屆詩經國際學術研討會論文集》,(北京:語文出版社,1994年),頁141。

〔註56〕瀧川龜太郎:《史記會注考證》,頁65。

〔註57〕戴震:《毛鄭詩攷正》,《續修四庫全書‧毛鄭詩攷正》,(上海:古籍出版社,2002年),卷三,頁589。

戴震認為公劉約當夏末之世，而公劉是否為后稷之曾孫雖不可知，然公劉約當夏末之世當不誤也。

公劉是繼后稷之後，周人認為的第二位偉人，據《史記·周本紀》載：

> 公劉雖在戎狄之間，復脩后稷之業，務耕種，行地宜，自漆、沮度渭，取材用，行者有資，居者有畜積，民賴其慶。百姓懷之，多徙而保歸焉。周道之興自此始，故詩人歌樂思其德。公劉卒，子慶節立，國於豳。〔註58〕

司馬遷認為公劉能承后稷之業，所以，人民歸焉。公劉遷豳，是周之大事，然《史記·周本紀》中，卻未言公劉遷豳之事，反在《史記·劉敬叔孫通列傳》中說：「周之先自后稷，堯封之邰，積德累善，十有餘世。公劉避桀居豳。」〔註59〕言堯封后稷於邰，公劉則為避桀而居豳。而《吳越春秋》則載：「公劉避夏桀於戎狄，變易風俗，民化其政。」〔註60〕《毛傳》認為公劉因遭夏人亂，自邰遷於豳：「公劉居於邰，而遭夏人亂，迫逐公劉，公劉乃辟中國之難，遂平西戎，而遷其民邑於豳焉。」〔註61〕而姚際恆則提出公劉自戎狄處遷豳之說，姚氏曰：

> 不窋以失官而犇于戎、狄之間；公劉為不窋之孫，乃自戎、狄處遷，非自邰也。大王為狄所侵，遷岐山；公劉自不安于戎狄之地而遷之，非迫逐也，故曰「匪居匪康。」〔註62〕

姚氏認為公劉自不安于戎狄之地而遷之豳，非因避桀而居豳，是自戎狄處遷豳，非自邰也。陳榮照則認為：

> 就詩中觀察，公劉的時候，農業規模已極偉大。他可能是為了生產發展的需要而遷徙，亦未可知，因為古代農業方興，初民尚不知施肥的方法，耕種數年，地方即盡，就得舍舊謀新，別營他地。而且當時地多人稀，土無主權，可以隨意利用。〔註63〕

綜上所述，公劉遷豳之事，眾所贊同，然一說由邰遷豳；一說由戎狄處遷豳；

〔註58〕瀧川龜太郎：《史記會注考證》，頁65。
〔註59〕瀧川龜太郎：《史記會注考證》，頁1111。
〔註60〕趙曄著，黃永堂譯注：《吳越春秋》，（台北：臺灣古籍出版社，1996年8月），頁9。
〔註61〕鄭玄：《毛詩鄭箋》，（台北：學海出版社，2001年9月），頁131。
〔註62〕姚際恆：《詩經通論》，（台北：廣文書局，1997年10月），頁288。
〔註63〕陳榮照：〈詩經中有關周代政治史料之探討〉，《新社學報》，（1968年12月），二卷，頁1～49。

公劉遷豳之由，一說爲避夏亂；一說爲避戎狄；尚有一說是爲生產發展的需要而遷徙，眾說紛紜，各執己見。今按葉達雄《詩經史料分析》中所論：

觀公劉之啓行，並非匆促，而是有長久之準備，若依《毛傳》之說，遭夏人亂，迫逐公劉，即使公劉不狼狽而逃，亦應慌張而走，焉有充分準備之心情與時間？故《毛傳》之說不足取。而姚際恆不安于戎狄之說，似乎不失爲合理的推測，然因何而不安？是語言不通？習俗不同？或……則無說，故亦不足取。詩中言公劉之啓行前，準備許多糧食，弓矢，竊以爲：應是一面作爲開路之用，一面若與他族相遇，可備一戰，故以其遷豳爲生產發展上的需要，似較足取。〔註64〕

葉達雄所言似較合理，蓋〈大雅‧公劉〉一詩之重點似乎不在逃難，而是在爲人民尋找一個更能安家立業之所，若將重點放在避難之上，實難以顯出公劉之偉大，更難以體會公劉開拓之用心。又據吳闓生《詩義會通》一書所言：「篇中表岡陵，度隰衍，相土宅民，地形水利，軍制田賦，至於礪碫之末，纖悉不遺。眞體國經野之大文，而其精神實洋溢於文外，尤爲聖於立言，後世所莫由企及者也。」〔註65〕可知在當時生產力極其低下，又交通不甚發達的狀態下，爲了遷豳而跋山涉水、相土宅民等，這些事均需耗費相當的時間、物力及精力，因此，事先的觀察，通盤的規劃，實際的執行等，均不可少，所以，當非倉卒逃難之時所能爲之，是以，葉達雄所言尚可採。今將〈大雅‧公劉〉一詩，分析如下，以觀詩人如何呈現公劉率眾遷豳之形象：

篤公劉，匪居匪康，迺場迺疆，迺積迺倉。迺裹餱糧，于橐于囊，思輯用光。弓矢斯張，干戈戚揚，爰方啓行。（一章）

篤公劉，于胥斯原。既庶既繁，既順迺宣，而無永歎。陟則在巘，復降在原。何以舟之？維玉及瑤，鞞琫容刀。（二章）

篤公劉，逝彼百泉，瞻彼溥原。迺陟南岡，乃覯于京。京師之野，于時處處，于時廬旅。于時言言，于時語語。（三章）

篤公劉，于京斯依。蹌蹌濟濟，俾筵俾几。既登乃依，乃造其曹，執豕于牢，酌之用匏。食之飲之，君之宗之。（四章）

〔註64〕葉達雄：《詩經史料分析》，（台北：臺灣大學歷史學研究所碩士論文，1971年6月），頁6。

〔註65〕吳闓生：《詩義會通》，（台北：臺灣中華書局，1970年，2月），頁123。

篤公劉，既溥既長。既景迺岡，相其陰陽，觀其流泉。其軍三單，
度其隰原，徹田爲糧。度其夕陽，豳居允荒。（五章）

篤公劉，于豳斯館。涉渭爲亂，取厲取鍛。止基迺理，爰眾爰有。
夾其皇澗，遡其過澗，止旅乃密，芮鞫之即。（六章）

〈大雅・公劉〉一詩，每句皆以「篤公劉」開頭，來讚美公劉是位厚實之人，
〔註66〕因爲有公劉的忠厚篤實，才能不畏艱辛千里跋涉，爲其族人尋一沃土，
好安身立業；因爲公劉的忠厚篤實，所以，才能一步一腳印地開疆闢土；因
爲忠厚篤實的公劉，所以，人民樂於歸附，受其領導、統治。詩中用一「篤」
字來概括形容公劉的人格特質，眞是恰如其分。

而公劉遷豳之時的具體作爲又是爲何？首先，在遷豳之前，即整治好田
地，以待有好的收成，充實倉庫，行前則準備好袋子裝乾糧，所聚集的糧食
相當充實。〔註67〕接著張開弓而挾帶矢，〔註68〕揮舞著干戈戚，檢查好防身
的武器之後就準備出發了。

可見公劉爲了遷豳之事早有萬全的準備，不僅糧食要充足，防備的武器
更要精良，畢竟這是關係到全族興亡之事，所以，一點都含糊不得，足見公
劉具有高瞻遠矚的思維，心思之縝密，做事之用心，非常人之資。

一路上公劉考察地形，終於找到了物產豐富，適合人長久居住之地，公
劉非常滿意，於是宣告族人要留在這兒，〔註69〕族人紛紛表示贊同。於是公
劉登上了小山，再下來，仔細觀察地勢，身上所佩戴的是美玉及佩刀。再到
泉水眾多之處，看看那片廣大的原地。再登上南岡，看看豳地的城邑，公劉
準備將那兒作爲京都，〔註70〕於是就在豳地住了下來，還蓋了房子。公劉指

〔註66〕余培林：「六章首句皆曰『篤公劉』，篤有厚義。讚美、告戒之意，皆從此一
字出。牛運震曰：『一篤字括通篇之旨。』旨哉斯言！然自馬瑞辰訓爲語詞（見
〈大明〉『篤生武王』），後人多從之。於是，不僅此句意味索然，詩之精神亦
頓失矣。」（語見余培林：《詩經正詁》下冊，頁404。）

〔註67〕「思輯用光」，余培林：「思，《經傳釋詞》：『思，發語詞也。』輯，《詩緝》：『此
輯亦聚集之也。』按《尚書・無逸》僞孔傳引作『思集用光』。光，廣大也，充
實也。句言其聚積因而充實也。」（語見余培林：《詩經正詁》下冊，頁398。）

〔註68〕「弓矢斯張」，余培林：「言張弓而挾矢也。矢不能張，因弓而連言之。」（語
見余培林：《詩經正詁》下冊，頁398。）

〔註69〕「既順迺宣」，余培林：「順，《詩經注釋》訓爲『合宜』，《詩經欣賞與研究》
訓爲『合意』，義同。謂斯原合公劉之意也。宣，《詩經注釋》：『宣告。』謂
公劉乃宣告留居於此也。」（語見余培林：《詩經正詁》下冊，頁398。）

〔註70〕「京師之野」，余培林：「按句曰『京師之野』，既曰『野』，則『京師』必爲

導眾人，協調工作，說話相當得體，〔註 71〕公劉本著堅毅不拔的精神，上山下海地帶領著族人開疆闢土，頗有領導人的風範，人民都信服他。

當安頓好之後，大夥兒趨進有節地準備設筵授几，坐在席上，倚靠著几，公劉告訴下屬們，〔註 72〕今天要殺豬慶祝，大家要喝個痛快。用匏當作酒杯來喝酒，在吃吃喝喝之間，大夥兒共同推舉公劉爲君長，形成周代宗法制度之雛形。〔註 73〕

因爲所開墾的土地又廣又大，所以，公劉根據日影來辨別四方的方位，〔註 74〕觀察陰陽方向，以作爲居所的依據。〔註 75〕再察看流水的方向，以方便耕種。〔註 76〕接著組織人民，將其民分爲三軍，用其一，而以其二從事農耕，輪番替代。〔註 77〕此外，還測量廣平與下濕之地有多少，〔註 78〕

都城，亦即上句之『京』無疑。〈民勞〉『惠此京師』、〈曹風·下泉〉『念彼京師』，京師皆指都城。此篇當亦如之。公劉初至豳地，未有土木之事，而有京師，則上文『何以舟之』得其解矣。蓋以玉、瑤及容刀所取得依居之地也。」（語見余培林：《詩經正詁》下冊，頁 399。）

〔註 71〕「于時言言，于時語語」，鄭玄：「言其所當言，語其所當語。」（語見鄭玄：《毛詩鄭箋》，頁 131。）

〔註 72〕「乃造其曹」，余培林：「《一切經音義·卷九》引詩作『乃告其曹』。胡承珙《毛詩後箋》：『今《毛詩》造字恐係告字之誤。』告，令也。曹，《傳》：『群也。』《詩經注釋》：『曹指一群人，尤其是地位低的人。』句言告其下屬也。」（語見余培林：《詩經正詁》下冊，頁 400。）

〔註 73〕「君之宗之」，呂祖謙《呂氏家塾讀詩記》：「既饗燕而定經制，使上下相維也。公劉之爲君久矣，於此使曰君之者，言公劉之整屬其民，上則皆統於君，下則各統於宗，其相維蓋如此也。古者建國立宗，其事相須。」又王應麟《困學紀聞》卷三有言：「三代之禮有損益，而所因者，未之有改也。以公劉之詩考之，君之宗之，宗法始於此。」（分見呂祖謙：《呂氏家塾讀詩記》，《文津閣四庫全書·呂氏家塾讀詩記》經部詩類 24，（北京：商務印書館，2005 年），卷二十六，頁 592。王應麟：《困學紀聞》，《文津閣四庫全書·困學紀聞》子部雜家類，（北京：商務印書館，2005 年），卷三，頁 408。）

〔註 74〕「既景迺岡」，朱熹：「考日景以正四方也。」（語見朱熹：《詩經集註》，頁 154。）

〔註 75〕「相其陰陽」，余培林：「相，《集傳》：『視也。』陰陽，《集傳》：『向背、寒暖之宜也。』句言視其陰陽方向，以爲居室也。」（語見余培林：《詩經正詁》下冊，頁 401。）

〔註 76〕「觀其流泉」，余培林：「觀其泉流之所浸潤以利耕種也。」（語見余培林：《詩經正詁》下冊，頁 401。）

〔註 77〕「其軍三單」，余培林：「三單，《傳》：『相襲也。』《群經平議》曰：『《傳》讀單爲禪，禪有禪代之義，故云相襲也。公劉當日疑用計口出軍之法，三分其民以爲三軍，而用其一軍，使其更番相代，故曰三單也。』按詩之上文『既景迺岡，相其陰陽，觀其流泉』，下文『度其隰原，徹田爲糧』，皆主農事而

再針對治田取其糧以爲稅。〔註 79〕豳地這個地方實在很大呀！於是就在豳地這個地方居住下來了，橫渡渭水，〔註 80〕取得「厲」這種砥石及「鍛」這種椎石用以磨利、強化器具，〔註 81〕用來營建他們的居所，〔註 82〕由於來歸附的人日多，所以，有些人就住在皇澗的兩旁；〔註 83〕有些人則面向過澗而居。〔註 84〕房子越來越稠密，人口越來越眾多。〔註 85〕因爲居民日多，所以，有些甚至就芮鞫而居。〔註 86〕是以，潘秀玲於《詩經存古史考辨——詩經與史記所載史事之比較》中曾提到：

> 〈大雅・公劉〉篇，述敘公劉遷豳，從遷徙之始、相地之宜、民情之治、燕饗之樂、制度之備，一直到擴土築館，居其民，柔遠人，

言也。蓋『食者，民之本也。』(《文子・上仁》)，農者，富強之基也。后稷以農興，故其子孫無不特重農事，公劉亦然。『其軍三單』，亦主農事而言也。蓋分其軍爲三，用其一，而以其二從事耕作，更相番代，亦寓兵於農之意也。此無關於兵事，故自《箋》以下，凡以兵事釋之者，恐皆誤。」(語見余培林：《詩經正詁》下冊，頁 401。)

〔註78〕「度其隰原」，余培林：「隰原，《箋》：『度其隰與原田之多少。』是隰與原爲二，泛指廣平與下濕之地。」(語見余培林：《詩經正詁》下冊，頁 401。)

〔註79〕「徹田爲糧」，余培林：「徹，《箋》：『什一而稅謂之徹。』句言治田取其糧以爲稅也。」(語見余培林：《詩經正詁》下冊，頁 402。)

〔註80〕「涉渭爲亂」，亂，《傳》：「正絕流曰亂。」《正義》：「水以流爲順，橫渡則絕其流，故爲亂。」(分見鄭玄：《毛詩鄭箋》，頁 132。孔穎達：《毛詩正義》，頁 1122。)

〔註81〕「取厲取鍛」，余培林：「厲，《集傳》：『砥也。』鍛，《傳》：『石也。』按《說文》：『段，椎物也。』《尚書・費誓》：『鍛乃戈矛，厲乃鋒刃。』厲、鍛皆石也。厲爲砥石用以磨銳；鍛爲段之叚借，爲椎石，用以椎堅。皆工具，非建材也。」(語見余培林：《詩經正詁》下冊，頁 402。)

〔註82〕「止基迺理」，余培林：「止，《集傳》：『居也。』基，陳奐《傳疏》：『基亦止也。』是止、基義同。理，治也。句言乃至其居室也。」(語見余培林：《詩經正詁》下冊，頁 402。)

〔註83〕「夾其皇澗」，余培林：「夾，《正義》：『謂在澗兩邊也。』皇，《傳》：『澗名也。』句謂人群居於皇澗之兩旁也。」(語見余培林：《詩經正詁》下冊，頁 402。)

〔註84〕「遡其過澗」，余培林：「遡，《傳》：『鄉也。』即向也。過，《傳》：『澗名也。』句言人群面向過澗而居也。」(語見余培林：《詩經正詁》下冊，頁 402。)

〔註85〕「止旅乃密」，余培林：「止旅，與上文止基義同，亦謂居室也。句言房室乃密，意謂居民日多也。」(語見余培林：《詩經正詁》下冊，頁 402～403。)

〔註86〕「芮鞫之即」，余培林：「芮，《釋文》：『本又作汭。』蓋汭之叚借。芮鞫，《箋》：『水之內曰隩，水之外曰鞫。』《正義》：『芮、鞫皆是水厓之名，鞫是其外，則芮是其內。』之，是也。即，《正義》：『就也。』句言居民日多，乃就芮鞫而居之也。」(語見余培林：《詩經正詁》下冊，頁 403。)

無不具備，實爲一幅周氏先祖絕妙之遷徙圖，提供了豳地開發初期的詳盡情形。〔註87〕

而翁方綱《詩附紀》更是讚美公劉考察地理之用心，直可作爲地志：

陟巘、陟岡、迺岡，凡言山者三；逝百泉、觀流泉、涉渭、夾澗、遡澗，凡言水者五；胥原、降原、溥原、隰原，凡言原者四；中間敘公劉之佩服，以及居處語言，以及几筵食飲，以及定軍賦，取材用，細大備述，可作畫圖，可作地志。〔註88〕

公劉的用心，人民感受到了，公劉的付出，人民也享受到了，但能使遠近誠服者，全因公劉之德，正如《孟子·公孫丑上》所言：「以德服人者，中心悅而誠服也。」〔註89〕另外在〈大雅·行葦〉一詩，詩開頭即言：「敦彼行葦，牛羊勿踐履。方苞方體，維葉泥泥。」以道路旁的葦草聚生，來象徵兄弟相親，因爲苗才剛開始吐芽、生苞，正要成形體，因此，衷心希望牛羊勿踐踏，由此展現兄弟相親之情。所以，《詩序》謂：「〈行葦〉，忠厚也。周家忠厚，仁及草木，故能內睦九族，外尊事黃耈，養老乞言，以成其福祿焉。」〔註90〕又多位漢代學者也認爲〈大雅·行葦〉一詩所寫爲有關公劉仁德之詩，例如：《吳越春秋》云：「公劉慈仁，行不履生草，運車以避葭葦，公劉避夏桀於戎狄，變易風俗，民化其政。」〔註91〕劉向《列女傳·辯通傳》亦云：「弓人之妻也，願有謁於君，平公見之，妻曰：君聞昔者公劉之行乎羊牛踐葭葦，惻然爲民痛之，恩及草木，……，仁著於天下。」〔註92〕王符《潛夫論·德化篇》甚至說：「公劉厚德，恩及草木，羊牛六畜，且猶感德。」〔註93〕而范曄《後漢書·鄧寇列傳》：「寇榮曰：昔文王葬枯骨，公劉敦行葦，世稱其仁。」〔註94〕就連方玉潤亦表贊同，方氏曰：「案眾說雖非詩義，然公劉必有是事而

〔註87〕潘秀玲：《詩經存古史考辨——詩經與史記所載史事之比較》，（台北：花木蘭出版社，2006 年 9 月），頁 43。

〔註88〕翁方綱：《詩附紀》，《叢書集成·詩附紀》，（上海：商務印書館，1936 年 12 月），頁 90～91。

〔註89〕朱熹：《四書集註·孟子》，頁 235。

〔註90〕鄭玄：《毛詩鄭箋》，頁 128。

〔註91〕趙曄著，黃永堂譯注：《吳越春秋》，頁 9。

〔註92〕王照圓：《列女傳補注》，《續修四庫全書·列女傳補注》，（上海：上海古籍出版社，1995 年，影印清嘉慶刻後印本），卷六，頁 717。

〔註93〕王符：《潛夫論》，（上海：上海古籍出版社，1978 年 4 月），第八卷，頁 439。

〔註94〕范曄撰，李賢等注：《後漢書》，（台北：宏業書局，1972 年 6 月），卷十六，頁 629。

後人稱之者眾，觀詩引此爲興，未必無因。」〔註95〕綜上所述可知：公劉眞是位具有忠實篤厚的特質、高瞻遠矚的思維、堅毅不拔的精神、精明幹練的能力、仁德思想的君主。

2. 古公亶父（豳公、太王）

古公亶父又稱豳公，後代子孫更追號曰太王，而這些稱號之由來，據《毛傳》言：「古公，豳公也。古言久也，亶父字，或殷以名言，質也。」〔註96〕毛認爲「古」是言其年代久遠，就時間而言，而「亶父」則是字或名，但未對「公」字做任何解釋。《鄭箋》則云：「古公，據文王本其祖也，諸侯之臣稱君曰公。」〔註97〕鄭玄認爲「古」是代表文王之祖先，而所謂「公」者，是臣對君的稱呼。而《孔疏》闡釋最明，孔穎達曰：

> 以在豳爲公，故曰豳公。謂之古公，言其年世久古，後世稱前世曰古公，猶云先王、先公也。太王追號爲王，不稱王而稱公者，本其生時之事，故言生存之稱也。〈士冠禮〉爲冠者制字云：「伯某甫」，亶亦稱甫，故知字也。以周制論之，甫必是字。但時當殷代，質文不同，故又爲異說，或殷以亶父爲名，名終當諱，而得言之者，以其時質故也。〈中候・稷起〉注云：「亶甫以字爲號」，則鄭意定以爲字，不從或說也。〔註98〕

孔穎達認爲古公亶父在豳地爲公，故又稱「豳公」，因爲年世久古，所以，後世尊稱「古公」，而「太王」則是後代給予追封的名號，「亶父」則是其字或號。另李超孫《詩氏族考》引惠棟《九經古義》曰：

> 古公者，故公也，《說文》云：「古，故也。」《穀梁》云：「踰年不即位，是有故公也，猶言先王、先公。」又引《人表考》：「大王，公祖子，《大淮南子》作泰父，《韓詩》作甫古公，《楚辭》單稱古，去邠邑岐，其南有周原，始改國曰周，壽百二十。」〔註99〕

文中舉出了古籍中對於古公亶父不同的稱呼。而古公亶父在周史上最具代表性的大事，就是由豳遷之於岐，而其遷岐之因乃爲避戎狄之禍，有關古公避狄遷岐之事，司馬遷《史記》有載此說，據瀧川龜太郎《史記會注考證》云：

〔註95〕方玉潤：《詩經原始》，（台北：藝文印書館，1960年6月），頁1091。
〔註96〕鄭玄：《毛詩鄭箋》，頁119。
〔註97〕鄭玄：《毛詩鄭箋》，頁119。
〔註98〕孔穎達：《毛詩正義》，頁982。
〔註99〕李超孫：《詩氏族考》，頁105。

「『薰育戎狄攻之』之下，采《孟子·梁惠王篇》，參以《詩·大雅·緜》篇，又見《莊子·讓王篇》、《呂氏春秋·審爲篇》、《尚書大傳》《淮南子·道應篇》，……。『古公乃貶』以下，采《詩·大雅·緜》篇。」〔註100〕而譚國洪於《詩經中關於西周開國史詩之研究》中也認爲：

> 史遷采《孟子·梁惠王篇》，參以《詩·大雅·緜篇》；復見載於《莊子·讓王篇》，《呂氏春秋·開春論審爲篇》，《尚書大傳》，《淮南子·道應篇》，《吳越春秋·太伯傳》，《説苑·至仁篇》，《史記·劉敬叔孫通列傳》與《帝王世紀》諸書，詞意皆略同。〔註101〕

今列舉《史記·周本紀》、《孟子·梁惠王篇》、《莊子·讓王篇》、《呂氏春秋·開春論審爲篇》、《尚書大傳》、《淮南子·道應篇》、《淮南子·詮言篇》、《史記·劉敬叔孫通列傳》、《後漢書·陳龜傳》注引《帝王世紀》以及《吳越春秋·太伯傳》等諸書所言如下，以觀瀧川龜太郎及譚國洪之説是否可採：

> 古公亶父復脩后稷、公劉之業，積德行義，國人皆戴之。薰育戎狄攻之，欲得財物，予之。已復攻，欲得地與民。民皆怒，欲戰。古公曰：『有民立君，將以利之。今戎狄所爲攻戰，以吾地與民。民之在我，與其在彼何異？民欲以我故戰，殺人父子而君之，予不忍爲。』乃與私屬遂去豳，度漆、沮，踰梁山，止於岐下。豳人舉國扶老攜弱，盡復歸古公於岐下。及他旁國，聞古公仁，亦多歸之。於是古公乃貶戎狄之俗，而營築城郭室屋，而邑別居之。作五官有司。民皆歌樂之，頌其德。〔註102〕

> 孟子對曰：「昔者大王居邠，狄人侵之，去之岐山之下居焉，非擇而取之，不得已也。」……孟子對曰：「昔者大王居邠，狄人侵之。事之以皮幣，不得免焉；事之以犬馬，不得免焉；事之以珠玉，不得免焉。乃屬其耆老而告之曰：『狄人之所欲者，吾土地也。吾聞之也：君子不以其所以養人者害人，二三子何患乎無君？我將去之。』去邠，踰梁山，邑于岐山之下居焉。邠人曰：『仁人也，不可失也。』從之者如歸市。」〔註103〕

〔註100〕瀧川龜太郎：《史記會注考證》，頁65。
〔註101〕譚國洪：《詩經中關於西周開國史詩之研究》，（香港：香港大學新亞研究所碩士論文，1980年6月），頁165。
〔註102〕瀧川龜太郎：《史記會注考證》，頁65～66。
〔註103〕朱熹：《四書集註·孟子》，頁224～225。

　　大王亶父居邠，狄人攻之；事之以皮帛而不受，事之以犬馬而不受，事之以珠玉而不受，狄人之所求者土地也。大王亶父曰：「與人之兄居而殺其弟，與人之父居而殺其子，吾不忍也。子皆勉居矣！爲吾臣與爲狄人臣奚以異！其吾聞之，不以所用養害所養。」因杖筴而去之。民相連而從之，遂成國於岐山之下。〔註104〕

　　太王亶父居邠，狄人攻之，事以皮帛而不受，事以珠玉而不肯，狄人之所求者地也。太王亶父曰：「與人之兄居而殺其弟，與人之父處而殺其子，吾不忍爲也，皆勉處矣。爲吾臣與狄人臣奚以異？且吾聞之：不以所以養害所養。」杖策而去，民相連而從之，遂成國於岐山之下，太王亶父可謂能尊生矣。〔註105〕

　　狄人將攻太王亶父，召耆老而問焉。曰：「狄人何欲？」耆老對曰：「欲得菽粟財貨。」太王亶父曰：「與之。」每與狄人至不止，太王亶父贊其耆老而問之曰：「狄人又何欲乎？」耆老對曰：「欲土地。」太王亶父曰：「與之。」耆老曰：「君不爲社稷乎？」太王亶父曰：「社稷所以爲民也，不可以所爲民者害民也。」耆老對曰：「君縱不爲社稷，不爲宗廟乎？」太王亶甫曰：「宗廟，吾私也，不可以私害民。」遂杖策而去，過梁山，邑於岐山。國人束脩奔走而從之者三千二乘，一止而成三千戶之邑。〔註106〕

　　大王亶父居邠，翟（狄）人攻之，事之以皮帛珠玉而弗受，曰：「翟（狄）人之所求者地，無以財務爲也。」大王亶父曰：「與人之兄居而殺其弟，與人之父處而殺其子，吾弗爲。皆勉處矣！爲吾臣於翟（狄）人奚以異？且吾聞之也，不以其所養害其養。」杖策而去。民相連而從之，遂成國於岐山之下。太王亶父可謂能保生矣。〔註107〕

　　泰（太）王亶父處邠，狄人攻之，事之以皮幣珠玉而不聽，乃謝耆老而徙岐周，百姓攜幼扶老而從之，遂成國焉。〔註108〕

〔註104〕郭象：《莊子註》，《文津閣四庫全書‧莊子註》子部釋家類道家類351（北京：商務印書館，2005年），卷九，頁639。

〔註105〕陳奇猷：《呂氏春秋校釋》，（台北：華正書局，2004年6月），卷二十一，頁1453。

〔註106〕伏勝撰，鄭玄注：《尚書大傳》，《文津閣四庫全書‧尚書大傳》經部書類，（北京：商務印書館，2005年），卷二，頁728。

〔註107〕劉文典：《淮南鴻烈集解》，卷十二，頁84。

〔註108〕劉文典：《淮南鴻烈集解》，卷十四，頁33。

太王以狄伐故，去豳，杖馬箠居岐。〔註109〕戎狄攻太王亶父，亶父
亡走於岐下，豳人悉從亶父而邑焉，作周。〔註110〕

古公亶甫，是爲太王，爲百姓所附。狄人攻之，事之以皮幣玉帛，
不能免焉。王遂杖策而去，踰梁山，止於岐山之陽，邑於周地。豳
人從者如歸市，一年成邑，二年成都，三年五倍其初也。〔註111〕

古公乃杖策去邠，踰梁山而處岐周，曰：「彼君與我何異？」邠人父
子兄弟相帥，負老攜幼，揭釜甑而歸古公。居三月，成城郭，一年
成邑，二年成都，而民五倍其初。〔註112〕

考察以上諸書所載，均說太王遷岐，乃因戎狄貪得無厭，先欲財貨珠寶，最
後連豳地人民賴以生存的土地都不放過，太王本著仁慈愛民之心，而不與之
戰，實因不忍族人爲此而受害，遂一讓，再讓，三讓，終爲避狄而從豳地遷
居於岐山周原，豳地人民因太王爲一仁人之君，亦攜老負幼而附歸之，一年
成邑，二年成都，三年五倍其初也。故知瀧川龜太郎及譚國洪之說可信也。

太王自豳遷至岐下的周原，因地名改國號爲周。〔註113〕而居於岐地的太
王，也改變了周人後來的命運與歷史。而且在周人的觀念中，認爲太王受天
命，以周代殷，是有其正當性及合法性的，因爲天惡商紂爲政暴虐，故上天
欲眷顧周，使其取而代之，所謂「皇天無親，惟德是輔」，故冥冥之中，使太
王遷岐，〈大雅‧皇矣〉一詩，《詩序》即言：「〈皇矣〉，美周也。天監代殷莫
若周。」，〔註114〕而詩的首二章云：

皇矣上帝，臨下有赫。監觀四方，求民之莫。維此二國，其政不獲；
維彼四國，爰究爰度。上帝耆之，憎其式廓。乃眷西顧，此維與宅。

（一章）

〔註109〕瀧川龜太郎：《史記會注考證》，頁1111。
〔註110〕瀧川龜太郎：《史記會注考證》，頁1185。
〔註111〕范曄撰，李賢等注：《後漢書》，卷五十一，頁1694。
〔註112〕趙曄著，黃永堂譯注：《吳越春秋》，頁10。
〔註113〕張建軍於《詩經與周文化考論》一書中曾談到：「周人在公劉遷豳之前，除從
　　　　事農業一條外，幾乎和戎狄沒有什麼區別，而公劉遷豳後迅速地組建了『三
　　　　單』，制定了義務性納糧制度，使周人進入了雛形國家（酋邦）的階段。到公
　　　　亶父遷至岐周，又立大社，建城郭、宮室，驅逐戎狄，使周以令人難以相信
　　　　的速度跑步進入了國家階段。」（語見張建軍：《詩經與周文化考論》，（濟南：
　　　　齊魯書社，2004年），頁32。）
〔註114〕鄭玄：《毛詩鄭箋》，頁121。

作之屏之，其菑其翳；脩之平之，其灌其栵；啓之辟之，其檉其椐；
攘之剔之，其檿其柘。帝遷明德，串夷載路。天立厥配，受命既固。
（二章）

詩的首章言偉大的上帝，威明地監視著人民，發現人民的疾苦全由爲政者之
暴虐，不能善待人民，所以，就開始思量究竟誰可以受天命以代之？因爲上
帝痛惡殷商惡政日漸嚴重，所以，上帝特別眷顧待民以德的周，在冥冥之中
指示著太王西土這個地方可以長久居住。太王來到這兒，首先將直立枯死、
倒地自斃之木，都清除乾淨，〔註115〕接著修理、整治那些灌木、栵樹，開闢
道路，種植那些河柳、樻樹，清除掉不好的樹，留下檿、柘等好的樹種。上
帝讓這位明德之君居住在岐地，幫他貫通、平暢道路，還讓太王有位賢內助
來幫助他，上帝眞的非常眷顧、保佑有德的太王。

而在〈周頌・天作〉詩篇中，言周族人祀岐山，亦曾提到古公亶父及文
王的功業，詩曰：「天作高山，大王荒之。彼作矣，文王康之；彼徂矣，岐有
夷之行，子孫保之。」《詩序》：「〈天作〉，祀先王、先公也。」〔註116〕《孔疏》
進一步闡釋：「〈天作〉詩者，祀先王、先公之樂歌也。謂周公、成王之時，
祭祀先王、先公，詩人以今太平，是先祖之力，故因此祭，述其事而作歌焉。」
〔註117〕又曰：

「天作高山」，毛以爲，天之生此萬物，在於高山之上，大王居岐，
脩其道德，使興雲雨，長大此天所生者，即陰陽和，是其能長大
之。下四句，又説王之德被萬民。居岐邦，築作宮室者，文王則
能安之。彼萬民又後往者，由此岐邦之君有佼易之道故也。下一
句云由父祖之德若此，令子孫得保天位，前往者文王安之，後往
者亦能安之。後往者，以岐邦之君有佼易之德，前往者亦然，爲
互文也。〔註118〕

人民之所以會前仆後繼地前往岐地安居，全因古公亶父修德以來遠人，人民
樂古公亶父有美德，能安民，故人民愈聚愈多。《荀子・王制篇》亦引詩以美
太王遷岐，有肇王業之功：「故天之所覆，地之所載，莫不盡其美，致其用，

〔註115〕「作之屏之，其菑其翳」，余培林：「二句言凡直立枯死、倒地自斃之木，皆
　　　　除去之。」（語見余培林：《詩經正詁》下冊，頁 349。）
〔註116〕鄭玄：《毛詩鄭箋》，頁 152。
〔註117〕孔穎達：《毛詩正義》，頁 1293。
〔註118〕孔穎達：《毛詩正義》，頁 1294。

上以飾賢良，下以養百姓而安樂之。」〔註119〕而《吳越春秋》亦曾記載古公亶父遷岐之事：

> 古公乃杖策去邠，踰梁山而處岐周，曰：「彼君與我何異？」邠人父子兄弟相率，負老攜幼，揭釜甑而歸古公。居三月，成城郭，一年成邑，二年成都，而民五倍其初。〔註120〕

又文王能承繼發揚，故能興周之大業。是以，方玉潤於《詩經原始》中讚美太王、文王二君，並為其歷史定位，方氏曰：「〈天作〉一章七句，此詩首四句特題大王、文王，其意蓋以大王遷岐為王業之基，文王治岐為王業之盛，光前裕後，二君為大。」〔註121〕可知太王遷岐、文王治岐，關係著周之興盛。

而〈大雅‧緜〉一詩一至七章，更是記載著太王遷岐之建業，詩云：

> 綿綿瓜瓞。民之初生，自土沮漆。古公亶父，陶復陶穴，未有家室。
> （一章）

> 古公亶父，來朝走馬。率西水滸，至于岐下。爰及姜女，聿來胥宇。
> （二章）

> 周原膴膴，堇荼如飴。爰始爰謀，爰契我龜。曰止曰時，築室於茲。
> （三章）

> 迺慰迺止，迺左迺右；迺疆迺理，迺宣迺畝。自西徂東，周爰執事。
> （四章）

> 乃召司空，乃召司徒，俾立室家。其繩則直，縮版以載，作廟翼翼。
> （五章）

> 捄之陾陾，度之薨薨，築之登登，削屢馮馮。百堵皆興，鼛鼓弗勝。
> （六章）

> 迺立皋門，皋門有伉；迺立應門，應門將將。迺立冢土，戎醜攸行。
> （七章）

〈大雅‧緜〉一詩，一開頭即以「綿綿瓜瓞」起興，象徵子孫繁衍眾多，又引起「民之初生，自土沮漆」，說明此時古公亶父已與族人由豳遷至岐了。〔註122〕

〔註119〕王先謙：《荀子集解》，（台北：藝文印書館，2000年5月），頁322。
〔註120〕趙曄著，黃永堂譯注：《吳越春秋》，頁10。
〔註121〕方玉潤：《詩經原始》，頁1243。
〔註122〕「自土沮漆」，《毛傳》：「沮水、漆水也。」《鄭箋》：「公劉失職遷于豳，居沮漆之地」。《孔疏》：「此沮漆、謂在豳水，但二水東流亦過周地，故下《傳》

然而因爲避戎狄，所以，初到之時，只能掘洞穴而居，並沒有房子。〔註123〕早來乘馬，沿著漆水之西涯而行，來到岐下，於是和太姜定居在這兒。周原這個地方，土地非常肥美，即使是菫荼那樣的苦菜，吃起來都很甘甜。一開始與族人商量規劃，並且用龜占卜，龜兆顯示可以長久在周原居住，於是就在周原開始建築家室，準備在這兒長期安居，分配族人有的住在周原的左邊，有的就住在周原的右邊，開墾土地用來安置人民。接著規畫好界壟，還治好了溝塗及田疇，以利灌溉、耕種等事宜。從西到東，所有域中的人分工合作，各行其事。

當人民安定之後，接著召令掌營國邑的「司空」官員，又召令掌管徒役的「司徒」官員，命他們監管、建造室家的安居。在施工的時候，他們先用繩墨來校正直不直，再束以夾板，裝土成牆，以恭敬謹慎的態度來建造宗廟。〔註124〕當建造的工程啓動時，有盛土於籠的陾陾聲；〔註125〕有投土於版中的

曰：『周原，沮漆之間。』」陳啓源《毛詩稽古編》曰：「〈緜〉詩『自土沮漆』，是扶風之漆沮名物疏語已詳於〈吉日〉篇矣，馮又云：不窋徙居戎狄之間，在今慶陽府；公劉遷豳，在今西安府，邠州淳化縣西，百二十里三水縣界，當涇水之西；及太王之豳遷岐，踰梁山始至岐山北，漆沮合流之處，梁山在今西安府，乾州城西北五里，當豳之西南。孔穎達〈緜〉詩疏云：『漆沮在豳地，二水東流，亦過周地』，非也。若漆沮在豳，則公劉于豳斯館，已有宮室，太王何爲陶復陶穴哉？正以太王初至扶風之地，故未有家爾耳。源嘗三賦詩詞，合之《毛傳》，知馮語良是也。今以〈緜〉詩首章，爲太王居豳事者，始於康成耳，《毛傳》本無是說也。《傳》首章即述太王避狄去豳遷岐之事，而繼之曰：『陶其土而復之，陶其壤而穴之』，則明以復穴係之岐下，爲古公初到之居也。又曰：『未有寢廟亦未敢有室家』，蓋因五章倂立室家，作廟翼翼並言，此章止言室家而不言廟，故補其未及，是明以此章未有與五章倂立，遙相首尾，彼在岐，此不應獨在豳矣。又三章《傳》曰：『周原漆沮之間』，合周原與漆沮爲一，是明以首章之居，漆沮即居此周原矣。夫遷岐之始，草萊甫闢，復穴而居，理或有之。公劉居豳，至太王已經十世，安得尚無家室，不獨於豳斯館，見〈公劉〉篇而已。……則首章所言，其爲初到岐周，未遑築室時事，無疑也。首章先言岐土之荒涼，下章方言太王相度經營之，次第立言之序，當如此也。康成誤認《傳》意，故於首章之述遷豳，則解之曰爲二章發，不知二章《傳》安得預發之，首章決非毛指，孔又過執《箋》說曲爲解釋。」（分見鄭玄：《毛詩鄭箋》，頁119。孔穎達：《毛詩正義》，頁982。陳啓源《毛詩稽古編》，《文津閣四庫全書·毛詩稽古編》經部詩類，北京：商務印書館，2005年，頁429。）陳氏論述有理，故本研究採其說。

〔註123〕「陶復陶穴，未有家室」，余培林：「陶，《毛詩傳箋通釋》：『陶，讀爲掏。』挖掘也。復，《說文》引作復，曰：『地室也。』《詩經新證》：『徑直而簡易者曰穴，複出而多歧者曰復。』句言太王掘洞穴而居，未有房室也。」（語見余培林：《詩經正詁》下冊，頁330。）

〔註124〕「作廟翼翼」，余培林：「翼翼，即〈大明〉『小心翼翼』之翼翼，恭慎貌。言

薨薨聲；有以杵搗土的登登聲；有削去牆土隆高處所發出的馮馮聲，眾多的牆垣同時興造，工程非常浩大，但是人民不待鼓聲大作，即自動自發地前去幫忙。〔註126〕古公亶父建立了宮外郭門，郭門建築得高聳直立，還建立了王宮正門，正門也建造得莊嚴雄偉，〔註127〕然後建立祭土神的大社，〔註128〕戎狄醜虜知道之後因而遁逃。所以，古公亶父遷居岐地後，一連串的大興土木，建立家室，使人民能安居立業；建立宗廟，使祖先得以享祀，繼而保祐子孫；建立大社，使土神保護眾民；建立宮室，樹立權威，就連戎狄都嚇到遠遁，還任用賢臣、委任官吏，使其適才適用。但為什麼在開發之初，即建造了「廟」與「冢土」？張建軍於《詩經與周文化考論》一書中曾談到建立「廟」與「冢土」的重要性：

> 「三代之時，宗廟具有核心地位，除了它是祖先神主所在祭祀場所及王的住所外，它還是行使權利、發布政令的場所。……，另外，在宗廟舉行的由全體族人參加的宴饗活動是強化全體成員之間的團結，及收族，和加強宗子地位（包括王權和各級貴族特權）的重要手段。宗廟是權力的象徵，是貴族集團，得以穩固的重心所在。」（徐良高：《中國民族文化源新探》，社會科學文獻出版社，1999年，頁165。）「廟」與「冢土」，祖先神與土地神的雙種信仰建構，神權與政權的結合，社與祖使公亶父得到了祖先和土地的恩寵，擁有了宗教上的合法性支持。公亶父時代，周人完成了一個巨大的歷史轉變。〔註129〕

恭敬謹慎地造作宗廟。」（語見余培林：《詩經正詁》下冊，頁332。）

〔註125〕 「捄之陾陾」，余培林：「捄，《傳》：『虆也。』虆，盛土籠也。此處作動詞用，謂盛土於虆也。陾陾，《傳》：『眾也。』按下薨薨、登登、馮馮皆聲，此亦當為聲也。謂盛土於籠之聲也。」（語見余培林：《詩經正詁》下冊，頁332。）

〔註126〕 「鼛鼓弗勝」，余培林以為：「擊鼓所以動眾，今鼛鼓不用，言民皆踴躍以赴，猶〈靈臺〉『庶民子來』也。」余氏之說頗能呼應第四章「周愛執事」，故似較《鄭箋》所謂：「鼛鼓不能止之使休息也」為勝，是以，今採余氏之說。（分見余培林：《詩經正詁》下冊，頁332～333。鄭玄：《毛詩鄭箋》，頁119。）

〔註127〕 「應門將將」，余培林：「將將，《傳》：『嚴正也。』按《爾雅‧釋詁》：『將，大也。』疑將將亦大義。」今則合此二義將「將將」，解為「莊嚴雄偉」。（語見余培林：《詩經正詁》下冊，頁333。）

〔註128〕 「冢土」，《傳》：「大社也。」《禮記‧祭法》：「王為群姓立社曰大社。」（分見鄭玄：《毛詩鄭箋》，頁119。阮元校勘：《十三經注疏‧禮記》，卷四十六，頁801。）

〔註129〕 張建軍：《詩經與周文化考論》，頁23。

而譚國洪則於《詩經中關於西周開國史詩之研究》一文中，有關古公亶父遷居岐地後的功業，亦提出他的看法：

> 古公亶父遷居岐周後，開啓王業，畫界授田，溝通洫渠，以利灌溉，繼而築宗廟，營宮室，立大社，以爲天子之制，內用賢臣，委任官吏，整飭兵旅，外和鄰邦，以至其後文王德盛，西拒昆夷，北備獫狁，虞芮諸侯歸附，周之興起，蓋由太王奠基所致。〔註130〕

譚國洪盛讚周之興起，全由古公亶父時代所打下的基礎，才有後來的文王德治，所以，可知古公亶父在周歷史上的定位，是位爲周（文王）之興起奠下蓽路藍縷之功、肇王業之績，仁慈愛民，不尚暴力的仁人君主。〈大雅・緜〉一詩的末二章言：「肆不殄厥慍，亦不隕厥問。柞棫拔矣，行道兌矣。混夷駾矣，維其喙矣。虞芮質厥成，文王蹶厥生。予曰有疏附，予曰有先後，予曰有奔奏，予曰有禦侮。」是以，〈大雅・緜〉篇一到七章言太王遷岐之建業，而八、九章接言及文王時周民族強大，使天下歸附之事，就顯得不足爲怪了。

3. 季 歷

太王三子，長子爲太伯，次子爲仲雍，三子爲季歷。太王若要傳位太伯當是第一順位，〔註131〕而《史記・周本紀》、〈吳太伯世家〉則載太王預知昌能興周，欲太伯讓位於季歷一事：

> 古公有長子曰太伯，次曰虞仲。太姜生少子季歷，季歷娶太任，皆賢婦人，生昌。有聖瑞。古公曰：「我世當有興者，其在昌乎！」長子太伯、虞仲知古公欲立季歷以傳昌，乃二人亡如荊蠻，文身斷髮，以讓季歷。〔註132〕

> 吳太伯，太伯弟仲雍，皆周太王之子，而王季歷之兄也。季歷賢，而有聖子昌，太王欲立季歷以及昌，於是太伯、仲雍二人乃犇荊蠻，文身斷髮，示不可用，以避季歷。季歷果立，是爲王季，而昌爲文王。太伯之犇荊蠻，自號句吳。荊蠻義之，從而歸之千餘家，立爲吳太伯。〔註133〕

〔註130〕譚國洪：《詩經中關於西周開國史詩之研究》，頁175～176。
〔註131〕王國維認爲商代沒有宗法制度，是以兄終弟及的方式繼位，但今研究古史學者多不同意，因爲根據學者們的考察，商代主要還是以父死子繼爲主，兄終弟及爲輔，惟有在特殊的情況之下才會以兄終弟及的方式繼位。
〔註132〕瀧川龜太郎：《史記會注考證》，頁66。
〔註133〕瀧川龜太郎：《史記會注考證》，頁537～538。

太伯爲成全父願，於是偕弟仲雍，至荊蠻而不返，斷髮文身以示不可用。而《吳越春秋》亦載此事，但稱太伯、仲雍二人以太王病，託言採藥而至荊蠻：

> 古公知昌聖，欲傳國以及昌，曰：「興王業者，其在昌乎！」因更名曰季歷。大伯、仲雍望風知指，曰：「歷者，適也。」知古公欲以國及昌。古公病，二人託名採藥于衡山，遂之荊蠻，斷髮文身，爲夷狄之服，示不可用。古公卒，太伯、仲雍歸。赴喪畢，還荊蠻。國民君而事之，自號爲句吳，吳人問：「何像而爲句吳？」大伯曰：「吾以伯長居國絕嗣者也，其當有封者，吳仲也，故自號句吳，非其方乎？」荊蠻義之，從而歸之者千有餘家，共立以爲句吳。數年之間，民人殷富。遭殷之末，世衰，中國侯王數用兵，恐及於荊蠻，故太伯起城周三里二百步，外郭三百餘里，在西北隅，名曰故吳，人民皆耕田其中。〔註134〕

另《韓詩外傳》則以讓位一事，引孔子之語，稱美太伯有識父志之先見，而王季則有曉父心之先知，故能承父志，興王業：

> 大王亶甫有子曰太伯、仲雍、季歷，歷有子曰昌。太伯知大王賢昌，而欲季爲後也，太伯去，之吳。大王將死，謂曰：「我死，汝往，讓兩兄，彼即不來，汝有義而安。」大王薨，季之吳告伯仲，伯仲從季而歸。群臣欲伯之立季，季又讓。伯謂仲曰：「今群臣欲我立季，季又讓，何以處之？」仲曰：「刑有所謂矣，要於扶微者，可以立季。」季遂立，而養文王，文王果受命而王。孔子曰：「太伯獨見，王季獨知；伯見父志，季知父心。故大王、太伯、王季可謂見始知終而能承志矣。」詩曰：「自太伯王季。維此王季，因心則友。則友其兄，則篤其慶，載錫之光。受祿無喪，奄有四方。」此之謂也。太伯反吳，吳以爲君，至夫差二十八世而滅。〔註135〕

而孔子更讚美太伯有三讓天下之德，《論語·泰伯篇》曰：「子曰：泰伯，其可謂至德也已矣，三以天下讓，民無得而稱焉。」〔註136〕而三以天下讓者，蓋孔

〔註134〕趙曄著，黃永堂譯注：《吳越春秋》，頁12～14。
〔註135〕韓嬰：《韓詩外傳》，《筆記小説大觀·韓詩外傳》，（台北：新興書局，1978年），卷十，頁86。
〔註136〕朱熹：《四書集註·論語》，頁102。

子以泰伯之德亦足以有天下，故曰以天下讓也。《論語‧微子篇》又曰：「虞仲、夷逸，隱居放言，身中清，廢中權。」〔註137〕朱熹於《四書集註‧論語》中解說：「夫以泰伯之德，當商周之際，固足以朝諸侯有天下矣，乃棄不取而又泯其跡焉，則其德之至極爲何如哉！」〔註138〕又說：「仲雍居吳，斷髮文身，裸以爲飾，隱居獨善，合乎道之清。放言自廢，合乎道之權。」〔註139〕是以，太伯之讓，據《史記》、《吳越春秋》、《韓詩外傳》等書所載，則因知其父有意立昌，故讓也。至於所謂「三讓」，《史記‧吳太伯世家》唐張守節《史記正義》引江熙的一段話，提出兩種看法，江熙云：

> 以太王病，託采藥於吳越不反，太王薨，而季歷立，一讓也；季歷薨而文王立，二讓也；文王薨，而武王立，遂有天下，三讓也。又釋云：大王病，託採藥，生不事之以禮，一讓也；大王薨而不反，使季歷主喪，不葬之以禮也，二讓也；斷髮文身，示不可用，使歷主祭祀，不祭之以禮，三讓也。〔註140〕

二說之中，似以後說較能凸顯太伯之德。故以後說爲佳。但今人任曉鋒於〈太伯、仲雍事迹述說〉一文，則以「讓」字的解讀不同而提出所謂的「避禍說」：

> 讓賢說或避禍說均源自於對《史記‧周本紀》中「讓」的不同理解上。……，這裡的「讓」有雙重含義，即既有主動性的讓，也有可能爲被動性的讓。若主動讓位的話，那則可譽之爲高風亮節；若被動讓位的話，恐怕會隱藏一些深層次的原因。但在孔子那裡，這種「讓」被理解爲主動性的讓賢，太伯、仲雍因此也被推上了「至德」的寶座。……，孔子爲太伯、仲雍冠以儒家的「仁」、「德」，對他們的出奔之舉進行了美化，認爲是一種主動性的讓賢，從而隱瞞了現實政治鬥爭的複雜性和殘酷性。若從被動性的「讓」來理解太伯、仲雍出奔乃是爲了避禍，可能更會接近歷史事實。如前所述，太王時的周族尚不強大，而且其重要任務之一就是提高周族的政治地位，這使得太王在王位繼承問題上煞費苦心，「因季歷之妻家，文王之母方是商王畿內氏族顯貴。這一聯姻抬高了季歷在周族中的地位，而古公在選嗣位

〔註137〕朱熹：《四書集註‧論語》，頁186。
〔註138〕朱熹：《四書集註‧論語》，頁102。
〔註139〕朱熹：《四書集註‧論語》，頁186。
〔註140〕瀧川龜太郎：《史記會注考證》，頁537。

繼承人時不能不考慮這些重要因素。」（引自王暉：《古文字與商周史新證》，北京：中華書局，2003 年，頁 6。）因而決定打破兄弟相及，最後回傳於長兄之子的傳統。（太伯無子，按殷禮王位的最終繼承權應回傳仲雍之子），「讓太伯、虞仲、季歷三子以兄弟相及的方式繼位，最後傳位於幼孫姬昌。」（引自王暉：《古文字與商周史新證》，頁 6。）「太伯不從，也正是由於不滿這種安排，他與虞仲不願做過渡式的君主，便一起出逃，連君位也不願繼承。」（引自王暉：《古文字與商周史新證》，頁 1。）太王對王位傳承的明確態度，使太伯、仲雍感覺到政治危機，若他仍繼續留在國內，好像有意違抗父親的意願，說不定哪天就會招來橫禍，況且對新繼位的季歷來說，他們彷彿是一顆隨時會爆炸的原子彈。在這種無奈的情況下，他們選擇了出奔，於是奔入荊蠻之地，索性再來個「文身斷髮，示不可用」，以表明他們絕無野心奪取政權。這樣，太伯、仲雍避禍。不得已而出奔，反倒落了一個「讓賢」的美名。〔註141〕

綜上所述：不管是主動性的「讓賢說」，或被動性的「避禍說」，這是史料的接受與詮釋的問題，歷史的真相為何，大概很難還原。而當太王逝世，政權最後還是歸於季歷之手，而季歷的確也不負其父所望，能「脩古公遺道，篤於行義，諸侯順之。」〔註142〕《詩經‧大雅‧皇矣》一詩中的三、四章，即讚美王季之德，其詩曰：

> 帝省其山，柞棫斯拔，松柏斯兌。帝作邦作對，自大伯王季。維此王季，因心則友。則友其兄，則篤其慶，載錫之光。受祿無喪，奄有四方。（三章）

> 維此王季，帝度其心，貊其德音。其德克明，克明克類，克長克君，王此大邦，克順克比。比于文王，其德靡悔。既受帝祉，施于孫子。（四章）

上帝省視岐山，岐山的柞棫等雜木都除去了，使得松柏能長得高大挺直茂盛。上帝為之興作周邦，又為周邦生了明君來治理岐周，〔註143〕從太伯一直到王

〔註141〕任曉鋒：〈太伯、仲雍事迹述說〉，《柳州師專學報》，（第 22 卷第二期 2007 年 6 月），頁 61～62。

〔註142〕《史記‧周本紀》曰：「古公卒，季歷立，是為公季。公季脩古公遺道，篤於行義，諸侯順之。」（語見瀧川龜太郎：《史記會注考證》，頁 66。）

〔註143〕「帝作邦作對」，余培林：「作，《箋》：『為也。』興立也。作邦，《箋》：『謂

季都是很好的君長人選。特別是王季,能發自內心,自然不虛僞地友愛他的兄長,因爲王季能夠友愛他的兄長,因此獲得上帝給予的厚福,上帝賜予他能光顯族人。使他能夠永受福祿而不失去福祿,而他的子孫也受到這樣的庇蔭,所以,將來能夠擁有天下,治理四方。〔註144〕

因爲有這樣好德行的王季,所以,上帝開始思考,要將其美譽傳布出去,使四方之人都知道,〔註145〕使四方人民都能知道他的勤政無私,〔註146〕能夠做好一個君長該有的樣子,也因爲他的美德,使周邦興盛,使得人民願意順從、親附。〔註147〕又傳到文王之時,文王的德行也是沒有任何缺失,因此,文王也受了上帝所賜予之福,還能將此福祿延及後代子孫。

《詩經》中有關周先王公劉遷豳、古公遷岐後的具體作爲,都有詳細描述,但〈大雅・皇矣〉一詩中,卻完全沒有提及王季在政治上任何的具體措施及作爲,這或許是因爲周人在經歷了公劉遷豳,古公遷岐之後,一切漸趨安定,故當王季執政之時,最重要的就是安定民心,勿使人心向背,要能孚眾望,故此時更當以「德治」爲本,執政者以身作則,才能達到風行草偃之效,使社會不再瀰漫著不安的氛圍,所以詩中一再強調王季是個能夠友愛兄長,勤政無私,具有君長的典範。是以,王季以「德」爲號召,人民願意順從、親附,也爲其子文王打下了很好的基礎。在《詩經》一書中,一再傳達「皇天無親,惟德是輔」這樣的觀念,而〈大雅・皇矣〉詩中也透出這樣的訊息:因爲有王季這樣的聖王,才能生出文王這樣的聖子,這都是因爲上帝

興周國也。』對,《傳》:『配也。』作配,《箋》:『謂生明君也。』《集傳》:『對,當也。作對,言擇其可當此國者以君之也。』其義與毛、鄭同。句言帝爲之興作周邦,又爲之生明君以作配。」(語見余培林:《詩經正詁》下冊,頁350。)

〔註144〕「奄有四方」,余培林:「奄,《說文》:『奄,覆也。』奄有四方,《箋》:『覆有天下。』按〈周頌・執競〉曰:『自彼成康,奄有四方。』此蓋預言之也。故《正義》曰:『至於子孫,而覆有天下四方也。』」(語見余培林:《詩經正詁》下冊,頁351。)蓋季歷之時,尚未稱王,後稱「王季」者,爲後世子孫給予的追號,所以,「奄有四方」,純粹因季歷的德行而給予的預言。尤其周人深信因有聖父、聖母,才會生出聖子。

〔註145〕「其德克明」,《毛傳》:「明,照臨四方曰明。」(語見鄭玄:《毛詩鄭箋》,頁122。)

〔註146〕「克明克類」,《毛傳》:「類,善也。勤施無私曰類。」(語見鄭玄:《毛詩鄭箋》,頁122。)

〔註147〕「克順克比」,余培林:「順,順從。比,親附。」(語見余培林:《詩經正詁》下冊,頁351~352。)

感其德，而為周邦做了這樣的安排，希望有德的人，能夠繼續領導天下人，替上帝造福百姓。

而有關王季之德，朱熹《詩經集註》於〈大雅‧皇矣〉第三章中說：「既受大伯之讓，則益脩其德，以厚周家之慶，而與其兄以讓德之光，猶曰彰其知人之明，不為徒讓耳。其德如是，故能受天祿而不失，至於文武而奄有四方也。」〔註148〕朱熹認為王季知福惜福，益脩其德。所以，王季修德創造「四贏」：不僅太伯贏得了美譽，王季贏得了美德，人民贏得好的君主、好的生活，而周更因此而贏得天下。故《毛傳》於〈大雅‧皇矣〉第四章中說：「心能制義曰度。」〔註149〕《鄭箋》云：「德正應和曰貊，照臨四方曰明，勤施無私曰類，教誨不倦曰長，賞慶刑威曰君。」〔註150〕《毛傳》又曰：「慈和徧服曰順，擇善而從曰比，經緯天地曰文。」〔註151〕此言王季有「度、貊、明、類、長、君、順、比、文」等九德，治國有方。而王靜芝於《詩經通釋》一書中更申述九德之義，他說：

> 言此王季，天帝使其心能度物制義；帝又清靜其美譽，使無非間之言。於是其德能明大，其心能明察，能分辨善惡，其人乃足以為長，足以為君，而王至此大邦，能慈和徧服，上下相親附，誠為賢君矣。
> 〔註152〕

所以，無疑地，王季的德，不僅是個人修身的私德，更是能夠造福百姓，大公無私的美德。是以，王季是個能友愛兄長，勤政無私，篤於行義，孚眾望，使人民近悅遠來，上下親附，具備九德的賢君。

（二）文　王

文王在《詩經》中不僅有賢君的形象，還有祖先神的形象，今分別說明之：

1. 事親至孝，祭祀敬謹，做事勤勞

文王之父為王季，其母為摯仲氏任（大任），〈大雅‧大明〉篇於第二章曰：「摯仲氏任，自彼殷商。來嫁于周，曰嬪于京。乃及王季，維德之行。大

〔註148〕朱熹：《詩經集註》，頁144。
〔註149〕鄭玄：《毛詩鄭箋》，頁122。
〔註150〕鄭玄：《毛詩鄭箋》，頁122。
〔註151〕鄭玄：《毛詩鄭箋》，頁122。
〔註152〕王靜芝：《詩經通釋》，（台北：輔仁大學文學院，1968年7月），頁523。

任有身，生此文王」，而〈大雅・思齊〉篇更讚美大任是位莊嚴有婦德的母親：
「思齊大任，文王之母。思媚周姜，京室之婦。大姒嗣徽音，則百斯男。」
朱熹《詩經集註》於〈大雅・思齊〉一詩中說：「此詩亦歌文王之德，而推本
言之。」〔註153〕方玉潤《詩經原始》卷之十三也說：

> 文王治家，不獨以身為率，又得聖母以為之倡，故其宮闈寢廟間肅
> 肅雝雝，太和翔洽，莫可言喻。此蓋其母大任氏德性齊莊，而又能
> 工媚先姑，以盡子婦之職，故其子婦亦有所式化，而成內助之功，
> 此文王刑于之化至神且速，而獨有異乎人者也。〔註154〕

太姜、大任、太姒都是有美譽的王妃，蓋文王之所以聖，果由周室三母也。而
〈大雅・皇矣〉詩中則透出這樣的訊息：因為有王季這樣的聖王，才能生出文
王這樣的聖子。是以，《詩經》中一再稱讚王季、大任之德，而文王也就是在這
樣有德的父母教導、薰陶之下，使得文王成為文武雙全，才德兼備的賢君。

　　而文王自小明聖，事親至孝，劉向《列女傳》曰：「文王生而明聖，太任
教之，以一而識百。」〔註155〕《禮記・文王世子》則云：

> 文王之為世子，朝於王季日三。雞初鳴而衣服，至於寢門外，問內
> 豎之御者曰：「今日安否？何如？」內豎曰：「安」，文王乃喜。及日
> 中，又至，亦如之。及莫，又至，亦如之。其有不安節，則內豎以
> 告文王，文王色憂，行不能正履。王季復膳，然後亦復初，食上必
> 在視寒煖之節，食下問所膳，命膳宰曰：「末有原」，應曰「諾。」
> 然後退。〔註156〕

文王每天向其父王季請安三次，知王季安則喜，否則憂，關心之情溢於言表，
甚至連飲食起居的小細節都相當注意，文王事奉父母恭謹慎微，是故，《國語・
晉語》讚其曰：「文王在母不憂，在傅弗勤，處師弗煩，事王不怒，孝友二虢
（虢仲、虢叔），而惠慈二蔡，刑于大姒，比于諸弟。」〔註157〕而《詩經・大
雅・思齊》篇二、三章則曰：「惠於宗公，神罔時怨，神罔時恫，刑於寡妻，
至於兄弟，以御于家邦。雝雝在宮，肅肅在廟。不顯亦臨，無射亦保」，《詩
經・大雅・大明》篇第三章亦曰：「維此文王，小心翼翼。昭事上帝，聿懷多

〔註153〕朱熹：《詩經集註》，頁143。
〔註154〕方玉潤：《詩經原始》，頁1048～1049。
〔註155〕王照圓：《列女傳補注》，頁667。
〔註156〕阮元校勘：《十三經注疏・禮記》，卷二十，頁391。
〔註157〕左丘明撰，韋昭注：《國語》，卷十，晉語四，頁387。

福。厥德不回，以受方國。」文王不僅事親至孝，就連祭祀祖先也非常和順敬謹，所以神無所怨，無所痛，能顯靈保佑子孫，是以，文王之言行舉止堪爲妻子兄弟的典範。孔穎達《毛詩正義》亦云：

> 文王之德，乃能上順於先祖宗廟群公，以安寧百神，故神無有是怨恚文王者，神無有是痛傷文王者。明文王能敬事明神，蒙其祐助之，又能施禮法於寡少之適妻，内正人倫，以爲化本。復行此化，至於兄弟親族之内，言族親亦化之，又以爲法，迎治於天下之家國，亦令其先正人倫，乃和親族，其化自内及外，遍被天下，是文王聖也。〔註158〕

而〈周頌‧雝〉篇則是武王祀文王之詩，詩中有言：「宣哲維人，文武維后。燕及皇天，克昌厥後。」文王之子武王頌美文王爲人則明智，爲君則允文允武，能事上帝，使之安樂，故能昌大其後嗣，足見文王祀天之敬謹。

此外，文王做事更是勤勞，〈周頌‧賚〉一詩言：「文王既勤止，我應受之，敷時繹思。」武王稱要展布文王勤勞之德並使之續而不絕。〔註159〕而《尙書‧無逸》篇則云：「文王卑服，即康功田功。徽柔懿恭，懷保小民，惠鮮鰥寡，自朝至于日中昃，不遑暇食，用咸和萬民。文王不敢盤于遊田，以庶邦惟正之供。」〔註160〕文王穿著卑服，與民一起耕種，開山闢野，沒有勞怨，其態度柔和恭敬，安撫老百姓，尤其對於孤寡更是關心，自早上忙到日中，根本沒時間吃飯，目的是要使萬民能安居，更不敢想安逸嬉戲田獵，浪費公帑賦稅。文王如此勤勞，不敢稍有安逸之心，全是爲了讓老百姓有更好的生活。

2. 濟弱扶傾，視民如傷

文王能從個人的修身、齊家推而恩及兄弟，親睦九族，以治天下，全因文王之盛德所致。而其盛德更表現於親民愛民方面，故文王嘗問呂望愛民之道，據《六韜‧國務篇》云：

> 太公曰：民不失務則利之，農不失時則成之，不罰無罪則生之，薄賦歛則與之，儉宮室臺榭則樂之，吏清不苛擾則喜之……故善爲國者，馭民如父母之愛子，如兄之愛弟，見其飢寒則爲之憂，見其勞苦則爲之悲。賞罰如加於身，賦歛如取諸己，此愛民之道也。〔註161〕

〔註158〕孔穎達：《毛詩正義》，頁1010。

〔註159〕余培林：《詩經正詁》下冊，頁592。

〔註160〕孔安國傳，孔穎達疏：《尙書正義》，卷十六，頁511～512。

〔註161〕呂望：《六韜》，《文津閣四庫全書‧六韜》，（北京：商務印書館，2005年），卷一，頁38。

所以，其盛德表現並非侷限于自己的兄弟九族，對於矜寡孤獨等弱勢，更充分表現其濟弱扶傾的仁人之心，《孟子‧梁惠王》篇云：

> 昔者文王之治岐也，耕者九一，仕者世祿，關市譏而不征，澤梁無禁，罪人不孥。老而無妻曰鰥，老而無夫曰寡，老而無子曰獨，幼而無父曰孤，此四者，天下之窮民而無告者，文王發政施仁，必先斯四者。〔註162〕

文王治岐即建立制度，並使「老有所終，壯有所用，幼有所長，矜、寡、孤、獨、廢疾者，皆有所養。」〔註163〕所以，《孟子‧盡心篇》又曰：「所謂西伯善養老者，制其田里，教之樹畜，導其妻子，使養其老。五十非帛不煖，七十非肉不飽。不煖不飽，謂之凍餒。文王之民，無凍餒之老者，此之謂也。」〔註164〕而《墨子‧兼愛上》篇中亦提及文王之德化有如日月之普照：「昔者文王之治西土，若日若月，乍光于四于于西土。不爲大國侮小國，不爲眾庶侮鰥寡，不爲暴勢奪穡人黍稷狗彘，天屑臨文王慈。是以老而無子者，有所終其壽，連獨無兄弟者，有所雜於人生之間，少失其父母者，有所放依而長。」〔註165〕文王力行「遵后稷、公劉之業，則古公、公季之法，篤仁、敬老、慈少」，〔註166〕而其尊祖、施仁政的結果，使得近者安其政，遠者則歸其德，文王以德服人，視民如傷，故歸者眾矣。

3. 設立有司，舉用賢能

文王宅心仁厚，除了視民如傷，以解民憂之外，還設立有司，舉用賢能，是以，《尚書‧立政》篇云：「文王惟克厥宅心，乃克立茲常事司牧人，以克俊有德。文王罔攸兼於庶言；庶獄庶慎，惟有司之牧夫，是訓用違；庶獄庶慎，文王罔敢知于茲。」〔註167〕文王舉用賢能有德之人爲官，即使用典，也能使人民信服。所以，文王用典，既可建立制度，使國家步上軌道，又可達安定民心之效，故〈周頌‧維清〉篇云：「維清緝熙，文王之典。肇禋。迄用有成，維周之禎。」周人頌揚周之禎祥，全因文王立典，〈周頌‧我將〉篇述

〔註162〕朱熹：《四書集註‧孟子》，頁218。
〔註163〕阮元校勘：《十三經注疏‧禮記》，卷二十一，頁413。
〔註164〕朱熹：《四書集註‧孟子》，頁355。
〔註165〕墨翟：《墨子》，《文津閣四庫全書‧墨子》子部類280（北京：商務印書館，2005年），卷四，頁76。
〔註166〕瀧川龜太郎：《史記會注考證》，頁66。
〔註167〕孔安國傳，孔穎達疏：《尚書正義》，卷十七，頁560。

武王祀文王時也頌美文王：「儀式刑文王之典，日靖四方，伊嘏文王，既右饗之。」清明之法既立，使民有所依，周邦興盛，此皆歸文王之德政也。因為文王德惠之盛大，足以配天，使周之子孫永受其庇蔭，所以，〈周頌・維天之命〉篇更是讚美文王之德之詩，其詩曰：「維天之命，於穆不已。於乎不顯！文王之德之純。假以溢我，我其收之。駿惠我文王，曾孫篤之。」

相對於商紂的暴政，文王的德政，大獲民心，使得原先因避紂之賢人紛紛來歸，《孟子・離婁》篇即載：

> 伯夷辟紂，居北海之濱，聞文王作，興曰：「盍歸乎來！吾聞西伯善養老者。」太公辟紂，居東海之濱，聞文王作，興曰：「盍歸乎來！吾聞西伯善養老者。」二老者，天下之大老也，而歸之，是天下之父歸之也。〔註168〕

伯夷、太公二老，是天下之大老，所以，此二老之來歸，頗具指標性的意義，因為他們年高德劭，齒德俱尊。又據司馬遷《史記》所記，因為文王禮賢下士，使得殷商之賢士亦往歸之，《史記・周本紀》曰：「（文王）禮下賢者，日中不暇食以待士，士以此多歸之。伯夷、叔齊在孤竹，聞西伯善養老，蓋往歸之。太顛、閎夭、散宜生、鬻子、辛甲大夫之徒，皆往歸之。」〔註169〕而《尚書・君奭》篇亦云：

> 惟文王尚克修和我有夏，亦惟有若虢叔，有若閎夭，有若散宜生，有若泰顛，有若南宮括。又曰：無能往來，茲迪彝教文王蔑德，降于國人。亦惟純佑，秉德迪知天威，乃惟時昭文王。迪見冒聞于上帝，惟時受有殷命哉！〔註170〕

《帝王世紀》亦曰：「文王晏朝不食，以延四方之士，是以太顛、閎夭、散宜生、南宮適之屬咸至，是為四臣。」〔註171〕文王除了泰顛、閎夭、散宜生、南宮括為其「四臣」之外，尚有「二虢」、「八虞」及其他賢臣，《左傳》僖公五年，有云：「虢仲、虢叔，王季之穆也，為文王卿士，勳在王室，藏於盟府。」〔註172〕《國語・晉語》則曰：「及其即位也，詢于『八虞』，而諮于『二虢』，

〔註168〕朱熹：《四書集註・孟子》，頁282。
〔註169〕瀧川龜太郎：《史記會注考證》，頁66。
〔註170〕孔安國傳，（唐）孔穎達疏：《尚書正義》，卷十六，頁525～526。
〔註171〕皇甫謐：《帝王世紀》，《續修四庫全書・帝王世紀》301，（上海：古籍出版社，2002年），卷五，頁19。
〔註172〕左丘明著，杜預集解，竹添光鴻會箋：《左傳會箋》，頁378～379。

度於閎夭，而謀於南宮，諏於蔡、原，而訪於辛、尹，重之以周、邵、畢、榮，億寧百神，而柔和萬民。」〔註173〕虢仲、虢叔爲「二虢」；「八虞」即伯達、伯括、仲突、仲忽、叔夜、叔夏、季隨、季騧等八位賢士，另有太史蔡公、原公、辛甲、尹佚；忠臣有周文公、邵康公、畢公、榮公等，〔註174〕人才濟濟，各有專擅。而這些賢士皆是因思慕文王之德，又受到文王日中不暇食以待士的誠意所感召，所以，《呂氏春秋・愼大覽・報更篇》盛讚文王：「國雖小，其食足以食天下之賢者，其車足以乘天下之賢者，其財足以禮天下之賢者，與天下之賢爲徒，此文王之所以王也。」〔註175〕而《詩經・大雅・思齊》篇則盛讚文王廣納雅言，善用人才，其詩曰：「不聞亦式，不諫亦入。肆成人有德，小子有造。古之人無斁，譽髦斯士。」

在《詩經》中〈大雅・棫樸〉一詩更是讚美文王有眾多人才，助其興王業，詩曰：

> 芃芃棫樸，薪之槱之。濟濟辟王，左右趣之。（一章）
>
> 濟濟辟王，左右奉璋。奉璋峨峨，髦士攸宜。（二章）
>
> 淠彼涇舟，烝徒楫之。周王于邁，六師及之。（三章）
>
> 倬彼雲漢，爲章于天。周王壽考，遐不作人。（四章）
>
> 追琢其章，金玉其相。勉勉我王，綱紀四方。（五章）

《詩序》：「〈棫樸〉，文王能官人也。」〔註176〕朱熹《詩經集註》：「此亦以詠歌文王之德。」〔註177〕〈大雅・棫樸〉一詩，首章即以「芃芃棫樸」，以興周文王有眾多人才，當威儀莊嚴的文王準備祭祀時，左右群臣也疾行以赴，俊秀之士奉璋瓚以助祭；當周文王征伐之時，六軍也跟著出征；而這些能做大事的各種人才，〔註178〕都是文王長時間培育出來的，這些人才之所以願意追隨文王，全因文王有文質彬彬之盛德，〔註179〕還有勤勉不已的精神，所以，

〔註173〕左丘明撰，韋昭注：《國語》，卷十，晉語四，頁387。

〔註174〕左丘明撰，韋昭注：《國語》，卷十，晉語四，頁389。

〔註175〕陳奇猷：《呂氏春秋校釋》，卷十五，頁893。

〔註176〕鄭玄：《毛詩鄭箋》，頁120。

〔註177〕朱熹：《詩經集註》，頁142。

〔註178〕《左傳》成公十三年：「國之大事，在祀與戎。」祭祀與征戰之事都有專擅之人才，更遑論其他。（語見（春秋）左丘明著，（晉）杜預集解，竹添光鴻會箋：《左傳會箋》，頁914。）

〔註179〕「追琢其章，金玉其相」，孔穎達引王肅曰：「以興文王聖德，其文如雕琢矣，

有了這些賢士的輔佐，群策群力，文王才得以興周邦。然而，黽勉爲國的文王，即使政躬康泰之時，也絲毫無有驕逸之心，《國語·楚語》曰：「《周書》曰：『文王至于日中昃，不遑暇食，惠于小民，唯政之恭』，文王猶不敢驕。」〔註180〕所以，這麼一位勤政爲民，視民如傷，晏朝不食，禮遇賢士的賢君，除了得民心之外，更是得天命。是以，余培林於《詩經正詁》一書中有感而發地說：「文王造就人才之方無他，惟在德化而已。周以一人而興，殷以一人而亡，興亡之機，其微矣乎！」〔註181〕

於是文王在「四臣」、「二虢」、「八虞」及其他賢士的輔佐之下，國勢蒸蒸日上，而在羑里之囚時，這些賢士更是幫助文王逃過一劫。然而，帝辛囚西伯于羑里一事，是有其遠因的，據《史記·殷本紀》所載：「九侯有好女，入之紂，九侯女不憙淫，紂怒殺之，而醢九侯，鄂侯爭之彊，辨之疾，并脯鄂侯，西伯昌聞之竊嘆，崇侯虎知之以告紂，紂囚西伯于羑里。」〔註182〕文王因聞商紂之惡行而竊嘆，崇侯虎知之，乃以此告紂王，紂王即囚西伯于羑里。但事實上，因爲文王有盛德，得民心，所以，崇侯虎乃藉此譖西伯，紂王患之，故藉口囚西伯于羑里。據《淮南子》所言：「文王砥德修政三年，而天下二垂歸之，紂聞而患之。」〔註183〕《史記·周本紀》亦曰：「西伯積善恩德，諸侯皆嚮之，將不利于帝。紂乃囚西伯于羑里。」〔註184〕《史記·周本紀》又曰：

> 帝紂乃囚西伯於羑里。閎夭之徒患之，乃求有莘氏美女，驪戎之文馬，有熊九駟，他奇怪物，殷嬖臣費仲而獻之紂。紂大說曰：此一物足以釋西伯，況其多乎！乃赦西伯，賜之弓矢斧鉞，使西伯得征伐，曰：譖西伯者崇侯虎也。西伯乃獻洛西之地，以請紂去除炮烙之刑，紂許之。〔註185〕

文王幸有賢臣獻美女、寶物予帝紂，因而得以脫困。文王在得呂望（呂尚、姜太公）之助後，更是如虎添翼。而呂望是何許人也？譙周《古史考》說：「呂尚姓姜，名牙，炎帝之裔，伯夷之後，掌四岳有功，封之於呂。」〔註186〕又

其質如金玉矣。」（語見孔穎達：《毛詩正義》，頁1001。）
〔註180〕左丘明撰，韋昭注：《國語》，卷十七，楚語上，頁551。
〔註181〕余培林：《詩經正詁》下冊，頁339。
〔註182〕瀧川龜太郎：《史記會注考證》，頁61。
〔註183〕劉文典：《淮南鴻烈集解》，卷十二，頁93。
〔註184〕瀧川龜太郎：《史記會注考證》，頁66。
〔註185〕瀧川龜太郎：《史記會注考證》，頁66～67。
〔註186〕譙周：《古史考》，（板橋市：藝文印書館影印，1967年）據嘉慶孫星衍校刊

據《皇王大紀》所載：「呂望，唐四岳姜姓之苗裔也。事紂，以其無道，去之北海，窮困於朝歌，賣食於棘津，待西伯得征伐之柄，喟然嘆曰：『吾聞西伯善養老者，盍往歸乎！乃西歸於周。』」〔註187〕而《史記·齊太公世家》則記文王拜呂望為太師以輔國政之事：

> 西伯將出獵，卜之，曰：「所獲非龍非彲，非虎非羆；所獲霸王之輔。」於是周西伯獵，果遇太公於渭之陽，與語大說，曰：「自吾先君太公曰：當有聖人適周，周以興。子真是邪！吾太公望子久矣。」故號之曰：「太公望」，載與俱歸，立為師。〔註188〕

《六韜·國務篇》則言文王向呂望請教治國之道：

> 文王曰：立斂若何，而天下歸之。太公曰：天下非一人之天下，乃天下人之天下也。同天下之利者，則得天下，擅天下之利者，則失天下。天有時，地有財，能與人共之者，仁也，仁之所在，天下歸之。免人之死，解人之難，救人之患，濟人之急者，德也，德之所在，天下歸之。與人同憂、同樂、同好、同惡者，義也，義之所在，天下赴之。凡人惡死而樂生，好德而歸利，能生利者，道也。道之所在，天下歸之。文王再拜曰：允哉！敢不受天之詔命乎！乃載與俱歸，立為師。〔註189〕

呂望教授文王欲得天下，須同天下之利者，並示之以「仁、德、義、道」之理。呂望遂與文王歸，文王則拜呂望為太師。

4. 武功彪炳，仁德兼備

據《尚書大傳》曰：「文王受命，一年斷虞芮之訟，二年伐邘，三年伐密須，四年伐犬戎，五年伐耆，六年伐崇，七年而崩。」〔註190〕而司馬遷《史記》則載：

> 西伯陰行善，諸侯皆來決平。於是虞、芮之人有獄不能決，乃如周。入界，耕者皆讓畔，民俗皆讓長。虞、芮之人未見西伯，皆慙，相謂曰：「吾所爭，周人所恥，何往為，祇取辱耳。」遂還，俱讓而去。

平津館叢書本影印。
〔註187〕胡宏：《皇王大紀》，《文津閣四庫全書·皇王大紀》史部編年類108，（北京：商務印書館，2005年）卷十，頁241。
〔註188〕瀧川龜太郎：《史記會注考證》，頁550。
〔註189〕呂望：《六韜》，卷一，頁37～38。
〔註190〕伏勝撰，鄭玄注：《尚書大傳》，卷二，頁728。

諸侯聞之，曰：「西伯蓋受命之君也。」明年，伐犬戎。明年，伐密
須。明年，敗耆國。殷之祖伊聞之，懼，以告帝紂。紂曰：「不有天
命乎？是何能為！」明年，伐邗。明年，伐崇侯虎。而作豐邑，自
岐下而徙都豐。明年，西伯崩，太子發立，是為武王。〔註191〕

有關文王後期大事，《尚書大傳》與司馬遷《史記》所載在時間點上稍有出入，
今列表如下：

時間 ＼ 典籍	《尚書大傳》	《史記·周本紀》
一年	文王受命，一年斷虞芮之訟	文王受命，一年斷虞芮之訟
二年	伐邗	伐犬戎
三年	伐密須	伐密須
四年	伐犬夷	敗耆國
五年	伐耆	伐邗
六年	伐崇	伐崇侯虎，作豐邑
七年	崩	崩

譚國洪《詩經中關於西周開國史詩之研究》中曾引王國維《周開國年表》
考證說：

「周初稱祀稱年之例，與其年數皆著於經，而《尚書大傳》，《史記》
所記事亦往往與經合，乃一亂于劉歆之《三統曆》，再亂于鄭玄之《尚
書》注，三亂于《偽古文尚書》，遂使有周開國歲月，終古茫昧。」
國洪披閱王氏《周開國年表》發覺該表自文王二祀至七祀，仍將《尚
書大傳》與《史記·周本紀》之異同處並列一起，亦未有識辨二說
孰是孰非？此殆因古史邈遠，不易考證，惟是，國洪謂《尚書大傳》
為可信據之史書，乃由於伏生《尚書大傳》本據《真本古文尚書》，
與鄭玄注本為孔安國以今文讀之《孔壁尚書》同屬真本，可以信
據。……王氏所說亂者，應為《史記》，其遭後人竄亂之，以致將
周開國歲月倒置之。〔註192〕

另有劉起釪〈周文王的向東略地〉一文則持相反的看法，認為《史記·周本

〔註191〕瀧川龜太郎：《史記會注考證》，頁 67。
〔註192〕譚國洪：《詩經中關於西周開國史詩之研究》，頁 289～291。

紀》所言較可信，〔註193〕因本研究之重點在於「人物形象」的部份，文王後
期大事之時間先後似不影響其形象呈現，是以，僅提出雙方不同之說法，而
不進行評論及考證。又在《詩經》文本中述及文王後期大事，僅有「斷虞芮
之訟」，「伐密須、伐邘、伐崇」，「作豐邑、建靈臺」，至於伐犬夷一事，據譚
國洪於《詩經中關於西周開國史詩之研究》一文所言：

> 初，文王對於夷狄外族採取和平之外交政策，且常對鄰近諸國時有
> 聘問，《詩・大雅・緜》篇第八章曰：「肆不殄厥慍，亦不隕厥問。
> 柞棫拔矣，行道兌矣，混夷駾矣，維其喙矣。」《鄭箋》云：「小聘
> 曰問。文王見太王立冢土，有用大眾之義，故不絕去其惎惡惡人之
> 心，亦不廢其聘問鄰國之禮，今以柞棫生柯葉之時，使大夫將師旅
> 出聘問，其行道上眾，兌然不有征伐意……混夷，夷狄國也，見文
> 王之使者將士眾過己國，則惶怖驚走奔突，入此柞棫之中而逃，甚
> 困據也，是之謂一年伐混夷。」《孟子・梁惠王》篇曰：「文王事昆
> 夷。」國洪按〈緜〉詩明言文王對西鄰諸國時遣使往來聘問，於聘
> 問時將士甚眾，致使昆夷惶懼驚走奔突，以其誤以為征伐之故，此
> 章言混夷畏文王而已，不是伐事。其後文王所服者廣，民眾兵彊，
> 足以平彼混夷，遏其寇亂，故受命西伯，即勤商伐以定之。按清陳
> 奐《傳疏》說文王伐昆夷始於受命為西伯之時：「案此〈緜〉篇與〈采
> 薇〉、〈出車〉所歌為一時事。〈采薇〉序云：『文王之時，西有昆夷
> 之患。』〈出車〉篇云：『赫赫南仲，薄伐西戎。』西戎即昆夷也。
> 文王伐昆夷，奉天子得專征伐之命，故與殷大臣（南仲）共伐之。《書
> 大傳》云：『四年伐犬夷。』犬夷亦即混夷也，是文王四年之前，尚
> 未興師出討，故孟子有事昆夷之說。至受命為西伯，乃伐之。《箋》
> 云是之謂一年伐混夷，《正義》以為七年內之一年，是也。」〔註194〕

譚國洪認為〈大雅・緜〉所言是文王對西鄰諸國時遣使往來聘問，於聘問時
將士甚眾，致使昆夷惶懼驚走奔突，而誤以為征伐之故，蓋此章言混夷畏文
王而已，不是伐事。而〈小雅・采薇〉、〈出車〉所歌雖為文王伐西戎一事，
然此詩之主角為征人，非文王，故於此不討論，至於伐邘僅於〈大雅・文王

〔註193〕劉起釪：《續古史辨》，（北京：中國社會科學出版社，1991年，8月），頁501
　　　　～513。
〔註194〕譚國洪：《詩經中關於西周開國史詩之研究》，頁287～289。

有聲〉中提及：「既伐邘崇」，﹝註195﹞而伐耆則更是於《詩經》文本中所未聞。是以，本研究僅以「斷虞芮之訟」，「伐密須、伐崇」，「作豐邑、建靈臺」，作為文王「武功彪炳，仁德兼備」之例，藉此以觀《詩經》述及這些事件時，文王之表現為何？

（1）斷虞、芮之訟

虞、芮二國相與爭田，因文王仁人，乃朝周以質焉，入周，感文王之德政，乃愧而息爭田事。《尚書大傳》略說載此事曰：「虞人與芮人質其成於文王，入文王之境，則見其人萌讓為士大夫，入其國，則見士大夫讓為卿，二國相謂曰：此其君亦讓以天下而不居也，讓其所爭，以為閒田。」﹝註196﹞而《詩經》則僅於〈大雅‧緜〉篇末章述虞芮之質平，其詩曰：「虞芮質厥成，文王蹶厥生。予曰有疏附，予曰有先後，予曰有奔奏，予曰有禦侮。」《毛傳》將此事之始末闡之甚詳，毛氏曰：

> 虞、芮之君，相與爭田，久而不平，乃相謂曰：西伯仁人也，盍往質焉，乃相與朝周。入其境，則耕者讓畔，行者讓路；入其邑，男女異路，斑白者不提挈；入其朝，士讓為大夫，大夫讓為卿。二國之君，感而相謂曰：我等小人，不可以履君子之庭，乃相讓以其所爭田為閒田，而退。天下聞之而歸者，四十餘國。﹝註197﹞

而《詩經》文本中卻未言虞、芮二國相與爭田之經過，僅將其完滿結局呈現，並藉此以頌美文王之德，不言而化，因文王之德感動其民，紛紛願意為文王效命，於是文王擁有親近之賢臣，輔佐之賢臣，宣揚教令之文臣，捍衛疆場

﹝註195﹞文王「伐邘」一事見於〈大雅‧文王有聲〉篇：「既伐于崇，作邑于豐」，據屈萬里《詩經詮釋》引《古書疑義舉例》卷一曰：「下于字，乃語詞；上于字，則邘字之叚字也。」故原文應是「既伐邘崇」，即指伐邘、伐崇二事。又劉毓慶《詩經圖注》也認為：「舊以『于』為虛詞，崇為國名。不確。《詩經》中『伐』與『征』帶賓語時，俱不用『于』作介詞。如〈出車〉：『薄伐西戎』、〈皇矣〉：『以伐崇墉』、〈殷武〉：『奮伐荊楚』等。金文中也是如此。如〈令簋〉：『王于伐楚白』、〈禽簋〉：『王伐楚侯』、〈明公簋〉：『伐東國』等。『于』當為國名，即邘國。邘從于聲，因地名而加邑旁。〈周本紀〉：『明年伐邘，明年伐崇侯虎而作豐邑。』可為此詩之注腳。」從屈萬里及劉毓慶二位學者的考察可知：《詩經》中有提及伐邘一事，但未詳述經過，故本研究亦不深入探討其過程。（分見屈萬里：《詩經詮釋》，頁480。劉毓慶：《詩經圖注》，高雄：麗文文化事業股份有限公司，2000年8月，頁382。）

﹝註196﹞伏勝撰，鄭玄注：《尚書大傳》，卷二，頁728。

﹝註197﹞鄭玄：《毛詩鄭箋》，頁120。

之武臣，〔註198〕一時俊彥畢集。

（2）伐密須、伐崇

文王前期對於鄰邦諸國採和平外交政策，目的是韜光養晦，以待時用，所謂養兵千日，用在一時也。而文王後期率師先伐密而後伐崇之因，王質於《詩總聞》以地理遠近斷之曰：「崇在京兆，密于周京差遠，崇于周京差近。」〔註199〕而孔穎達《毛詩正義》於〈大雅・皇矣〉篇則引皇甫謐曰：

> 文王問太公：「吾用兵，孰可？」太公曰：「密須氏疑於我，我可先伐之。」管叔曰：「不可，其君天下之明君，伐之不義。」太公曰：「臣聞先王之伐也，伐逆不伐順，伐險不伐易。」文王曰：「善！」遂侵阮徂共，而伐密須。密須之人，自縛其君，而歸文王。〔註200〕

蓋文王「伐逆不伐順」是為順天命，而此天命即〈大雅・皇矣〉所言：「帝謂文王：『無然畔援，無然歆羨，誕先登于岸。』」上帝告訴文王做人不可跋扈以自傲，不可貪求來侵人，要先平理國內獄訟之事，〔註201〕等待時機已成之後才可。而今又適逢密須不恭，欲侵犯阮、共二國，所以「王赫斯怒，爰整其旅」，文王盛怒，開始整治軍隊，準備遏止密須國侵犯旅地的部隊，〔註202〕是以，文王之所以大興征伐，主要是承天之命，要篤厚周人之福，以顯揚天下。《孟子・梁惠王》篇引〈大雅・皇矣〉詩曰：「詩云：『王赫斯怒，爰整其旅，以遏徂莒，以篤周祜，以對于天下。』此文王之勇也。文王一怒而安天下之民。」〔註203〕所以，文王盛怒伐密須，是為大勇，全為安定民心之故，而非為一己之貪欲。

〔註198〕余培林：《詩經正詁》下冊，頁335。
〔註199〕王質：《詩總聞》，《文津閣四庫全書・詩總聞》經部・詩類24，（北京：商務印書館，2005年），卷十六，頁267。
〔註200〕孔穎達：《毛詩正義》，頁1030。
〔註201〕屈萬里：《詩經詮釋》，頁473。
〔註202〕譚國洪《詩經中關於西周開國史詩之研究》：「詩曰：『王赫斯怒，爰整其旅，以按徂旅，以篤周祜，以對于天下。』《毛傳》訓旅為地名，是也，陳啓源《毛詩稽古編》說：『案《孟子》引徂旅做徂莒，以旅為地名者，良是。旅、莒音相近，故異文，與《朱傳》以為密師殆未必然。』《孟子・梁惠王》篇：『詩云：王赫斯怒，爰整其旅，以遏徂莒，以篤周祜，以對于天下。此文王之勇也，文王一怒而安天下之民。』趙岐注：『詩大雅皇矣之篇也，言文王赫然斯怒，於是整其師旅，以遏止往伐莒者，以篤周家之福，以揚名於天下。』」屈萬里亦認同旅為地名之說。（分見譚國洪：《詩經中關於西周開國史詩之研究》，頁329～330。屈萬里：《詩經詮釋》，頁473。）
〔註203〕朱熹：《四書集註・孟子》，頁215。

　　有了正當的理由，打著正義的旗號，於是文王率師大興征伐，而密須人卻「依其在京，侵自阮疆，陟我高岡」，依恃著高山地勢之利，而從阮國侵犯周邦，登上周境內的高山，而文王的軍隊亦不甘示弱地宣示主權，語氣強硬地警告密人說：「無矢我陵，我陵我阿；無飲我泉，我泉我池。」兩軍交戰之後，密須被逐。於是文王乃「度其鮮原，居岐之陽，在渭之將」，而成為「萬邦之方，下民之王」，成為其他諸侯國順服、效忠的對象。所以，《左傳》昭公十五年，周景王說：「密須氏之鼓與其大路，文（王）所以大蒐也。」〔註204〕可見文王伐密須成功之後，實施了大蒐之禮，期間使用密須氏之鼙鼓與路車等戰利品，頗有威懾諸侯的意味。

　　《詩經》中所描述文王之世規模最大的戰役當屬伐崇一役，而〈大雅・文王有聲〉篇僅述文王受命之後，伐崇之事，其詩曰：「文王受命，有此武功。既伐于崇」，而〈大雅・皇矣〉一詩則詳述其事，詩云：

> 帝謂文王：「予懷明德，不大聲以色，不長夏以革。不識不知，順帝之則。」帝謂文王：「詢爾仇方，同爾兄弟，以爾鉤援，與爾臨衝，以伐崇墉。」（七章）

> 臨衝閑閑，崇墉言言，執訊連連，攸馘安安。是類是禡，是致是附，四方以無侮。臨衝茀茀，崇墉仡仡，是伐是肆，是絕是忽，四方以無拂。（八章）

文王有明德，不喜怒無常，不動刑，不敢試圖知道天命的長短，只能恭敬明德，以秉順上帝。〔註205〕天帝告知文王應先和同盟友邦商量謀畫一番，再協調同姓兄弟之國的意見，合力舉著正義之師的旗號，拿著攻城的雲梯，駕著臨、衝等戰車，以討伐崇國。臨車、衝車非常壯盛地出動，崇國城垣那麼地高大，文王的軍隊，所向披靡，接二連三地擒獲俘虜並詢問軍情，戰事相當順利，所以，文王的軍隊，態度從容地割下敵人左耳，以示戰功輝煌。文王的軍隊在出征之

〔註204〕左丘明著，杜預集解，竹添光鴻會箋：《左傳會箋》，頁1596。

〔註205〕張建軍：「對照〈召誥〉中文字，可知此處的『不識不知』，實是『不敢知』，『不識不知，順帝之則』，是說『不敢企圖知道天命的長短，而只能恭敬明德，以秉順上帝。』」按《尚書・召誥》：「王敬作所不可不敬德。……我不敢知曰：有夏服天命，惟有歷年。我不敢知曰：不其延，惟不敬厥德，及早墜厥命。我不敢知曰：有殷受天命，惟有歷年。我不敢知曰：不其延，惟不敬厥德，及早墜厥命。」張建軍之說可採也。（分見張建軍：《詩經與文化考論》，頁147。孔安國傳，孔穎達疏：《尚書正義》，卷十五，頁470～471。）

前，先以類祭來告天帝，至征地時則又以禡祭，告祀羣神，〔註206〕顯示文王出征態度相當敬謹，絕非兒戲。《後漢書·伏湛傳》亦曾舉此詩云：

> 湛上疏諫曰：「臣聞文王受命西征伐五國（注引《史記》五國謂西伯受命伐犬夷、伐密須、伐耆、伐邘、伐崇），必先詢之周姓，然後謀於羣臣，加占著龜，以定行事，故謀則成，卜則吉，戰前勝。其詩曰：『帝謂文王，詢爾仇方，同爾弟兄，以爾鉤援，與爾臨衝，以伐崇墉。』崇國城守，先退後伐，所以重人命，俟時而動。」〔註207〕

於是時機成熟後展開攻伐、突擊崇國的行動，最後，文王殄絕、消滅了崇國，待戰爭結束後，文王招致、安撫歸附者，〔註208〕四方諸國遂無復有敢侮周者、違逆周者，皆畏服於周。是以，劉向《說苑·指武》篇曰：

> 文王欲伐崇，先宣言曰：「予聞崇侯蔑侮父兄，不敬長老，聽獄不中，分財不均，百姓力盡，不得衣食，予將來征，唯為民。」乃伐崇。令毋殺人，毋壞室，毋填井，毋伐樹木，毋動六畜。有不如令者死無赦。崇人聞之，因請降。〔註209〕

文王伐崇之所以成功，皆由於其德政感動民心，故得崇民相助，可謂天助、自助、人助畢其功於一役矣。《論語·泰伯》篇曰：「子曰：三分天下有其二，以服事殷。周之德，其可謂至德也已矣。」〔註210〕孔子盛讚文王德盛，天下民心三分有二歸服於文王。而余培林於《詩經正詁》中稱此次的戰役是「顯示周家之興，文王之王，乃順天應人之事，不可遏抑也。」〔註211〕

綜而言之：《詩經》中述及文王之世的兩次戰役，一為伐密須，是為安定民心，而非為一己之貪欲，詩中特別以文王的語氣，強調其威儀，最後展現萬民順服的畫面。所以，詩言伐密，並未述及與戰爭相關的武器部份，也完全沒有血腥的場面；伐邘則僅提及；而另一為伐崇國，強調文王原是個有美德，不隨

〔註206〕「是類是禡」，余培林引《禮記·王制》曰：「《禮記·王制》：『天子將出，類乎上帝，禡於所征之地。』類為出征時祭上帝也，禡為行軍所止之處祭神也。」（語見余培林：《詩經正詁》下冊，頁355。）

〔註207〕范曄撰，李賢等注：《後漢書》，卷二十六，頁894。

〔註208〕「是致是附」，余培林：「《毛詩傳箋通釋》：『附，讀如拊循之拊，亦通作撫。』句言於是招致之，於是安撫之。」（語見余培林：《詩經正詁》下冊，頁355。）

〔註209〕劉向著，王鍈·王天海譯注：《說苑》，（台北：台灣古籍出版社，1996年7月），卷十五，頁723～724。

〔註210〕朱熹：《四書集註·論語》，頁108。

〔註211〕余培林：《詩經正詁》下冊，頁356。

便發怒，不隨意動刑的君王，之所以伐崇國也完全是爲順天應人，詩中雖有擒捉俘虜，割下敵軍耳朵的殘酷畫面，但是展現出文王完全不畏強虜，爲民討伐不仁不義不公之崇侯，文王秉持仁德正義，最後迫使敵軍俯首稱臣的畫面。

（3）作豐邑、建靈臺

《史記·周本紀》敘述文王伐崇侯虎之年而作豐邑，自岐下而遷都於豐。文王既伐邘、崇，作邑于豐，譚國洪於《詩經中關於西周開國史詩之研究》中推其原因有二，其曰：

> 一則以拓展先王之緒業，二則以岐下耕地不足，人口日蕃，前雖遷民於程，惟遇天旱年荒，農田失收，遂作邑于豐。按《逸周書·大匡》篇曰：「維周王宅程三年，遭天之大荒，作〈大匡〉以詔牧其方。」晉孔晁曰：「程，地名，在岐州左右，初，王季之子文王因焉而遭饑，乃徙豐焉。」左傳公十九年傳曰：「甯莊子曰：昔周饑，克殷而年豐。」宋嚴粲《詩緝》說：「國勢寖盛，程邑不足以容，乃作邑于豐而遷居之。」開元占經一百一引《竹書紀年》：「帝辛受時，天大曀。」（舊抄本作周大曀），《今本竹書紀年》：「周大曀。三十五年周大饑，西伯自程遷于豐。」〔註212〕

而據楊寬的《西周史》則認爲文王將都由岐遷至豐的原因爲：「一是便於從這裡出發，調動大軍，攻下殷朝；二是這裡處於渭水中游（豐水是渭水支流），在地理形勢上更適合於作爲國都。」〔註213〕文王伐邘、崇之後，將都由岐遷至豐，即作邑于豐，所以，上面所述遷都的原因，都有可能是文王的考量，觀其共同的目的，均爲使周有更好的發展。而〈大雅·文王有聲〉一詩，一到四章即記此事，其詩曰：

> 文王有聲，遹駿有聲。遹求遹寧，遹觀厥成。文王烝哉！（一章）
>
> 文王受命，有此武功。既伐于崇，作邑于豐。文王烝哉！（二章）
>
> 築城伊淢，作豐伊匹。匪棘其欲，遹追來孝，王后烝哉！（三章）
>
> 王公伊濯，維豐之垣。四方攸同，王后維翰。王后烝哉！（四章）

周人頌揚文王有令聞、有偉大的聲譽，文王不僅能繼承太王、王季之業，以安定民心，且能完成安天下之大業，文王之聲譽可謂美盛啊！文王受命以伐

〔註212〕譚國洪：《詩經中關於西周開國史詩之研究》，頁 337～338。
〔註213〕楊寬：《西周史》，（台北：臺灣商務印書館，1999 年），頁 77。

邘、崇，既征伐之，遂因其地建邑於豐城。文王之德眞是美盛啊！城的外面有護城河，豐邑與其城池相配稱，而文王作豐邑的目的並非爲了急成以從己之欲，而是爲了追承前王之志以爲孝，〔註214〕文王之孝行眞是美盛啊！文王之功勞偉大，乃能建都於豐邑，四方臣民皆來朝會歸附之，文王成爲這些諸侯國之楨幹，〔註215〕文王眞是人君的典範啊！

而文王受命作豐邑後事，遂命公卿百官，以祭祀天帝，《逸周書・酆保》篇曰：

> 維二十三社庚子朔，九州之侯，咸格于周。王在酆，昧爽立于少庭。
> 王告周公旦曰：嗚呼！諸侯咸格來慶，辛苦役商，吾何保守，何用行。旦拜手稽首曰：商爲無道，棄德刑範，欺侮羣臣，辛苦百姓，忍辱諸侯，莫大之綱，福其亡，亡人惟庸。王其祀。德純禮明。允無二，卑位柔色金聲以合之。王乃命三公九卿及百姓之人曰：恭敬齊潔，咸格而祀于上帝。〔註216〕

文王受命而作邑于豐後建靈臺，〈大雅・靈臺〉首章即云：「經始靈臺，經之營之。庶民攻之，不日成之。經始勿亟，庶民子來。」文王始營靈臺之際，首先計畫，並進行測量、營建等事宜。百姓因感念文王之德，皆趨而爲文王建臺，故未到預期即完成，完全出乎文王之意料，因爲剛開始擬築臺時，還擔心會擾民，所以下令不必求快，但人民自動自發，自願來參與工作，是以靈臺得以速成。賈誼於《新書・君道篇》也談到文王建靈臺之事：

> 文王有志爲臺，令近規之，民聞之者，麇裹而至，問業而作之，日日以眾，故弗趨而疾，弗期而成。命其臺曰靈臺，命其囿曰靈囿，謂其沼曰靈沼，愛敬之至也。〔註217〕

而靈臺之名由來及其作用又爲何？《毛傳》於〈靈臺〉一詩中說：「天子有靈臺者，所以觀祲象，察氣之妖祥也，文王受命而作邑于豐，立靈臺。《春秋傳》曰『公既視朔，遂登觀臺，以望而書雲物，爲備故也。』」又曰：「神之精明者稱靈。」〔註218〕《詩序》：「〈靈臺〉，民始附也。文王受命，而民樂其有靈

〔註214〕屈萬里：《詩經詮釋》，頁481。
〔註215〕余培林：《詩經正詁》下冊，頁367。
〔註216〕朱右曾：《逸周書集訓校釋》，（台北：世界書局，1956年），卷三，頁55～56。
〔註217〕賈誼：《新書》，《文津閣四庫全書・新書》子部儒家類231（北京：商務印書館，2005年），卷七，頁163。
〔註218〕鄭玄：《毛詩鄭箋》，頁123。

德，以及鳥獸昆蟲焉。」〔註219〕《孟子・梁惠王》篇則曰：「文王以民力爲臺爲沼。而民歡樂之，謂其臺曰『靈臺』，謂其沼曰『靈沼』，樂其有麋鹿魚鼈。古之人與民偕樂，故能樂也。」〔註220〕馬瑞辰《毛詩傳箋通釋》說：

> 按《毛傳》之「精明者稱靈」；趙岐《孟子》注云：謂其臺沼若神靈之所爲，皆與《序》言文王有靈德不合；惟《說苑・修文》篇云：「積恩爲愛，積愛爲仁，積仁爲靈，靈臺之所以爲臺者，積仁也。」劉向說多本《韓詩》，與《序》言靈德正合。《爾雅・釋詁》：令，善也。《廣雅・釋詁》：靈，善也。積仁爲靈，蓋亦訓靈爲善，因有善德，而名其臺爲「靈臺」，囿與沼又因在臺下，而同名之爲靈，不必以爲神靈也。〔註221〕

是以，靈臺之名，其本出於積仁善之德也。馬瑞辰又說：「文王時望氛祲及苑囿之樂，統於靈臺乎備之。」〔註222〕是靈臺之設其作用有二：一則以爲望氛祥天象，二則以爲觀游之設。朱熹以此詩爲述民樂，說引《孟子》，深得詩旨，然或謂孟子斷章取義者，此後世不明瞭文王時靈臺之設本爲娛游之地，亦爲國家政教之所在。〔註223〕所以，當文王在靈臺與民同樂時看到了「麀鹿攸伏。麀鹿濯濯，白鳥翯翯。王在靈沼，於牣魚躍。」牝鹿與幼鹿安詳自在，不受驚擾，皆長得肥美，毛色有光澤，白鳥羽毛潔白可愛；文王步至靈沼遊樂，觀賞滿池的魚兒在水中自在地游來游去。賈誼《新書・君道篇》亦說：「文王之澤，下被禽獸，洽于魚鼈，咸若攸樂，而況士民乎！」〔註224〕所以，在靈臺，不僅民能與文王同樂，就連地上的鹿兒，天上的鳥兒，水中的魚兒，都深受文王之德澤，而能自在快樂地過生活。

而文王又是如何與百姓同樂，教化百姓呢？「虡業維樅，賁鼓維鏞，於論鼓鐘，於樂辟廱。於論鼓鍾，於樂辟廱。鼉鼓逢逢，矇瞍奏公。」文王宮內植木以懸掛鐘磬，覆蓋在植木上的大版還有漂亮的雕刻，而架上則有彩色的大牙高聳，架著大鼓並懸著大鐘。〔註225〕啊！大鼓、大鐘之排列眞是有序不紊呀。

〔註219〕鄭玄：《毛詩鄭箋》，頁123。
〔註220〕朱熹：《四書集註・孟子》，頁202。
〔註221〕馬瑞辰：《毛詩傳箋通釋》，頁266。
〔註222〕馬瑞辰：《毛詩傳箋通釋》，頁266。
〔註223〕譚國洪：《詩經中關於西周開國史詩之研究》，頁346。
〔註224〕賈誼：《新書》，卷七，頁163。
〔註225〕「虡業維樅」，余培林：「虡，《傳》：『直者曰虡，橫者曰栒。』《正義》：『懸鼓、磬者，兩端有植木，其上有橫木。謂直立者爲虡，謂橫牽者爲栒。』業，

〔註 226〕啊！文王正在辟廱遊樂作樂，〔註 227〕以感化百姓。鼉皮所做的鼓，敲起來逢逢作響，樂師正在奏演著樂章。《禮記·樂記》云：「治世之音安以樂，其政和」，〔註 228〕可見此時，正是文王事業興盛，國家安定之時，所以，所呈現的是民心歸附，歌樂昇平的景象，洋溢著民之太和、物之太和、君臣之太和的氣氛，足見文王之化非僅及於人，連鳥獸蟲魚皆感焉。是以，〈大雅·靈臺〉一詩所呈現出來的是：庶民子來，民之太和；麀鹿攸伏，於牣魚躍，物之太和；於論鼓鍾，於樂辟廱，君臣之太和也，所謂太和在成周宇宙間也。

5. 形象威嚴，庇祐子孫的祖先神

　　文王在《詩經》中，除了上述文武雙全，仁德兼備之賢君形象外，還是個形象威嚴的祖先神，如〈周頌·我將〉為祀文王之詩，其詩曰：「我將我享，維牛維羊，維天其右之。儀式刑文王之典，日靖四方，伊嘏文王，既右饗之。我其夙夜，畏天之威，于時保之。」朱熹《詩經集註》認為：「此宗祀文王於明堂，以配上帝之樂歌。」〔註 229〕而呂東萊《呂氏家塾讀詩記》則謂：

　　於天為庶其饗之，不敢加一辭焉；於文王則言儀式其典，日靖四方。天不待贊，法文王，所以法天也。卒章惟言「畏天之威」，而不及文

《傳》：『大版也。』覆於栒上刻畫以為飾。維，與也。樅，《傳》：『崇牙也。』《正義》：『其（業）懸鐘磬之處，又以彩色為大牙，其狀隆然，謂之崇牙。』」（語見余培林：《詩經正詁》下冊，頁 359。）

〔註 226〕「於論鼓鍾」，余培林：「論，《集傳》：『論，倫也。得其倫理也。』言鼓鐘之排列有序不紊也。」（語見余培林：《詩經正詁》下冊，頁 359。）

〔註 227〕方玉潤《詩經原始》卷十三說：「辟廱之名，或以為學名，或以為樂名，或又以為習樂之所，且更以為大射行禮之處，紛紛聚訟，迄無定解……然獨不思所謂學者曰辟廱天子之學也，其時文王未為天子，而何以有辟廱之學耶？且辟廱環邱以水，則不能習射，地近靈臺、靈沼、靈囿，與麀鹿禽鳥麟介為隣，更非習樂講學地，蓋游觀處耳。夫人君游樂必有園囿，築臺所以望氣祲察災祥也，設囿所以域禽獸備田獵也；至於闢沼則蓄潛鱗，兼資灌溉耳，然有游必有宴，有宴必有樂，此辟廱之樂所由名歟。其後周家盛王以為辟廱者，文王之所經營也。臺曰靈臺，囿曰靈囿，沼曰靈沼，雖曰民情樂赴，實亦地氣鍾靈，故或就其地以為學，或仿其制以設教，或假其名以別乎，泮水學宮之號，均不可知，然於是始有以辟廱為天子學者，而諸侯不得立焉矣。若此時之辟廱，則實以供文王之游玩，而非以待諸生之觀聽也。」方氏認為：「於樂辟廱」實乃指文王初建遊樂之地，而非作官樂之所，文王之後才演變為太學之所，而成為周室政教所在。（語見方玉潤：《詩經原始》，頁 1061～1063。）

〔註 228〕阮元校勘：《十三經注疏·禮記》，卷三十七，頁 663。

〔註 229〕朱熹：《詩經集註》，頁 177。

王者，統於尊也。畏天，所以，畏文王也。天與文王一也。〔註230〕
因為文王在世承天命，其典能安四方之民，其德足以配天，而今後世以敬謹
之心來祀文王、祀天，以告天、告文王：子孫們秉著敬畏的心，日夜不懈怠
來法文王、法天，深怕不能保此文王之典。足見因文王在世之德厚，致使文
王即使為神其德威不減，故使民畏之也。而〈大雅・文王〉篇更是將文王神
格化，其詩曰：

> 文王在上，於昭于天。周雖舊邦，其命維新。有周不顯，帝命不時。
> 文王陟降，在帝左右。（一章）
>
> 亹亹文王，令聞不已。陳錫哉周，侯文王孫子。文王孫子，本支百
> 世。凡周之士，不顯亦世。（二章）

周人認為文王在天上為神，其德昭顯於天，周雖然是舊的邦國，但是它所承受
的天命卻是新的，所以，周邦大顯，上帝命周取代殷商，而文王升上天後，就
一直在上帝的左右，足見其地位之重要。〔註231〕而亹勉有美聲的文王重賜予周，
還有文王的子孫，包括他的大宗及其支庶繁昌，一直到百世，累世不絕。〈周頌・
維天之命〉篇亦稱頌文王，周受天命可以永續不止，全因文王之德顯，所以能
造福後代子孫，後代子孫則自勉篤守而不忘，其詩曰：「維天之命，於穆不已。
於乎不顯！文王之德之純。假以溢我，我其收之。駿惠我文王，曾孫篤之。」
而〈周頌・清廟〉篇中也盛讚文王在天為神則稱揚上帝，在廟則奔走人事，〔註
232〕其詩曰：「對越在天，駿奔走在廟」，〈周頌・閔予小子〉篇也說：「念茲皇祖，
陟降庭止」，可見文王升上天為神後仍保佑著子子孫孫們。

綜上所述，可知文王是位事親至孝，祭祀敬謹，做事勤勞；濟弱扶傾，
視民如傷；設立有司，舉用賢能；武功彪炳，仁德兼備之賢君；除此之外還
具有形象威嚴，庇祐子孫的祖先神形象。

（三）武　王

1. 雄才大略，營建鎬京，以安子孫

據《竹書紀年》載：「西伯使世子發營鎬。」〔註233〕而《詩經・大雅・

〔註230〕呂祖謙：《呂氏家塾讀詩記》，卷二十八，頁609。
〔註231〕余培林：《詩經正詁》下冊，頁318。
〔註232〕余培林：《詩經正詁》下冊，頁517。
〔註233〕陳逢衡：《竹書紀年集證》，《續修四庫全書・竹書紀年集證》史部編年類335
　　　　（上海：上海古籍出版社，2002年影印清嘉慶十八年裒露軒刻本），卷二十

文王有聲》亦曰：「考卜維王，宅是鎬京。維龜正之，武王成之。」可知營建鎬京爲武王所爲當無誤。《詩序》曰：「〈文王有聲〉，繼伐也，武王能廣文王之聲，卒其伐功也。」〔註234〕《鄭箋》云：「繼伐者，文王伐崇，而武王伐紂。」〔註235〕故文王伐崇作豐邑而王業始，在承先；武王伐商作鎬京而王業成，在啓後。可知武王作鎬京是有其政治考量的，是經過深謀遠慮的，而〈大雅·文王有聲〉一詩五至八章，則詳述其事，其詩曰：

> 豐水東注，維禹之績。四方攸同，皇王維辟。皇王烝哉！（五章）
>
> 鎬京辟廱，自西自東，自南自北，無思不服。皇王烝哉！（六章）
>
> 考卜維王，宅是鎬京。維龜正之，武王成之。武王烝哉！（七章）
>
> 豐水有芑，武王豈不仕？詒厥孫謀，以燕翼子。武王烝哉！（八章）

豐水東流，流經豐邑之東，入渭而注於黃河，這是夏禹的功績。而使四方諸侯得以來豐地朝會，歸附武王，尊武王爲君。所以，武王的功業眞的是很隆盛呢！武王遷都於鎬京，營建辟廱以講學，於是，四方之國皆臣服於周，武王的功業眞的是很隆盛呢！武王在營建鎬京之前，先問之於龜卜，龜示正吉，可以在這兒定居，所以，武王就照著龜卜所言完成建都偉業，武王的功業眞的是很隆盛呢！豐水岸旁，草木繁盛，表示此處土壤肥沃，武王豈有不在此地發展的理由？之所以從豐邑遷都於鎬京，是爲了長遠的打算，以奠定國家基礎，安護後世子孫，武王的功業眞的是很隆盛呢！

2. 牧野之戰，弔民伐罪，形象威武

帝乙崩，帝辛立，天下謂之紂。〔註236〕《竹書紀年》記：「帝辛四年，大蒐於黎。」〔註237〕商紂於黎地大會諸侯，行大蒐之禮，欲藉此威脅諸侯獻貢納稅，但當時五穀歉收，人民尚有不飽者，以何獻納？故東夷叛之。〔註238〕且連年征戰，苛徵暴稅，民生疾苦，不堪其擾，又據《史記·殷本紀》所載：

二，頁 273。

〔註234〕鄭玄：《毛詩鄭箋》，頁 124。

〔註235〕鄭玄：《毛詩鄭箋》，頁 124。

〔註236〕《史記·殷本紀》：「帝乙長子曰微子啓，啓母賤，不得嗣。少子辛，辛母正后，辛爲嗣。帝乙崩，子辛立，是爲帝辛，天下謂之紂。」（語見瀧川龜太郎：《史記會注考證》，頁 60。）

〔註237〕陳逢衡：《竹書紀年集證》，卷二十一，頁 256。

〔註238〕據《左傳》昭公四年：「商紂爲黎之蒐，東夷叛之。」（語見左丘明著，杜預集解，竹添光鴻會箋：《左傳會箋》，頁 1440。）

（帝紂）好酒淫樂，嬖於婦人。愛妲己，妲己之言是從。於是使師
涓作新淫聲，北里之舞，靡靡之樂。厚賦稅以實鹿臺之錢，而盈鉅
橋之粟。益收狗馬奇物，充仞宮室。益廣沙丘苑臺，多取野獸蜚鳥
置其中。慢於鬼神。大取樂戲於沙丘，以酒爲池，縣肉爲林，使男
女倮相逐其閒，爲長夜之飲。百姓怨望而諸侯有畔者，於是紂乃重
刑辟，有炮烙之法。〔註239〕

商紂好酒淫樂，沉迷女色，聽信妲己，嚴苛重稅，大興宮室，玩物喪志，對
鬼神不敬，酒池肉林，荒淫無度，暴虐無道，民怨四起，遂有叛者，但紂不
思悔改，還施以酷刑。紂四周多阿諛讒人，反聽不進忠臣比干之諫言，還廢
商容這樣的賢臣。〔註240〕《尚書‧泰誓》篇亦述及商紂之無道：

今商王受，弗敬上天，降災下民。沉湎冒色，敢行暴虐，罪人以族，
官人以世，惟宮室、臺榭、陂池、侈服，以殘害于爾萬姓。焚炙忠
良，刳剔孕婦。皇天震怒，命我文考，肅降天威，大勳未集。〔註241〕

商紂上不敬天，下不恤民，恣行暴虐，荒淫無度，殺害忠良，天人共怒。天
乃命文王，降天威，以伐商。在這樣的暴政統治之下，民心向背，諸侯叛殷，
《尚書‧泰誓》云：「受有億兆夷人，離心離德。予有亂臣十人，同心同德。
雖有周親，不如仁人。」〔註242〕《淮南子‧兵略篇》亦曰：「紂之卒百萬之心，
武王之卒三千人，皆專而一。」〔註243〕於是，武王待時機成熟，乃率仁義之
師伐紂，《史記‧周本紀》詳述其事：

諸侯不期而會盟津者八百諸侯。諸侯皆曰：「紂可伐矣。」武王曰：「女
未知天命，未可也。」乃還師歸，二年，聞紂昏亂暴虐滋甚，殺王子
比干，囚箕子，太師疵，少師彊，抱其樂器而犇周。於是武王徧告諸
侯曰：「殷有重罪，不可以不畢伐。」乃遵文王，遂率戎車三百乘，
虎賁三千人，甲士四萬五千人，以東伐紂。十一年十二月戊午，師畢
渡盟津，諸侯咸會。曰：「孳孳無怠！」武王乃作〈太誓〉，告于眾庶：
「今殷王紂，乃用其婦人之言，自絕于天，毀壞其三正，離逷其王父

〔註239〕瀧川龜太郎：《史記會注考證》，頁 60。
〔註240〕《史記‧殷本紀》：「王子比干諫，弗聽。商容賢者，百姓愛之，紂廢之。」
　　　　（語見瀧川龜太郎：《史記會注考證》，頁 61。）
〔註241〕孔安國傳，孔穎達疏：《尚書正義》，卷十一，頁 321～323。
〔註242〕孔安國傳，孔穎達疏：《尚書正義》，卷十一，頁 328～329。
〔註243〕劉文典：《淮南鴻烈集解》，卷十五，頁 59。

母弟，乃斷弃其先祖之樂，乃爲淫聲，用變亂正聲，怡說婦人。故今
予發維共行天罰。勉哉夫子，不可再，不可三！」〔註244〕

而武王在內有賢臣太公呂望爲太師，周公旦爲輔，召公、畢公之徒左右王師，
修文王之緒業，復有文王四臣，股肱羽翼，上下一心，佐武王義師伐商；在
外聯絡外族與諸侯友邦，〔註245〕於是武王於二月甲子昧爽，於牧野誓師，據
《史記·周本紀》載：

武王左杖黃鉞，右秉白旄，以麾曰：「遠矣西土之人！」武王曰：「嗟！
我有國冢君，司徒、司馬、司空，亞旅、師氏，千夫長、百夫長，
及庸、蜀、羌、髳、微、纑、彭、濮人，稱爾戈，比爾干，立爾矛，
予其誓。」王曰：「古人有言『牝雞無晨。牝雞之晨，惟家之索。』
今殷王紂維婦人言是用，自弃（棄）其先祖肆祀不荅（答），涽弃（棄）
其家國，遺其王父母弟不用，乃維四方之多罪逋逃，是崇是長，是
信是使，俾暴虐于百姓，以姦軌于商國。今予發維共行天之罰。今
日之事，不過六步七步，乃止齊焉，夫子勉哉！不過於四伐五伐六
伐七伐，乃止齊焉，勉哉夫子！尚桓桓，如虎如羆，如豺如離，于
商郊，不禦克犇，以役西土，勉哉夫子！爾所不勉，其于爾身有戮。」
誓已，諸侯兵會者，車四千乘，陳師牧野。〔註246〕

而《詩經·大雅·大明》篇中之七、八章即述及牧野之戰，其詩曰：「殷商之
旅，其會如林。矢于牧野：『維予侯興。上帝臨女，無貳爾心。』牧野洋洋，
檀車煌煌，駟騵彭彭。維師尚父，時維鷹揚。涼彼武王，肆伐大商，會朝清
明。」武王承天命，要伐商，殷商之兵眾多，會聚如林，足見商、周之兵力
懸殊，所以，武王乃誓師於牧野，深怕有人畏懼陣前倒戈，於是訓勉將士說：
「現在我承受著天命，只有我才能興周邦，上帝會監臨著你們，你們要同心
同德，不可有貳心。」牧野之地是那麼的寬廣，浩瀚無垠，周師駕著檀木製
造之兵車，那麼鮮明，車前四匹威武壯盛之赤色黑鬣的騵馬，並駕齊驅。此
時太師呂尚，揮軍前進，就像鷹揚群飛的迅疾勇猛氣勢一般，幫助武王完成
順天應人之舉，攻伐殷商，使商軍崩潰，周師會戰之時，原本天雨不止的天
氣都變得清明了。所以，武王伐紂，不僅有賢人相助，最後連天也助武王。

〔註244〕瀧川龜太郎：《史記會注考證》，頁69。
〔註245〕譚國洪：《詩經中關於西周開國史詩之研究》，頁383。
〔註246〕瀧川龜太郎：《史記會注考證》，頁69～70。

而伐紂所以成功的原因，誠如孟子所說：「天時不如地利，地利不如人和。」
〔註 247〕即使天氣惡劣，敵眾我寡，但因萬眾一心，又有賢人相助，天下終歸
仁義之師，所謂：「師克在和不在眾，商，周之不敵。」〔註 248〕

　　但武王出兵之初，並不順利，據《淮南子・兵略篇》所記：「武王伐紂，東
面而迎歲，至汜而水；至共頭而墜，彗星出而授殷人其柄，當戰之時，十日亂
於上，風雨擊於中。」〔註 249〕武王軍隊的處境是天不時，地不利。而《荀子・
儒效》篇亦曰：「武王之誅紂也，行之日，以兵忌，東面而迎太歲，至汜而泛，
至懷而壞，至共頭而山隧，霍叔懼曰：出三日而五災至，無乃不可乎？」〔註 250〕
因為天不時，地不利，連人心都有點惶惶了，而韓嬰《韓詩外傳》卷三則載：「武
王討紂，到于邢丘，楯折為三，天雨，三日不休。武王心懼，召太公而問曰：
意者，紂未可伐乎？太公對曰：不然，楯折為三者，軍當分為三也。天雨，三
日不休，欲灑吾兵也。」〔註 251〕又《史記・齊太公世家》亦載：「武王將伐紂，
卜龜兆不吉，風雨暴至，羣公盡懼，唯太公彊之勸武王；武王於是遂行。」〔註
252〕接二連三對周軍不利，連周武王也開始懷疑是否天意不可伐紂，幸太公堅
持，又善謀略，遂使武王堅定信心繼續作戰。所以，孔穎達讚美牧野之戰是：「善
太公知權變者，兵法須知彼己，當預為之備，所以貴權謀，故善太公能審之。
但武王之伐紂，以至聖攻至惡，敵無戰心，不假權詐。以不用權詐，故為美耳。」
〔註 253〕牧野之戰，武王以至聖攻至惡，又太公善用心理戰，知己知彼，利用敵
無戰心，故能以鷹揚之姿，勢如破竹，使武王伐紂大功告成。

　　《詩經・大雅・大明》篇中對於武王伐紂的形象，僅以誓師時所言：「維
予侯興。上帝臨女，無貳爾心」三句，來摹寫武王承天命伐紂之決心，及藉
由上帝來增強自己的威赫力，訓勉將士無二心。而正面寫出武王震服諸侯國
威嚴的形象，是在〈周頌・時邁〉篇，其詩云：「薄言震之，莫不震疊。」另
於〈周頌・桓〉則謂：「桓桓武王」，以威武的形象稱之。而《史記・周本紀》
中則詳寫武王驍勇善戰，持白旗以揮諸侯的英勇模樣：

〔註 247〕朱熹：《四書集註・孟子》，頁 241。
〔註 248〕左丘明著，杜預集解，竹添光鴻會箋：《左傳會箋》，頁 195。
〔註 249〕劉文典：《淮南鴻烈集解》，卷十五，頁 56。
〔註 250〕王先謙：《荀子集解》，頁 284～285。
〔註 251〕韓嬰：《韓詩外傳》，卷三，頁 29。
〔註 252〕瀧川龜太郎：《史記會注考證》，頁 550。
〔註 253〕孔穎達：《毛詩正義》，頁 977。

武王馳之，紂兵皆崩畔紂。紂走反入，登于鹿臺之上，蒙衣其殊玉，自燔于火而死。武王持大白旗，以麾諸侯，諸侯畢拜武王，武王乃揖諸侯，諸侯畢從武王至商國，商國百姓咸待於郊。於是武王使群臣告語商百姓曰：「上天降休！」商人皆再拜稽首，武王亦答（答）拜。遂入，至紂死所，武王自射之，三發而后（後）下車，以輕劍擊之，以黃鉞斬紂頭，縣大白之旗。已而至紂之嬖妾二女，二女皆經自殺。武王又射三發，擊以劍，斬以玄鉞，縣其頭小白之旗。武王已乃出復軍。〔註254〕

但是武王伐紂是爲民除害，是以，《國語·周語》中盛讚武王曰：「至于武王，昭前之光明而加之以慈和，事神保民，莫弗欣喜。商王帝辛，大惡於民。庶民不忍，欣戴武王，以致戎於商牧。是先王非務武也，勤恤人民而除其害也。」〔註255〕

3. 戰後敬告祖先，撫恤人民，偃武修文

武王能夠制服強殷，滅殷之功，無人能勝之，〈周頌·執競〉篇即盛讚武王：「執競武王，無競維烈。」〈周頌·武〉亦曰：「於皇武王，無競維烈。」所以，當武王克殷後，即祭祀宗廟，以告先祖，〈周頌·般〉篇是祭祀先祖，告以天下統一之詩：「於皇時周。陟其高山，嶞山喬嶽，允猶翕河。敷天之下，裒時之對，時周之命。」〈周頌·賚〉一詩即是武王初克商，歸祀文王廟，大告諸侯，所以得天下之意也，其詩曰：「文王既勤止，我應受之，敷時繹思。我徂維求定，時周之命。於繹思。」〈周頌·雝〉篇亦是武王祀文王之詩，詩中有言：「有來雝雝，至止肅肅。相維辟公，天子穆穆。於薦廣牡，相予肆祀。」武王敬告文王，其以天子的身分主祭，而其諸侯國則以敬肅雍和的態度來助祭。武王終於完成了自太王以來的「翦商之志」。

戰後，武王乃撫恤人民，散財發粟以賑貧民，大肆分封先聖之後，兄弟功臣謀士，以蕃屛周室：

封商紂子祿父殷之餘民。武王爲殷初定未集，乃使其弟管叔鮮、蔡叔度相祿父治殷。已而命召公釋箕子之囚。命畢公釋百姓之囚，表商容之閭。命南宮括散鹿臺之財，發鉅橋之粟，以振貧弱萌隸。命南宮括、史佚展九鼎保玉。命閎夭封比干之墓。命宗祝享祠于軍。

〔註254〕瀧川龜太郎：《史記會注考證》，頁70。
〔註255〕左丘明撰，韋昭注：《國語》，卷一，周語上，頁3。

乃罷兵西歸。行狩，記政事，作武成。封諸侯，班賜宗彝，作分殷
之器物。武王追思先聖王，乃褒封神農之後於焦，黃帝之後於祝，
帝堯之後於薊，帝舜之後於陳，大禹之後於杞。於是封功臣謀士，
而師尚父為首封。封尚父於營丘，曰齊。封弟周公旦於曲阜，曰魯。
封召公奭於燕。封弟叔鮮於管，弟叔度於蔡。餘各以次受封。〔註256〕

待天下安定之後，武王更是放牛馬、藏兵甲，廢軍而郊射，以示不復用兵，
安定民心，並教之以孝、敬、悌，《韓詩外傳》云：

濟河而西，馬放華山之陽，示不復乘；牛放桃林之野，示不復服也；
車甲釁而藏之於府庫，示不復用也。於是廢軍而郊射，左射貍首，
右射騶虞，然後天下知武王不復用兵也。祝乎明堂，而民知孝；朝
覲，然後諸侯知以敬；坐三老於大學，天下執醬而饋，執爵而酳，
所以教諸侯之悌也。此四者，天下之大教也。夫武之久，不亦宜乎！
詩曰（《詩經・周頌・武》篇）：『勝殷遏劉，耆定爾功。』信伐紂而
殷亡武乎。」〔註257〕

武王克殷後，安置天下臣民，大肆分封先聖遺族，兄弟功臣，並兵甲藏之，
而改以射禮，以示不復用武，欲安定民心，故歛武事，修文德。《左傳》宣公
十二年引《詩經・周頌》中之〈時邁〉、〈武〉、〈賚〉、〈桓〉等詩篇以讚美武
王禁暴，戢兵、保大、定功、安民、和眾、豐財之德政，其文曰：

武王克商，作頌（〈時邁〉）曰：「載戢干戈，載櫜弓矢，我求懿德，
肆于時夏。允王保之。」又作〈武〉，其卒章曰：「耆定爾功。」其
三（〈賚〉）曰：「敷時繹思，我徂維求定。」其六（〈桓〉）曰：「綏
萬邦，屢豐年。」夫武，禁暴，戢兵、保大、定功、安民、和眾、
豐財者也，故使子孫無忘其章。〔註258〕

武王滅商後，乃繼續承文王之業，以修文德，而〈周頌・武〉亦云：「允文文
王，克開厥後。嗣武受之，勝殷遏劉，耆定爾功。」是以，余培林於《詩經
正詁》中更讚美武王說：「武王之烈，即在上承文王之緒，下開百世之功，光
前裕後，誠『無競』矣。」〔註259〕

〔註256〕瀧川龜太郎：《史記會注考證》，頁71～72。
〔註257〕韓嬰：《韓詩外傳》，卷三，頁30。
〔註258〕左丘明著，杜預集解，竹添光鴻會箋：《左傳會箋》，頁786～787。
〔註259〕余培林：《詩經正詁》下冊，頁567。

經由以上對於武王的考察，可知武王雄才大略，能先營建鎬京，以安子孫；而牧野之戰，弔民伐罪，具有威武形象，並完成自太王以來的「翦商之志」；而戰後能敬告祖先，撫恤人民，並採取偃武修文策略，是位能承文王之緒，又開百世之功的明君。

（四）成　王

1. 初疑周公，不欲迎之

據《史記・周本紀》所載，武王崩，成王少，周公恐諸侯叛周，攝政當國，待成王長，乃還政，就臣位，其文云：

> 成王少，周初定天下，周公恐諸侯畔周，周公乃攝行政當國。管叔、蔡叔群弟疑周公，與武庚作亂畔周。周公奉成王命，伐誅武庚、管叔，放蔡叔。以微子開代殷後，國於宋。頗收殷餘民，以封武王少弟封爲衛康叔。晉唐叔得嘉穀，獻之成王，成王以歸周公于兵所。周公受禾東土，魯天子之命。初，管、蔡畔周，周公討之，三年而畢定，故初作〈大誥〉，次作〈微子之命〉，次〈歸禾〉，次〈嘉禾〉，次〈康誥〉、〈酒誥〉、〈梓材〉，其事在周公之篇。周公行政七年，成王長，周公反政成王，北面就群臣之位。〔註260〕

然周公攝政之初，成王方少，流言四起，謂周公將不利於成王，成王聽讒言，疑公將篡位，周公遭謗，乃避居東土，遂東征之，二年之中，罪人斯得，望成王明察，周公乃爲詩而貽成王。據《尚書・金縢》篇云：

> 武王既喪，管叔及其群弟乃流言於國，曰：「公將不利於孺子。」周公乃告二公曰：「我之弗辟，我無以告我先王。」周公居東二年，則罪人斯得。于後，公乃爲詩以貽成王，名之曰〈鴟鴞〉；王亦未敢誚公。〔註261〕

而《詩經・豳風・鴟鴞》篇云：

> 鴟鴞鴟鴞！既取我子，無毀我室！恩斯勤斯，鬻子之閔斯！（一章）
> 迨天之未陰雨，徹彼桑土，綢繆牖戶。今女下民，或敢侮予！（二章）
> 予手拮据，予所捋荼，予所蓄租，予口卒瘏。曰予未有室家！（三章）
> 予羽譙譙，予尾翛翛；予室翹翹，風雨所漂搖。予維音嘵嘵！（四章）

〔註260〕瀧川龜太郎：《史記會注考證》，頁73。
〔註261〕孔安國傳，孔穎達疏：《尚書正義》，卷十三，頁399。

《詩序》:「〈鴟鴞〉,周公救亂也,成王未知周公之志,公乃爲詩以貽王,名之曰:〈鴟鴞〉。」〔註262〕《孔疏》亦云:

> 此〈鴟鴞〉詩者,周公所以救亂也。毛以爲武王既崩,周公攝政,管、蔡流言,以毀周公,又導武庚與淮夷叛而作亂,將危周室。周公東征而滅之,以救周室之亂也。於是之時,成王仍惑、管蔡之言,未知周公之志,疑其將篡,心益不悅,故公乃作詩,言不得不誅管、蔡之意,以貽遺成王,名之曰〈鴟鴞〉焉。〔註263〕

周公以〈鴟鴞〉一詩示其對周室之用心,尤其「無毀我室」一詞,更見其捍衛周室之決心,故在兄弟之情與國家之情中,周公選擇以國家爲重,忍痛東征以救亂,身心俱疲,然成王仍不解其用心,惑於流言,而不欲迎周公回京,周公乃留於東方。直至某日,本該秋收之際,卻颳大風,雷電起,禾苗盡傾,大木斯拔,造成人民恐慌,成王乃啓金縢之書,始知誤解周公,而認爲這是天動威,以彰周公之德,遂出郊,以迎周公。《尚書‧金縢篇》云:

> 秋,大熟,未穫,天大雷電以風,禾盡偃,大木斯拔,邦人大恐。王與大夫盡弁,以啓金縢之書,乃得周公所自以爲功代武王之說。二公及王乃問諸史與百執事。對曰:「信。噫!公命我勿敢言。」王執書以泣,曰:「其勿穆卜!昔公勤勞王家,惟予沖人弗及知。今天動威,以彰周公之德,惟朕小子其新逆,我國家禮亦宜之。」王出郊,天乃雨,反風,禾則盡起。〔註264〕

2. 夙夜匪懈,朝惕夕勵,續緒文武之業

當成王長,周公乃還政於王,成王即政。周公恐成王多有淫佚,荒廢朝政,故作〈無逸〉以警戒之。《尚書‧無逸》篇云:

> 周公曰:「嗚呼!繼自今嗣王,則其無淫于觀、于逸、于遊、于田,以萬民惟正之供。無皇曰:『今日耽樂。』乃非民攸訓,非天攸若,時人丕則有愆。無若殷王受之迷亂,酗于酒德哉!」周公曰:「嗚呼!我聞曰:古之人猶胥訓告,胥保惠,胥教誨;民無或胥譸張爲幻。此厥不聽,人乃訓之,乃變亂先王之正刑,至于小大。民否則厥心違怨,否則厥口詛祝。」周公曰:「嗚呼!自殷王中宗,及高宗,及

〔註262〕鄭玄:《毛詩鄭箋》,頁62。
〔註263〕孔穎達:《毛詩正義》,頁512。
〔註264〕孔安國傳,孔穎達疏:《尚書正義》,卷十三,頁400~401。

祖甲，及我周文王，茲四人迪哲。厥或告之曰：『小人怨汝詈汝。』
則皇自敬德。厥愆，曰：『朕之愆。』允若時不啻不敢含怒。此厥不
聽，人乃或譸張爲幻。曰：『小人怨汝詈汝。』則信之。則若時，不
永念厥辟，不寬綽厥心，亂罰無罪，殺無辜，怨有同，是叢于厥身。」
　　周公曰：「嗚呼！嗣王其監于茲。」〔註265〕

周公誡成王曰：無遊逸田獵，耽於逸樂，要以民意爲依歸，否則非民所依，
非天所順，則如商王紂，迷惑昏亂，酗酒爲樂，要以此爲戒。要以殷王中宗、
高宗、祖甲乃至我周文王等四人爲楷模，敬德修業，謙和待人，寬懷心胸，
不亂罰無罪，亂殺無辜，那麼就不會使民怨四起。

　　所以，當成王即政之後，乃記取先前的教訓，恭慎敬謹地朝於廟，〈周頌‧
閔予小子〉篇云：「閔予小子，遭家不造，嬛嬛在疚。於乎皇考，永世克孝。
念茲皇祖，陟降庭止。維予小子，夙夜敬止。於乎皇王，繼序思不忘。」《詩
序》：「〈閔予小子〉，嗣王朝於廟也。」〔註266〕《鄭箋》云：「嗣王者，謂成王
也。除武王之喪，將始即政，朝於廟也。」〔註267〕《孔疏》進一步闡釋：

　　〈閔予小子〉詩者，嗣王朝於廟之樂歌也。謂成王嗣父爲王，朝於
　　宗廟，自言當嗣之意。詩人述其事而作此詩歌焉。此朝廟早晚，毛
　　無其說，毛無避居之事，此朝廟事武王崩之明年，周公即已攝政，
　　成王未得朝廟，且又無政可謀，此欲夙夜敬慎，繼續先緒，必非居
　　攝之年也，王肅以此篇爲周公致政，成王嗣位，始朝於廟之樂歌。

〔註268〕

朱熹《詩經集註》則認爲：「成王免喪，始朝於先王之廟，而作此詩也。」〔註
269〕綜上所言可知：〈周頌‧閔予小子〉一詩，應是成王除完父喪之後，且周公
還政於成王，開始當政，才會有「夙夜敬愼，繼續先緒」之志，但又誠惶誠恐，
深怕做不好，不如理想。所以，詩的一開頭成王自稱自己是「閔予小子」，是個
可憐的人，〔註270〕遭逢家庭不幸，孤苦無依在憂病之中。〔註271〕而我的父親武

〔註265〕孔安國傳，孔穎達疏：《尚書正義》，卷十六，頁512～517。
〔註266〕鄭玄：《毛詩鄭箋》，頁156。
〔註267〕鄭玄：《毛詩鄭箋》，頁156。
〔註268〕孔穎達：《毛詩正義》，頁1343。
〔註269〕朱熹：《詩經集註》，頁182。
〔註270〕「閔予小子」，余培林：「閔，《箋》：『悼傷之言也。』《詩經今注》：『通憫。』
　　　　即可憐之意。予小子，《集傳》：『成王自稱也。』按古天子恆稱自稱『予小子』。
　　　　《禮記‧曲禮》：『天子在喪曰予小子。』實則不在喪亦可用之。《尚書》中此

王又是個終身行孝，能善述祖先之業者，而我的祖父文王又隨時在監臨著我們、守護著我們。所以，我只能更加日夜敬謹，來承繼文、武之業而不敢懈怠。詩中流露出成王雖在沉痛中卻有奮起之志，然文武之業既偉大又沉重，對於成王而言有著無形的壓力，擔心自己會做不好，而無法續緒先王之業。這也是現今人所稱的「焦慮」問題，是一種取前人之所有爲己用，會引起由於受人恩惠而產生的負債之焦慮，〔註272〕更是西洋詩歌理論中所謂的「影響的焦慮」，影響乃是不折不扣的個性轉讓，是拋棄自我之最珍貴物的一種形式。影響的作用會產生失落感。〔註273〕所以，成王受到文武之德的影響，但又想從父、祖之道中走出屬於自己的道路。因此，在這過程之中，成王就承受了這樣的影響及焦慮，而產生了所謂的失落感，深怕無法續緒先王之業。

　　但成王並不因此而失志，反而更勤勉政事，在〈周頌‧訪落〉篇中則述成王勤勉政事，諮詢群臣，謀政於廟，其詩云：「訪予落止，率時昭考。於乎悠哉！朕未有艾，將予就之，繼猶判渙。維予小子，未堪家多難。紹庭上下，陟降厥家。休矣皇考，以保明其身。」《詩序》：「〈訪落〉，嗣王謀於廟也。」〔註274〕《孔疏》：「〈訪落〉詩者，嗣王謀於廟之樂歌也。謂成王既朝廟，而與群臣謀事，詩人述之而爲此歌焉。」〔註275〕姚際恆《詩經通論》亦認爲：「此成王既除喪，將始即政而朝於廟，以咨群臣之詩。」〔註276〕劉逸文《詩經與西周史關係之研究》亦謂此詩是：「成王即政，朝廟後又諮詢群臣，謀政於廟，乃傷國家多難，己無賢治之才，欲循文王、武王之德業，希群臣輔佐朝政也。」〔註277〕所以〈周頌‧訪落〉一詩，一開頭成王即說「訪予落止」，自言剛即位，始治國，欲循先王（武王）之治，但怎奈父親（武王）之道是如此之廣大深遠，我雖行之，不

例甚多。」（語見余培林：《詩經正詁》下冊，頁 568。）

〔註271〕「嬛嬛在疚」，余培林：「嬛嬛，蘇轍《詩集傳》：『無所依怙也。』疚，《傳》：『病也。』句言孤苦無依在憂病之中。」（語見余培林：《詩經正詁》下冊，頁 568～569。）

〔註272〕哈羅德‧布魯姆（Harold Bloom）原著，徐文博譯：《影響的焦慮‧詩歌理論》，（台北：久大文化股份有限公司，1990 年 12 月），頁 3。

〔註273〕哈羅德‧布魯姆（Harold Bloom）原著，徐文博譯：《影響的焦慮‧詩歌理論》，頁 4。

〔註274〕鄭玄：《毛詩鄭箋》，頁 156。

〔註275〕孔穎達：《毛詩正義》，頁 1346。

〔註276〕姚際恆：《詩經通論》，頁 344。

〔註277〕劉逸文：《詩經與西周史關係之研究》，（台中：中興大學中文研究所碩士論文，1997 年 1 月），頁 176。

敢止息，深怕力有未逮，所以，希望父親您在天之靈，可以扶助我，否則我擔心自己會鬆懈，不知振作。〔註278〕我才智淺陋，實在承受不了既有骨肉相殘的管蔡之變，又有淮夷徐奄等外患的叛變，國家眞是多難啊！〔註279〕雖然我已黽勉以赴，但更祈望您的神靈，可以降福給周室。表面上成王是祈求武王在天之靈可以助己，實際上是尋求群臣的協助，希望群臣們可以念武王之德而助己。所以，成王一再盛讚武王的功業眞是美盛呀！希望父親您能繼續保佑、顯明您的後代子孫呀！陳子展《詩三百解題》認爲此詩是：「諮詢政事，而歸結於祈求先人在天之靈之佑助，並以嚇唬臣民。」〔註280〕其說尙有理，蓋以成王年少即掌大權，享有其先祖們靠著雙手打出來的江山，難怪武王崩後，欺其年少，有人思變叛之，故今藉武王之神靈，一方面威嚇臣民，一方面以武王之德感之，在當時運用周人的宗教觀念及權力意識是有其必要性的。

此外，成王認爲天命得來不易，所以，希望群臣們能隨時警惕成王，而成王也能隨時自我惕勵，渴望日有精進，能承續周之大業，而在〈周頌•敬之〉篇中即曰：「敬之敬之，天維顯思，命不易哉。無曰高高在上，陟降厥士，日監在茲。維予小子，不聰敬止。日就月將，學有緝熙于光明。佛時仔肩，示我顯德行。」《詩序》：「〈敬之〉，群臣進戒嗣王也。」〔註281〕《孔疏》：「〈敬之〉詩者，群臣進戒嗣王之樂歌也。謂成王朝廟，與群臣謀事，群臣因在廟而進戒嗣王，詩人述其事而作此歌焉。」〔註282〕〈周頌•敬之〉一詩，蓋群臣進戒成王要恭敬謹愼，因爲天道是很顯明的，而我們周室得以奉承天命是不易的，〔註283〕天神高高在上，但每天會降臨視察人間的事，監臨著我們。而成王則自己謙稱是個不聰明不敬愼的人，只能一步一腳印，慢慢地日有所成，月有所進，慢慢地學習，能將光明的德行發揚光大，希望天神能夠輔助

〔註278〕「訪予落止，率時昭考。於乎悠哉！朕未有艾，將予就之，繼猶判渙」，余培林：「以上六句謂我初始治政之方，一切遵循武王之道，鳴呼！昭考之道深遠哉！然我行之未有止息，尙望助我成就之，否則繼之我仍將鬆弛而不振也。」（語見余培林：《詩經正詁》下冊，頁571。）

〔註279〕「多難」，王質：「管蔡之變，武庚之變，淮夷徐奄之變，所謂多難也。」（語見王質：《詩總聞》，卷十九，頁285。）

〔註280〕陳子展：《詩三百解題》，（上海：復旦大學出版社，2001年10月），頁1187。

〔註281〕鄭玄：《毛詩鄭箋》，頁156。

〔註282〕孔穎達：《毛詩正義》，頁1348。

〔註283〕「命不易哉」，余培林：「不易，《左傳•僖公二十二年》引此詩，杜注：『奉承其命甚難也。』是不易者，難也」（語見余培林：《詩經正詁》下冊，頁573。）

我，承擔起這個重責大任，並指示我成顯德之道。由詩文之中可見成王終日戒慎恐懼，深怕做不好，而無法延續周室之大業，這種重責大任，需群臣們警惕自己，更需隨時惕勵自己，顯現成王求好心切。

而在〈周頌・小毖〉篇中更是自警自勉，其詩云：「予其懲，而毖後患。莫予荓蜂，自求辛螫。肇允彼桃蟲，拚飛維鳥。未堪家多難，予又集于蓼。」《詩序》：「〈小毖〉，嗣王求助也。」〔註284〕余培林《詩經正詁》則駁《序》曰：「詩無求助之文，亦無求助之意，《序》說未得。」〔註285〕《鄭箋》則認為所謂求助是求助於忠臣，鄭氏曰：「毖，慎也。天下之事當慎其小，小時不慎，後為禍大。故成王求忠臣早輔助己為政，以救患難。」〔註286〕而《孔疏》則進一步闡釋說：「〈小毖〉詩者，嗣王求助之樂歌也。謂周公歸政之後，成王初始嗣位，因祭在廟，而求群臣助己，詩人述其事而作此歌焉。」〔註287〕但方玉潤《詩經原始》則曰：「此詩名雖〈小毖〉，意實大戒，蓋深自懲也。」〔註288〕觀其詩文，實無求助之意，故方氏可謂得其詩義矣。是以，〈周頌・小毖〉一詩，乃是周王祭於祖廟而自警之詩，〔註289〕後世亦將「懲前毖後」以形容吸取以前的教訓，小心謹慎，不再犯類似錯誤之意。而此詩一開頭即言「予其懲，而毖後患」，是成王自警自戒之詞，希望自己要以前事為戒，而慎防後患，〔註290〕因為不會有人為招致蜂來，而是自己找來辛辣之毒刺，所以，千萬不可咎由自取。〔註291〕桃蟲剛出生是很小隻的鳥，但最後還是會成為大鳥，在天空翻飛，而今我的處境比桃蟲還艱辛，之前遭遇骨肉相殘的管蔡之變，又有淮夷徐奄等外患的叛變，真是國家多難之秋，所以現在更要自警自勉，將來才能像長大的桃蟲一樣，在天空自在地翻飛。〔註292〕可見成王懂得居安思危，有危機意識，更有鴻鵠大志，並不以現況為滿足，渴望有一番作為。

是以，在〈周頌・烈文〉篇中則期望自己，並希望諸侯公卿要一起來推

〔註284〕鄭玄：《毛詩鄭箋》，頁157。
〔註285〕余培林：《詩經正詁》下冊，頁577。
〔註286〕鄭玄：《毛詩鄭箋》，頁157。
〔註287〕孔穎達：《毛詩正義》，頁1350。
〔註288〕方玉潤：《詩經原始》，頁1313。
〔註289〕余培林：《詩經正詁》下冊，頁577。
〔註290〕余培林：《詩經正詁》下冊，頁576。
〔註291〕余培林：《詩經正詁》下冊，頁576。
〔註292〕屈萬里：「始者信為鷦鷯小鳥耳，然及其拚然而飛，則為大鳥（變為鵰）：意謂終可由小而成大也。此自喻之辭。」（語見屈萬里：《詩經詮釋》，頁587。）

崇周室功業及廣厚其文德，使周室之業得以延續。其詩曰：「烈文辟公，錫茲祉福，惠我無疆，子孫保之。無封靡于爾邦，維王其崇之；念茲戎功，繼序其皇之。無競維人，四方其訓之；不顯維德，百辟其刑之。於乎！前王不忘。」《詩序》：「〈烈文〉，成王即政，諸侯助祭也。」〔註293〕《鄭箋》：「新王即政，必以朝享之禮祭於祖考，告嗣位也。」〔註294〕《孔疏》：

> 〈烈文〉詩者，成王即政，諸侯助祭之樂歌也。謂周公居攝七年，致政成王，成王乃以明年歲首，即此爲君之政，於是用朝享之禮祭於祖考，有諸侯助王之祭。既祭，因而戒之。詩人述其戒辭，而爲此歌焉。〔註295〕

屈萬里《詩經詮釋》云：「此蓋祭周先公之詩，因以戒時王也。」〔註296〕而余培林《詩經正詁》則認爲屈氏之說甚是：「惟竊意以爲不僅祭先公，先王亦在其中，此所以言『前王不忘』也；非僅戒時王，亦以戒諸侯公卿，此所以言『四方其訓』、『百辟其刑』也。」〔註297〕余氏論說甚是。成王即政，以朝享之禮祭先公、先王，諸侯助祭，以頌美先公、先王之德，並藉此告戒成王及諸侯公卿。是以，〈周頌‧烈文〉一詩，「烈文辟公，錫茲祉福，惠我無疆，子孫保之」開頭，頌美先公、先王既有功業又有文德，〔註298〕先公、先王賜福給我後人，這個福祉惠及我周室無窮無盡，所以，身爲子孫的我們要好好地保有這個功業及文德，千萬不可在您們的邦國之中，固滯拘束無所作爲，〔註299〕因爲成王認爲應該要好好地推崇周室功業並廣厚其文德。思及祖先們的這些偉大的功業及文德，就應該好好地延續並發揚光大，他們的德業沒有人可以與之比強，要使四方之民都順服，使其文德更加丕顯，所以，所有的諸侯公卿們也要好好地效法先公、先王之德，啊！先公、先王們的功業及文德，作爲子孫的我們千萬不可忘記！

而〈周頌‧昊天有成命〉篇中則更是呈現成王戒慎恐懼，夙夜匪懈，自我勉勵，希望發揚文、武之業的雄心壯志，其詩曰：「昊天有成命，二后受之。

〔註293〕鄭玄：《毛詩鄭箋》，頁151。
〔註294〕鄭玄：《毛詩鄭箋》，頁151。
〔註295〕孔穎達：《毛詩正義》，頁1289。
〔註296〕屈萬里：《詩經詮釋》，頁559。
〔註297〕余培林：《詩經正詁》下冊，頁524。
〔註298〕「烈文」，馬瑞辰《毛詩傳箋通釋》云：「烈文二字平列，烈言其功，文言其德也。」（語見馬瑞辰：《毛詩傳箋通釋》，頁326。）
〔註299〕余培林：《詩經正詁》下冊，頁523。

成王不敢康，夙夜基命宥密。於緝熙，單厥心，肆其靖之。」《詩序》：「〈昊天有成命〉，郊祀天地也。」〔註300〕《孔疏》：

> 〈昊天有成命〉詩者，郊祀天地之樂歌也。謂於南郊祀所感之天神，於北郊祭神州之地祇也。天地神祇佑助周室，文、武受其靈命，王有天下，詩人見其郊祀，思此二王能受天之命，勤行道德，故述之而爲此歌焉。〔註301〕

余培林《詩經正詁》則駁《序》曰：「此詩僅首句言天，而詩之首句言天者極多，〈周頌〉即有〈維天之命〉，何以獨以此詩爲郊祀天地？《序》說無據不可從。」〔註302〕孔穎達認爲此詩是歌頌文、武之德，而朱熹《詩經集註》則引《國語》謂：「此詩多道成王之德，疑祀成王之詩也。……，《國語》叔向引此詩而言曰：『是道成王之德也。成王能明文昭、定武烈者也。』以此證之，則其爲祀成王詩無疑矣。」〔註303〕余培林贊成其說，並引歐陽修《詩本義》及賈誼《新書‧禮容語下》曰：

> 此詩作詩之年代，歐陽修已言之矣。其《詩本義》曰：「成王者，成王也。猶文王之爲文王，武王之爲武王也。然則〈昊天有成命〉，當是康王以後詩。」……，「二后受之」一語，並非重要，只是將此「成命」過渡至成王，以示成王亦承天命也。賈誼《新書‧禮容語下》曰：「文王有大德，而功未就；武王有大功，而治未成。及成王承嗣，仁以臨民，故稱昊天焉。」可謂深得其旨矣。〔註304〕

是以，〈周頌‧昊天有成命〉一詩，即言上天早已有定而不改易之命，〔註305〕文、武二王，受此天命，而成王並不敢因此而稍有安逸之心，夙夜敬勤其始受之命，而又謹慎。〔註306〕啊！多麼光大昌明啊！成王竭盡心力就是想要保有此天命。可見成王自承受天命，即戒愼恐懼，夙夜匪懈，自我勉勵，以文、武二王之文德及功業爲治國之典範，一定要盡其所能加以發揚光大，並延續此得來不易之天命而勿失。所以，〈周頌‧昊天有成命〉一詩，即頌美成王能

〔註300〕鄭玄：《毛詩鄭箋》，頁152。
〔註301〕孔穎達：《毛詩正義》，頁1297。
〔註302〕余培林：《詩經正詁》下冊，頁529。
〔註303〕朱熹：《詩經集註》，頁176～177。
〔註304〕余培林：《詩經正詁》下冊，頁529。
〔註305〕余培林：《詩經正詁》下冊，頁528。
〔註306〕「夙夜基命宥密」，屈萬里：「言夙夜敬勤其始受之命，而又謹慎也。」（語見屈萬里：《詩經詮釋》，頁561。）

成就文武之德。

3. 政和年豐，澤及四海，終成太平盛世

而成王之德，表現在敬天、法祖、用賢、安民等方面，使得政通人和，〈大雅・假樂〉一詩曰：

> 假樂君子，顯顯令德。宜民宜人，受祿于天。保右命之，自天申之。
> （一章）
>
> 干祿百福，子孫千億。穆穆皇皇，宜君宜王。不愆不忘，率由舊章。
> （二章）
>
> 威儀抑抑，德音秩秩。無怨無惡，率由群匹。受福無疆，四方之綱。
> （三章）
>
> 之綱之紀，燕及朋友。百辟卿士，媚于天子。不解于位，民之攸墍。
> （四章）

《詩序》：「〈假樂〉，嘉成王也。」〔註307〕孔穎達進一步說明：「經之所云，皆是嘉也。……，以其能守成功故於此嘉美之也。」〔註308〕朱熹《詩經集註》則曰：「疑此公尸之所以答〈鳧鷖〉。」姚際恆則斥其為：「武斷」。〔註309〕朱守亮：「此祝頌周王，規戒百辟卿士之詩。」〔註310〕陳子展：「是頌美王者之詩。不知道詩人為誰？為何王而作？但知為王與羣臣相宴樂而作。」〔註311〕觀其詩文，頌美君王是也。但詩中並無戒意，亦未提及宴飲相關之事。故當以《序》說為長，是美成王之詩。

〈大雅・假樂〉一詩，全詩四章，首章即言成王有令德，故能受命於天，而宜民宜人。二章則言其能守成，不犯錯，遵祖訓，故能子孫千億，且能宜君宜王。三章述其有威儀，說話得體，用賢尊賢，聽從民意，故能成為四方之綱。末章言成王治理有方，能安定民心，故能受群臣愛戴，諸侯們也盡忠職守，不敢懈怠，使人民能安居樂業，有所歸宿。余培林謂：「四章分言敬天、法祖、用賢、安民，而四者之本即在令德，故於篇首即將此旨揭出。」〔註312〕

〔註307〕鄭玄：《毛詩鄭箋》，頁130。

〔註308〕孔穎達：《毛詩正義》，頁1106。

〔註309〕姚際恆：《詩經通論》，頁286。

〔註310〕朱守亮：《詩經評釋》，（台北：台灣學生書局，1994年9月），頁769。

〔註311〕陳子展：《詩三百解題》，頁991。

〔註312〕余培林：《詩經正詁》下冊，頁396。

　　是以，〈大雅·假樂〉一詩，所呈現的成王形象是個昭明有美德的國君，能使人民安居，能夠治理好人民，〔註313〕故能獲得上天給予的福祿，受到天的保佑並承受上天之命，〔註314〕受到上天的反覆眷顧。〔註315〕又是個能守成，不犯錯，能遵從自太王、王季、文王、武王以來所制定規章制度的好國君，所以，能獲得百福，子孫千億。成王又是個有威儀，言語有序，〔註316〕因為能順從群眾之望，所以臣民無怨惡王者，〔註317〕這樣合禮又合度的行為又加上治國有方，所以，能獲得百福，成王實可作為諸侯們的典範。一位人君可以成為天下之綱紀，則臣下便能安居樂業，〔註318〕因此成王能受到所有的諸侯的愛戴，〔註319〕而諸侯們也能兢兢業業，盡忠職守，不敢懈怠，要使人民能夠安居樂業。〔註320〕是故，〈大雅·假樂〉一詩中的成王是個有美德的國君形象，而其美德分別表現在能敬天、法祖、用賢、安民等方面，是個言語有度，威儀美盛，受到群臣愛戴的好國君，所以，成王之世呈現出臣民和睦，政治清明的盛況。

　　而〈大雅·卷阿〉一詩，所營造的則是周王朝和諧融洽，歡樂大團結的氣氛，其詩曰：

　　　　有卷者阿，飄風自南。豈弟君子，來游來歌，以矢其音。（一章）

〔註313〕「宜民宜人」，《毛傳》：「宜安民，宜官人也。」（語見鄭玄：《毛詩鄭箋》，頁130。）

〔註314〕「保右命之」，右，《毛傳》：「助也。」（語見鄭玄：《毛詩鄭箋》，頁130。）「保右命之」，言成王受天的保佑又承受上天之命。

〔註315〕「自天申之」，申，《毛傳》：「重也。」（語見鄭玄：《毛詩鄭箋》，頁130。）言受到上天反覆眷顧。

〔註316〕「德音秩秩」，余培林謂：「言語有序也。」（語見余培林：《詩經正詁》下冊，頁394。）

〔註317〕「無怨無惡，率由群匹」，二語言臣民無怨惡王者，以王能順從群眾之望也。（語見屈萬里：《詩經詮釋》，頁495。）

〔註318〕「之綱之紀，燕及朋友」，言人君為天下之綱紀，則臣下賴之以安也。（語見余培林：《詩經正詁》下冊，頁395。）

〔註319〕「百辟卿士，媚于天子」，「百辟」，余培林引呂東萊《詩記》：「《詩記》：『董氏曰：百辟，諸侯也。』」（語見余培林：《詩經正詁》下冊，頁395。）「媚」，《鄭箋》：「愛也。」（語見鄭玄：《毛詩鄭箋》，頁131。）按「百辟卿士，媚于天子」，言君子受到所有的諸侯的愛戴是也。

〔註320〕「不解于位，民之攸墍」，「解」，朱熹《詩經集註》：「惰也。」（語見朱熹《詩經集註》，頁153。）「墍」，余培林：「《傳》：『息也。』息，安也。」（語見余培林：《詩經正詁》下冊，頁395。）

伴奐爾游矣，優游爾休矣。豈弟君子，俾爾彌爾性，似先公酋矣。
（二章）

爾土宇昄章，亦孔之厚矣。豈弟君子，俾爾彌爾性，百神爾主矣。
（三章）

爾受命長矣，茀祿爾康矣。豈弟君子，俾爾彌爾性，純嘏爾常矣。
（四章）

有馮有翼，有孝有德。以引以翼。豈弟君子，四方爲則。（五章）

顒顒卬卬，如圭如璋，令聞令望。豈弟君子，四方爲綱。（六章）

鳳凰于飛，翽翽其羽，亦集爰止。藹藹王多吉士，維君子使，媚于
天子。（七章）

鳳凰于飛，翽翽其羽，亦傅于天。藹藹王多吉人，維君子命，媚于
庶人。（八章）

鳳凰鳴矣，于彼高岡。梧桐生矣，于彼朝陽。菶菶萋萋，雝雝喈喈。
（九章）

君子之車，既庶且多。君子之馬，既閑且馳。矢詩不多，維以遂歌。
（十章）

《詩序》：「〈卷阿〉，召康公戒成王也，言求賢用吉士也。」〔註321〕屈萬里認
爲：「此詩蓋頌美來朝之諸侯也。」〔註322〕朱守亮則以爲：「此臣從王遊，作
歌獻於王，以爲頌美之詩。」〔註323〕屈、朱二人皆認爲〈卷阿〉是頌美之詩，
然所稱頌美的對象卻有所不同，屈氏以爲是來朝之諸侯，而朱氏則認爲是君
王。余培林則據詩中的內容而駁《序》曰：「考詩中二章曰『豈弟君子，似先
公酋矣。』七章曰：『藹藹王多吉士，維君子使，媚于天子。』八章曰：『藹
藹王多吉人，維君子命，媚于庶人。』則此君子並非天子，至爲顯明，無待
多言。故《序》說不可從」。「此詩乃頌美來朝之諸侯（即『來游來歌』之諸
侯），其作者當是來游諸侯之一，觀乎《竹書》所記，或是召康公所作也。」
〔註324〕是否爲召康公所作不可知，作者是否爲來游諸侯之一，亦不可知，然

〔註321〕鄭玄：《毛詩鄭箋》，頁132。
〔註322〕屈萬里：《詩經詮釋》，頁501。
〔註323〕朱守亮：《詩經評釋》，頁779。
〔註324〕余培林：《詩經正詁》下冊，頁411。

觀詩文，當是頌美之詩無誤。高亨《詩經今注》認為：

> 這首詩疑本是兩首詩。前六章爲一篇，篇名〈卷阿〉，是作者爲諸侯
> 頌德祝福之詩；後四章爲一篇，篇名〈鳳凰〉，是作者因鳳凰出現，
> 因而歌頌群臣擁護周王，有似百鳥朝鳳。前六章所歌頌的君子是諸
> 侯；後四章所歌頌的君子是周王，便是明證。〔註325〕

但此詩中提到「豈弟君子，四方爲綱」，在〈假樂〉詩中也有「受福無疆，四方之綱」之句。而〈假樂〉詩中所謂的君子是指成王，若依此，〈卷阿〉詩中前六章的君子也當指天子，〔註326〕也就是成王。又三章言「豈弟君子，俾爾彌爾性，似先公酋矣」，四章言「豈弟君子，俾爾彌爾性，百神爾主矣」，詩中言能繼續祖先的謀酋，能成爲主祭百神之主，都是君子爲天子之明證。而詩七章言「藹藹王多吉士，維君子使，媚于天子」，八章言「藹藹王多吉人，維君子命，媚于庶人」，其中之君子當爲諸侯。是故〈大雅・卷阿〉一詩，詩共十章，二到六章頌美天子，七、八章則是頌美諸侯矣。

〈大雅・卷阿〉一詩，分十章，首章總起遊卷阿之樂；二章至六章，從各方面讚美君子（天子）美好的品德；七章、八章，讚頌君子（諸侯）之臣子人才濟濟；九章、十章描述在遊宴歡樂的氛圍下，車馬眾多，羣賢陳詩，營造了周王朝大團結的氣氛，也暗示統治者能繼續鞏固政權、維持政權。詩中雖分讚天子與來朝諸侯，但卻能首尾呼應，合成一氣。

是以，〈大雅・卷阿〉一詩，一開始即對成王和羣臣遊樂之地作環境描寫，在曲折蜿蜒的岡陵，吹來一陣迅猛狂暴的旋風，這時成王正和群臣們輕輕鬆鬆地出遊，臣子們陳詩獻歌，呈現一片和諧融洽又歡樂的氣氛。成王從容悠閑、輕鬆自在地出遊，〔註327〕群臣們希望周王能長命百歲，〔註328〕因爲成王能繼

〔註325〕高亨：《詩經今注》，（台北：漢京文化事業有限公司，1984年2月），頁418。

〔註326〕何楷亦認爲：「篇中如『四方爲則』、『四方爲綱』，明是贊天子之語，豈人臣所敢當，且通篇惟贊美賢臣，亦非廣歌王前之體。」（語見何楷：《詩經世本古義》，《文津閣四庫全書・詩經世本古義》經部・詩類27，（北京：商務印書館，2005年），496頁。）

〔註327〕「伴奐爾游矣，優游爾休矣」，屈萬里：「『伴奐』，當與〈周頌・訪落〉之『判渙』同義，蓋閑適之意。」「『優游』，閑暇自得也。」（語見屈萬里：《詩經詮釋》，頁501～502。）

〔註328〕「俾爾彌爾性」，余培林：「王國維〈與友人論詩書中成語書〉：『彌性，即彌生，猶言永命也。』《詩經詮釋》：『此祝其長壽也。』按彌，久也。性，生也。彌性，即長生、久生之意。」（語見余培林：《詩經正詁》下冊，頁407。）

承祖先之謀猷。〔註329〕他使周王朝的國土擴大，〔註330〕物產更富饒，所以這樣一位和樂的君子，可以長命百歲。當他主祭時，神明都願意受饗，〔註331〕表示他能得到神明的降福。成王能夠承受天命，享受福祿康寧，這樣一位和樂的君子，可以長命百歲，常享大福。成王的言行舉止可以被天下奉爲準則，是因爲他有守孝道、有美德的賢士們來輔佐。〔註332〕成王所表現出來是種溫和的態度，及高昂的志氣，〔註333〕有像玉般純潔的美德，人們所聽到有關他的傳聞都是好的，看到他的舉止都認爲他具有威儀。所以，他有很好的聲望，及威望。這樣一位和樂的君子，他的言行舉止當然可以被天下人奉爲典範。所以，詩中成王的形象是個能承先祖，受天命，有溫和的態度，高昂的志氣，有聲望，有威望的和樂君子。

所以，周室在成王的統治之下，就連百姓也過著豐年太平的日子，《詩經·周頌》中有多首盛讚成王太平之世豐收的詩歌，例如：〈周頌·載芟〉一詩，即言成王之世，耕作之勤，收穫之豐，祭祀之誠，及其祈豐年之詞。其詩曰：

> 載芟載柞，其耕澤澤。千耦其耘，徂隰徂畛。侯主侯伯，侯亞侯旅，
> 侯彊侯以。有嗿其饁，思媚其婦，有依其士。有略其耜，俶載南畝，
> 播厥百穀，實函斯活。驛驛其達，有厭其傑，厭厭其苗，綿綿其麃。
> 載穫濟濟，有實其積，萬億及秭。爲酒爲醴，烝畀祖妣，以洽百禮。
> 有飶其香，邦家之光。有椒其馨，胡考之寧。匪且有且，匪今斯今，
> 振古如茲。

而〈周頌·噫嘻〉一詩，則是成王祭祀上帝，行籍田之禮，其詩曰：「噫嘻成

〔註329〕「似先公酋矣」，余培林：「似，《傳》：『嗣也。』酋，《詩經今注》：『酋，讀爲猷，謀也。』句言爾繼續爾先公之謀猷也。」（語見余培林：《詩經正詁》下冊，頁408。）
〔註330〕「爾土宇昄章」，余培林：「宇之本義爲屋邊，引申國之邊境亦曰宇。土宇，陳奐《傳疏》：『猶言封畿也。』即國之疆土也。昄，《傳》：『大也。』章，蘇轍《詩集傳》：『著也。』句言爾之國土廣大而彰顯。」（語見余培林：《詩經正詁》下冊，頁408。）
〔註331〕「百神爾主矣」，陳奐：「《孟子·萬章》云：『使之主祭，而百神饗之。』所謂百神爾主也。」（語見陳奐：《詩毛氏傳疏》，（台北：臺灣學生書局，1967年），頁734。）
〔註332〕「以引以翼」，余培林：「言有德之賢者在前導之，或在旁輔之也。」（語見余培林：《詩經正詁》下冊，頁409。）
〔註333〕「顒顒卬卬」，屈萬里：「顒顒，溫和貌。卬卬，志氣高朗貌。」（語見屈萬里：《詩經詮釋》，頁502。）

王，既昭假爾。率時農夫，播厥百穀。駿發爾私，終三十里。亦服爾耕，十千維耦。」《詩序》：「〈噫嘻〉，春夏祈穀于上帝也。」〔註334〕《鄭箋》：「祈猶禱也，求也，月令，孟春祈穀于上帝，夏則龍見而雩，是與。」〔註335〕而所謂籍田之禮，據《禮記‧月令》篇云：

> 孟春之月，……。是月也，天子乃以元日祈穀于上帝，乃擇元辰，
> 天子親載耒耜，措之于參保介之御間，帥三公九卿、諸侯、大夫、
> 躬耕帝藉。天子三推，三公五推，卿大夫諸侯九推。反，執爵于大
> 寢，三公、九卿、諸侯、大夫皆御，命曰勞酒。〔註336〕

天子於孟春之時，祈穀於上帝，並率三公、九卿、諸侯、大夫等躬耕帝藉，後反太廟，燕饗群臣。是以，〈周頌‧噫嘻〉一詩是成王祭祀上帝，上帝昭然降臨，這時農夫播厥百穀，先墾耕私田，再耕公田，萬人同心同力，顯見成王重視耕稼，亦見君愛民之情。而〈周頌‧豐年〉篇更是形容豐年的狀況，其詩云：「豐年多黍多稌，亦有高廩，萬億及秭。為酒為醴，烝畀祖妣，以洽百禮。降福孔皆。」

在成王的經營及努力之下，諸侯再也不敢有造反之心，完全臣服於成王，並助祭於武王廟，〈周頌‧載見〉篇云：「載見辟王，曰求厥章。龍旂陽陽，和鈴央央，鞗革有鶬，休有烈光。率見昭考，以孝以享，以介眉壽。永言保之，思皇多祜。烈文辟公，綏以多福，俾緝熙于純嘏。」《詩序》云：「〈載見〉，諸侯始見乎武王廟。」〔註337〕《孔疏》云：「〈載見〉詩者，諸侯始見武王廟之樂歌也。謂周公居攝七年，而歸政成王。成王即政，諸侯來朝，於是率之以祭武王之廟，詩人述其事而為之歌焉。」〔註338〕余培林《詩經正詁》則認為「載見」不當訓為「始見」，蓋全詩「載」字，在句首者多訓為則，而鮮少訓為始者，故此詩當從朱熹之說訓載為則，此詩當為諸侯助祭於武王廟之詩。〔註339〕而當諸侯們見成王時，其車服禮儀之文章制度，都要遵守一切規矩，〔註340〕諸侯所建之旂，上面會有交龍，鮮明有文章；旂上之鈴，發出央央然

〔註334〕鄭玄：《毛詩鄭箋》，頁154。
〔註335〕鄭玄：《毛詩鄭箋》，頁154。
〔註336〕阮元校勘：《十三經注疏‧禮記》，卷三十七，頁279～287。
〔註337〕鄭玄：《毛詩鄭箋》，頁155。
〔註338〕孔穎達：《毛詩正義》，頁1336～1337。
〔註339〕余培林：《詩經正詁》下冊，頁560。
〔註340〕「曰求厥章」，余培林：「求厥章，謂求其車服禮儀之文章制度，以為循守之規也。」（語見余培林：《詩經正詁》下冊，頁558。）

的和聲；馬轡上也發出鸞然的聲音，真是美盛啊！顯見此時的周室已建立禮儀制度，詩中藉由諸侯進見成王時車馬之盛，行進有節，亦可想見成王之威儀，是一國之君的模樣，而此時的諸侯再也不敢有造反之心，完全臣服於成王。故當成王率諸侯，祭武王之廟之時，致其孝心，獻其祭禮，以祈求周室永保此福壽。而周之先公，亦安我以多福，使與祭者皆能持續光大於此福祉而不絕也。〔註341〕

此外，連二王之後，亦受成王德澤，前來助祭，〈周頌·振鷺〉篇云：「振鷺于飛，于彼西雝。我客戾止，亦有斯容。在彼無惡，在此無斁。庶幾夙夜，以永終譽。」《詩序》云：「〈振鷺〉，二王之後來助祭也。」〔註342〕《鄭箋》：「二王，夏殷也，其後，杞也，宋也。」〔註343〕而李樗於《毛詩集解》中釋之曰：

> 二王之後，夏商之後，杞也，宋也。武王伐紂，封武庚於紂之故都，以奉成湯之祀，又求禹之後，得東樓公封之於杞，以奉夏后氏之祀；其後武庚既叛，成王復立帝乙之元子，紂之庶兄微子於宋，以奉成湯之祀。《書》曰：「成王既黜殷命，殺武庚，命微子啟，作〈微子之命〉是也。」《禮記》曰：「武王伐紂，既下車，封夏后氏之後於杞，封殷氏之後於宋。」封宋乃成王之時，非武王之時也，《禮記》之言失之矣，當以《書》為證。古之王者，所以必立二王之後者，以其先代之祖，肇造區夏，奄甸百姓，非一朝一夕之故，雖後世子孫不克負荷，然盛德必百世祀，不可以絕其祀，故擇其賢者以繼其後。……此詩特言二王之後，比他諸侯其禮有加焉，《左傳》曰：宋天子之後也，於周為客，天子有事膰焉，有喪拜焉，其禮不得不加於他諸侯，則其待之，不得不如是，故特為此詩也。〔註344〕

成王立二王之後，擇賢以繼之，使勿絕祀，除了有安先朝遺民之功外，亦可見成王敬天之德，保民之仁。所以，在〈周頌·振鷺〉一詩中，呈現在成王之時，有二王之後來助祭，在西雝舉行舞蹈，有舞者振動鷺羽，上下舞動著，為的是有二王之後，要來助祭，所以，禮儀具備，不管是在西雝或在舉行祭

〔註341〕余培林：《詩經正詁》下冊，頁 559～560。
〔註342〕鄭玄：《毛詩鄭箋》，頁 154。
〔註343〕鄭玄：《毛詩鄭箋》，頁 154。
〔註344〕李樗·黃櫄：《毛詩集解》，《文津閣四庫全書·毛詩集解》經部詩類 24，（北京：商務印書館，2005 年），卷三十八，頁 24。

祀宴享之宗廟，大家都很悅樂，〔註345〕並希望大家都能一直保持著盛樂的狀態。〔註346〕足見成王之德澤及二王之後，並不只限其周室之民。而《詩經・小雅・蓼蕭》一詩，則是讚美成王澤及四海，其詩曰：

> 蓼彼蕭斯，零露湑兮。既見君子，我心寫兮。燕笑語兮，是以有譽處兮。（一章）

> 蓼彼蕭斯，零露瀼瀼。既見君子，爲龍爲光。其德不爽，壽考不忘。（二章）

> 蓼彼蕭斯，零露泥泥。既見君子，孔燕豈弟。宜兄宜弟，令德壽豈。（三章）

> 蓼彼蕭斯，零露濃濃。既見君子，鞗革忡忡。和鸞雝雝，萬福攸同。（四章）

《詩序》：「〈蓼蕭〉，澤及四海也。」〔註347〕孔穎達進一步闡述：「作者以四海諸侯朝王而得燕慶，故本在其國蒙澤，說其朝見光寵。」〔註348〕朱熹《詩經集註》則曰：「諸侯朝於天子，天子與之燕，以示慈惠，故歌此詩。」〔註349〕但余培林則認爲：「以天子所作以美諸侯，衡之『爲龍爲光』諸語，似有未合；且凡《詩》言『未見君子』、『既見君子』，『我心』如何，其『君子』身分，皆較『我』（作者）爲高，依朱子之說，適得其反。」〔註350〕余氏所言甚是。是故，〈蓼蕭〉應是諸侯朝天子，而頌美天子之詩。所指當是成王。按陳啓源《毛詩稽古編》云：「周之王業，雖成於文武，然興禮樂，致太平，實在周公輔成王時。嘗讀戴記〈明堂位〉、《周書・王會解》二篇，想見華夷一統之盛也。」〔註351〕

是以，〈小雅・蓼蕭〉一詩，全詩四章，每章首二句蓼蕭被露起興，以象徵率土王臣，廣蒙王澤。〔註352〕第三句「既見君子」以下，除了首章的「我心寫兮」是描寫諸侯的個人感受之外，其他皆是描繪成王之言。一章言成王

〔註345〕余培林：《詩經正詁》下冊，頁547。

〔註346〕余培林：《詩經正詁》下冊，頁547。

〔註347〕鄭玄：《毛詩鄭箋》，頁73。

〔註348〕孔穎達：《毛詩正義》，頁617。

〔註349〕朱熹：《詩經集註》，頁88。

〔註350〕余培林：《詩經正詁》下冊，頁57。

〔註351〕陳啓源：《毛詩稽古編》，頁395。

〔註352〕余培林：《詩經正詁》下冊，頁57。

安樂笑語之狀。二章讚成王品德完美無差忒。〔註353〕三章言成王安樂和易，善待兄弟。〔註354〕末章則以車馬之盛襯托其德之美。

〈小雅‧蓼蕭〉一詩所呈現的成王是個有美德，澤被四海的好國君形象。而其美德，詩人先從其談吐描繪起，成王言談之間，流露出落落大方，和藹可親的樣子，和他相處非常自在舒暢，〔註355〕所以，此次的朝見氣氛很好，大家都很愉樂。〔註356〕成王還加恩寵加光榮給諸侯，〔註357〕成王之德無有差忒，所以能享有長壽。成王常保持著快樂又和易的心情及態度，又能善待其兄弟，不猜忌，有這麼好美德的人一定可以享有長壽。除了從談吐、涵養來呈現成王的美德之外，還從成王車馬之盛來襯托。成王所乘之車馬，馬行時，鑾頭上的裝飾會發出鏘鏘的聲音，〔註358〕還有車上的鈴聲也是一直響個不停，這麼一個威儀有節的君子，上天一定會給予萬福的。顯見成王澤及四海，受民擁戴。

綜上所述可知：成王雖初疑周公，不欲迎之，但誤會冰釋後，就虛心受教，且成王認知天命之不易，敬天法祖，欲繼緒文武之業，故夙夜匪懈，黽勉政事，恭敬戒慎，重視稼穡，祭祀合禮，威儀合度，諸侯臣民悅服，澤及四海，所以，成王之世，呈現政和年豐之氣象，也成就了中國歷史上的第一個治世。

〔註353〕「其德不爽」，余培林：「爽，《毛傳》：『差也。』句言其德無有差忒。」（語見余培林：《詩經正詁》下冊，頁54。）

〔註354〕「宜兄宜弟」，余培林：「宜兄宜弟，猶言宜其兄弟也。……，《集傳》曰：『宜兄宜弟，猶曰宜其家人。蓋諸侯繼世而立，多疑忌其兄弟，如晉詛無畜群公子，秦鍼懼選之類。故以宜兄宜弟美之。』」（語見余培林：《詩經正詁》下冊，頁55。）

〔註355〕「我心寫兮」，余培林：「此『寫』字即〈邶風‧泉水〉『以寫我憂』之寫，清除舒洩之意。今猶稱消遙舒適曰寫意。我心寫兮，即我心舒暢也。」（語見余培林：《詩經正詁》下冊，頁54。）

〔註356〕「是以有譽處兮」，余培林：「譽，蘇轍《詩集傳》：『譽、豫通。凡《詩》』之譽皆言樂也。處，《集傳》：『安樂也。』按譽處義近，猶愉樂也。」（語見余培林：《詩經正詁》下冊，頁54。）

〔註357〕「爲龍爲光」，余培林：「《毛傳》：『龍，寵也。』句言君子加恩寵加光榮於我也。」（語見余培林：《詩經正詁》下冊，頁54。）

〔註358〕「鞗革忡忡」，余培林：「邵瑛《說文解字群經正字》以爲鞗之正字當作鋚。《說文》：『鋚一曰轡首銅也。』革，《爾雅‧釋器》：『轡首謂之革。』《傳》同。忡忡，與《周頌‧載見》『鞗革有鶬』之有鶬義同，鞗革聲也。轡首爲近馬首部分，以金爲飾，馬行則鏘鏘有聲，故曰『鞗革忡忡』。此言君子之車飾也。」（語見余培林：《詩經正詁》下冊，頁55。）

（五）厲 王

1. 親近榮夷公，與民爭利

夷王崩，子厲王胡立。王好利，近榮夷公。大夫芮良夫曾因此諫厲王，《國語》、《史記》皆載此事，《國語·周語》云：

> 厲王說榮夷公，芮良夫曰：「王室其將卑乎！夫榮公好專利而不知大難。夫利，百物之所生也，天地之所載地，而或專之，其害多矣。天地百物，皆將取焉，胡可專也？所怒甚多，而不備大難，是以教王，王能久乎？夫王人者，將導利而布之上下者也，使神人百物無不得其極，猶日怵惕，懼怨之來也。故〈頌〉曰：『思文后稷，克配彼天，立我蒸（烝）民，莫匪爾極。』〈大雅〉曰：『陳錫載周』是不布利而懼難乎？故能載周，以至于今。今王學專利，其可乎？匹夫專利，猶謂之盜，王而行之，其歸鮮矣。榮公若用，周必敗。」
> 既，榮公為卿士，諸侯不享，王流於彘。〔註359〕

芮良夫諫王不該與民爭利，否則民怨四起，大難將至。並教以王者之道，要由上而下，神人百物皆蒙其利，還要戰戰兢兢，深怕做不好，而遭致民怨。為政者要做的是為民謀利，施恩澤給人民，如此天命才能維持長久。一般人壟斷專利，叫做盜取人民財物，如果做為一位君王，也與民爭利，那麼臣服於周者，必越來越少，所以，王若用榮夷公，周邦必敗。但厲王不聽，仍用榮夷公，結果諸侯不朝，最後厲王流亡於彘。而《逸周書·芮良夫解》亦云：

> 厲王失道，芮伯陳誥作芮良夫。芮伯若曰：予小子良夫，稽首謹告，天子惟民父母，致厥道，無遠不服，無道，左右臣妾乃違，民歸于德，德則民戴，否德民讎，茲言允效，于前不遠，商紂不改夏桀之虐，肆我有周有家，嗚呼！惟爾天子嗣文武業，惟爾執政小子，同先王之臣，昏行同顧，道王不若，專利作威，佐亂進禍，民將弗堪。〔註360〕

芮良夫諫厲王曰：天子是人民的父母，以德服人，則無遠不服，而歸之者眾，否則將與民為讎，殷鑑不遠，當引以為戒。而今周得以執政，當嗣文武之業，不該昏庸，君不像君，聚斂財富，作威作福，禍害人民。但是厲王仍不聽，芮良夫更作詩以刺之，〔註361〕此《詩經·大雅·桑柔》篇有載，其詩一到八章曰：

〔註359〕左丘明撰，韋昭注：《國語》，卷一，周語上，頁12～13。
〔註360〕朱右曾：《逸周書集訓校釋》，卷九，頁221～222。
〔註361〕陳啟源《毛詩稽古編》曾考之《逸周書·芮良夫解》與〈大雅·桑柔〉詩義

菀彼桑柔，其下侯旬。捋采其劉，瘼此下民。不殄心憂，倉兄填兮。
俾彼昊天，寧不我矜。（一章）

四牡騤騤，旟旐有翩。亂生不夷，靡國不泯。民靡有黎，具禍以燼。
於乎有哀，國步斯頻。（二章）

國步蔑資，天不我將。靡所止疑，云徂何往。君子實維，秉心無競。
誰生厲階，至今爲梗。（三章）

憂心慇慇，念我土宇。我生不辰，逢天僤怒。自西徂東，靡所定處。
多我覯痻，孔棘我圉。（四章）

爲謀爲毖，亂況斯削。告爾憂恤，誨爾序爵。誰能執熱，逝不以濯。
其何能淑，載胥及溺。（五章）

如彼遡風，亦孔之僾。民有肅心，荓云不逮。好是稼穡，力民代食。
稼穡維寶，代食維好。（六章）

天降喪亂，滅我立王。降此蟊賊，稼穡卒痒。哀恫中國。具贅卒荒。
靡有旅力，以念穹蒼。（七章）

維此惠君，民人所瞻。秉心宣猶，考慎其相。維彼不順，自獨俾臧。
自有肺腸，俾民卒狂。（八章）

《詩序》：「〈桑柔〉，芮伯刺厲王也。」〔註362〕首章以「菀彼桑柔，其下侯旬」，言爲政者當爲民謀利，猶如茂盛的柔桑之普遍庇蔭老百姓，而今卻不然，蓋芮伯見厲王暴政虐民，使國傾危，百姓不得安養，芮伯憫而傷之。二章言征戰不息，禍亂不止，勞民傷財，民不聊生，芮伯憫國政之頻急。三章則言國運日蹙，連老天爺都不肯幫忙，老百姓們到處流亡，無安居之所，都是因爲執政者執意專利，才造成這些禍端。四章芮伯心繫國家安危，又自傷生不逢時，上天已盛怒，老百姓們到處流亡，無安居之所，而邊陲戰爭亦告急。五章芮伯勸戒厲王應有謀略，要更小心敬謹，或許災難會稍微減輕，要進用賢

合也，其云：「《周書·芮良夫解》，其言與〈桑柔〉詩往往相合，意芮伯先作解，以戒厲王及執政小子，戒之不從，又作詩以刺之乎！詩所謂告爾憂恤，誨爾序爵，誦言如醉，正目作解言也。解云：爾執政小子不圖善道，偷生苟安，爵以賄成。夫偷生苟安，則不知憂恤矣；爵以賄成，則不能序爵矣；亦既告之誨之，無奈其如醉何！故復著之於詩，冀其聞而改悟，忠臣憂國，惓惓無已，類如此。」（語見陳啓源：《毛詩稽古編》，頁448。）

〔註362〕鄭玄：《毛詩鄭箋》，頁139。

臣勿用小人，這樣才能拯救周邦之難，否則只能眼睜睜看著人民飽受災溺。六章以「如彼遡風，亦孔之僾」，言迎著風而立，當然會氣促難呼吸，而今「民有肅心，荓云不逮」，人民有心要向善，使生活過得更好，執政者當然要順勢而為，不可與民意相悖。可是厲王卻是「好是稼穡，力民代食」，與民爭利，讓人民活不下去。而今所有執政的措施都反其道而行，「稼穡維寶，代食維好」，聚斂財物，專利禍民。七章言老天爺都盛怒，將滅周邦，故降喪亂，降此蟊蟲賊害禾苗，稼穡都受害，使穀不生，果不熟，饑荒連年。芮伯看此狀況，也無能為力，只能望上天有好生之德，救救無辜的周民。因為上天降災，皆由虐政所致。八章言順道之君，為民所瞻仰，為人明智，審慎舉賢。只有不順道之君，用人不慎，剛愎自用，為所欲為，俾使人民迷惑不理智。

〈大雅・桑柔〉一詩中，刺厲王任用小人，與民爭利，天災人禍肆虐，人民流離失所，邊疆告急，厲王漠不關心，只知聚斂財物，剝損民力，以為己用，厲王因一「貪」字而禍國害民。王符《潛夫論・過利篇》云：「昔周厲王好專利，芮良夫諫而不入，退賦〈桑柔〉之詩以諷。言是大風也，必將有遂；是貪人也，必將敗其類。王又不悟，故遂流於彘。」〔註363〕而《左傳・文公元年》亦引詩證之曰：「秦伯曰：是孤之罪也。周芮良夫之詩曰：『大風有隧，貪人敗類，聽言則對，誦言如醉，匪用其良，覆俾我悖。』是貪故也，孤之謂矣。」〔註364〕《左傳》引詩證經，言貪人必敗，乃如厲王是也。

2. 暴虐無道，師心自用，手段兇殘，狂妄無知，拒不納諫的暴君形象

厲王無德，暴虐無道，任用強橫聚斂之臣，而不進用賢臣，狂妄無知，湛湎於酒，敗壞威儀，民怨四起，舉國沸騰，《詩經・大雅・蕩》篇中即借是周朝的天命思想，及假文王之言以刺厲王，其詩言：

> 蕩蕩上帝，下民之辟。疾威上帝，其命多辟。天生烝民，其命匪諶。靡不有初，鮮克有終。（一章）

> 文王曰：「咨！咨汝殷商。曾是彊禦，曾是掊克；曾是在位，曾是在服。天降滔德，女興是力。」（二章）

> 文王曰：「咨！咨女殷商。而秉義類，彊禦多懟。流言以對，寇攘式內。侯作侯祝，靡屆靡究。」（三章）

〔註363〕王符：《潛夫論》，第一卷，頁30。

〔註364〕左丘明著，杜預集解，竹添光鴻會箋：《左傳會箋》，頁595。

文王曰：「咨！咨女殷商。女炰烋于中國，斂怨以爲德。不明爾德，時無背無側，爾德不明，以無陪無卿。」（四章）

文王曰：「咨！咨女殷商。天不湎爾以酒，不義從式。既愆爾止，靡明靡晦。式號式呼，俾晝作夜。」（五章）

文王曰：「咨！咨女殷商。如蜩如螗，如沸如羹。小大近喪，人尚乎由行。內奰于中國，覃及鬼方。」（六章）

文王曰：「咨！咨女殷商。匪上帝不時，殷不用舊。雖無老成人，尚有典型。曾是莫聽，大命以傾。」（七章）

文王曰：「咨！咨女殷商。人亦有言：『顛沛之揭，枝葉未有害，本實先撥。』殷鑒不遠，在夏后之世。」（八章）

《詩序》：「〈蕩〉，召穆公傷周室大壞也，厲王無道，天下蕩蕩，無綱紀文章，故作是詩也。」〔註365〕首章言偉大的上帝是人民的國君，而今卻暴虐多邪辟，其必有故。〔註366〕天生眾民，但天命是不可信賴的，因爲國運初始，無不隆盛，但很少人能夠有始有終，言下之意即天命靡常，厲王無德，使人民受災受難，無法延續天命。二章以下借文王之言以刺厲王，殷鑒不遠，應引以爲戒。二章言厲王使強橫聚斂之臣在位，態度倨慢不恭。〔註367〕三章言若厲王多用善類，則強橫之人多怨懟。但厲王卻聽信流言，使奸佞有機可趁，入內主事，詛咒將會無止盡。四章以「炰烋于中國，斂怨以爲德」，言厲王之暴怒及其無知，厲王作了許多可怨之事，竟自以爲德，這都是因爲厲王身邊沒有賢人良臣。五章言厲王無晝無夜，湛湎於酒，「式號式呼」，大聲咆哮，敗壞君王的威儀容止，還不知改過。六章以「如蜩如螗，如沸如羹」，言時人悲嘆之聲，如蜩螗之鳴；憂亂之心，如沸羹之熟，〔註368〕老少幾乎都憂傷，而厲王仍不改其行，不僅國內民怨沸騰，就連外患也蠢蠢欲動。七章言非上帝不善，是因厲王不嗣文武之業，不用舊有的典章制度，又不聽勸諫，足見禍由人生，國家因而將傾覆矣。末章則以「顛沛之揭，枝葉未有害，本實先撥」言根本斷絕，整個樹木都因此而傾倒，以喻當國家的領導人不能堅持國家的

〔註365〕鄭玄：《毛詩鄭箋》，頁137。
〔註366〕屈萬里：《詩經詮釋》，頁512。
〔註367〕余培林：《詩經正詁》下冊，頁427。
〔註368〕「如蜩如螗，如沸如羹」，馬瑞辰：「蓋謂時人悲歎之聲，如蜩螗之鳴；憂亂之心，如沸羹之熟。」（語見馬瑞辰：《毛詩傳箋通釋》，頁292。）

核心價值時，國家定將滅亡。

　　厲王暴虐無道，人民苦不堪言，民怨四起，厲王不但不知廣聽民意，還立監以弭諫，以殺雞儆猴的方式，來弭除所有對他不利的言談，還沾沾自喜，召公乃諫之，《國語》、《史記》皆載此事，《國語·周語》云：

> 厲王虐，國人謗王「邵（召）公告曰：『民不堪命矣！』王怒，得衛巫，使監謗者，以告，則殺之。國人莫敢言，道路以目。王喜，告邵（召）公曰：『吾能弭謗矣，乃不敢言。』邵（召）公曰：『是障之也，防民之口，甚於防川，川壅而潰，傷人必多，民亦如之。是故為川者決之使導，為民者宣之使言。故天子聽政，使公卿至於列士獻詩，瞽獻曲，史獻書，師箴，瞍賦，矇誦，百工諫，庶人傳語，近臣盡規，親戚補察，瞽史教誨，耆艾修之，而後王斟酌焉，是以事行而不悖。民之有口，猶土之有山川也，財用於是乎出；猶其有原隰衍沃也，衣食於是乎生。口之宣言也，善敗於是乎興，行善而備敗，其所以阜財用、衣食者也。夫民慮之於心而宣之於口，成而行之，胡可壅也？若壅其口，其與能幾何？』王不聽，於是國人莫敢出言，三年，乃流王於彘。」〔註369〕

召公見人民已苦不堪言乃諫厲王，厲王不知承昔之賢君，建韠設鐸，廣納民意，反以立監弭謗而洋洋得意，召公以防民之口甚於防川諫之，「為川者決之使導，為民者宣之使言」，一定要使民意有宣洩之管道，而且人民是國家的財富，國家的衣食父母，國家政策的執行也全賴人民，國家的興亡更掌握在人民的手上。但厲王專斷獨行，不聽勸諫，卒流亡於彘。《國語》中，只用了「虐、怒、殺、喜、不聽」等六字，即刻畫出厲王暴虐無道，師心自用，手段兇殘，狂妄無知，拒不納諫的暴君形象。而《史記·周本紀》所言大抵與《國語》相同，惟文末稍有不同，其文曰：「王不聽。於是國人莫敢出言，三年，乃相與畔，襲厲王。厲王出奔於彘。」〔註370〕厲王飾非弭謗，治標不治本，故當人民忍無可忍之時，即相與畔，還以暴動方式襲王，足見民心思變，隱忍已久，終乃爆發，而一發不可收拾，厲王乃出奔於彘。

　　綜上所述可知厲王親近榮夷公，與民爭利，又暴虐無道，師心自用，手段兇殘，狂妄無知，是位拒不納諫的暴君形象。

〔註369〕左丘明撰，韋昭注：《國語》，卷一，周語上，頁9～10。
〔註370〕瀧川龜太郎：《史記會注考證》，頁77。

（六）宣　王

1. 勤勉政事

據《史記・周本紀》載：

> 召公、周公二相行政，號曰「共和」。共和十四年，厲王死于彘。太
> 子靜長於召公家，二相乃共立之爲王，是爲宣王。宣王即位，二相
> 輔之，脩政，法文、武、成、康之遺風，諸侯復宗周。〔註371〕

周自康王而後，王室漸卑，昭王南征不復，穆王時荒服者不至，及懿王王室
漸衰，夷王始下堂而見諸侯，至於厲王不享，終流於彘。自是諸侯位高跋扈，
而不復來朝，亦有左右王室之大權，逮宣王即位，夙興夜寐，早朝勤政，冀
始終不忘因其父之餘烈，天威降喪，旱魃肆虐，民困饑饉之慘狀，故其孜孜
不怠，早朝勤政，欲改其父以來之弊亂。〔註372〕而《詩經》中〈小雅・庭燎〉
一詩，乃記宣王勤勉政事，諸侯來朝之盛況，其詩曰：

> 夜如何其？夜未央。庭燎之光。君子至止，鸞聲將將。（一章）
>
> 夜如何其？夜未艾。庭燎晰晰。君子至止，鸞聲噦噦。（二章）
>
> 夜如何其？夜鄉晨。庭燎有輝。君子至止，言觀其旂。（三章）

《詩序》：「〈庭燎〉，美宣王也，因以箴之。」〔註373〕《鄭箋》：「諸侯將朝，
宣王以夜未央之時，問夜早晚，美者，美其能自勤以政事，因以箴者，王有
雞人之官，凡國事爲期，則告之以時，王不正其官，而問夜早晚。」〔註374〕
方玉潤《詩經原始》舉《列女傳》所言爲證，認爲〈庭燎〉爲宣王時詩，且
詩無箴意。〔註375〕余培林亦認爲《鄭箋》之說頗牽強，美意詩或有之，箴意
則不可見。〔註376〕據劉向《列女傳》所記：

> 周宣姜后者，齊侯之女也，賢而有德，非禮不言，行非禮不動。宣
> 王嘗早臥晏起，后夫人不出房，姜后脫簪珥，待罪于永巷。使其傅
> 母通言于王，曰：妾之不才，妾之淫心見矣，至使君王失禮而晏朝，
> 以見君王樂色，而忘德也。夫苟樂色，必好奢求窮欲，亂之所興也，

〔註371〕瀧川龜太郎：《史記會注考證》，頁78。
〔註372〕劉逸文：《詩經與西周史關係之研究》，頁282。
〔註373〕鄭玄：《毛詩鄭箋》，頁79。
〔註374〕鄭玄：《毛詩鄭箋》，頁79。
〔註375〕方玉潤：《詩經原始》，頁810。
〔註376〕余培林：《詩經正詁》下冊，頁92。

原亂之興，從婢子起，敢請婢子之罪，王曰：寡人不德，實自生過，
非夫人之罪也，遂復姜后，而勤於政事，早朝晏退，卒成中興之名。
君子謂姜后善於威儀，而有德行。〔註377〕

宣王嘗晏起，幸姜后賢而有德，以自請有罪方式諫之，宣王感悟，自此勤于
政事。又觀〈小雅・庭燎〉一詩一、二章所記，為夜中，天未明，而宣王已
起準備早朝，故能聽到諸侯車馬徐行有節的鸞鑣聲，而到了第三章則由聽覺
的摹寫轉為視覺的摹寫，蓋時間的遞嬗，天已破曉，此時已可見諸侯們壯盛
的旗幟，詩人並以此顯示宣王聲威之盛，與其文治武功之隆矣，〔註378〕而朱
守亮《詩經評釋》評此詩：「為一幅鮮明的早朝圖，有聲有色，敘次如畫。」
〔註379〕是以，此詩乃詩人久而未見諸侯來朝的盛況，今見之，乃喜而美宣王
勤于政事，有聲威，能使諸侯來朝，頗有中興之氣象矣。

2. 安定民心

（1）旱魃肆虐，為民祈雨

而宣王修政，法文、武、成、康遺風，所以在內，則亟欲解決大旱的問
題，以使民心免於恐懼，能安居樂業。董仲舒《春秋繁露・郊祀篇》云：「周
宣王時天下旱，歲惡甚，王憂之，其詩云：『倬彼雲漢，……。』」〔註380〕宣
王憂旱，為民祈雨，《詩經・大雅・雲漢》篇更詳述此事，其詩曰：

倬彼雲漢，昭回于天。王曰：「於乎！何辜今之人！天降喪亂，饑饉
薦臻。靡神不舉，靡愛斯牲。圭璧既卒，寧莫我聽。」（一章）

旱既大甚，蘊隆蟲蟲。不殄禋祀，自郊徂宮。上下奠瘞，靡神不宗。
后稷不克，上帝不臨，耗斁下土，寧丁我躬。（二章）

旱既太甚，則不可推。兢兢業業，如霆如雷。周餘黎民，靡有孑遺。
昊天上帝，則不我遺。胡不相畏？先祖于摧。（三章）

旱既太甚，則不可沮。赫赫炎炎，云我無所。大命近止，靡瞻靡顧。
群公先正，則不我助。父母先祖，胡寧忍予？（四章）

旱既太甚，滌滌山川。旱魃為虐，如惔如焚。我心憚暑，憂心如薰。

〔註377〕王照圓：《列女傳補注》，頁676。
〔註378〕余培林：《詩經正詁》下冊，頁93。
〔註379〕朱守亮：《詩經評釋》，頁516～517。
〔註380〕董仲舒：《春秋繁露》，《文津閣四庫全書・春秋繁露》經部春秋類62，（北京：商務印書館，2005年），卷十五，頁573。

群公先正，則不我聞。昊天上帝，寧俾我遯。（五章）

旱既太甚，黽勉畏去。胡寧瘨我以旱？憯不知其故。祈年孔夙，方社不莫。昊天上帝，則不我虞。敬恭明神，宜無悔怒。（六章）

旱既太甚，散無友紀。鞫哉庶正，疚哉冢宰，趣馬師氏，膳夫左右。靡人不周，無不能止。瞻卬昊天，云如何里！（七章）

瞻卬昊天，有嘒其星。大夫君子，昭假無贏。大命近止，無棄爾成。何求爲我？以戾庶正。瞻卬昊天，曷惠其寧。（八章）

首句「倬彼雲漢，昭回于天」，以暗示天之不眷顧周民，以致大旱。所以，宣王憂心地祈禱說：「唉！今之人何罪呀！饑饉一再地降臨，如今所有的神都祭祀了，三牲等祭品也都準備了，祭神用的圭璧之玉也都呈獻了，爲什麼老天爺都不聽我的禱告呢？」旱災那麼嚴重，暑氣鬱積隆盛而薰炙人，[註381]祭祀不絕，從祭天地於郊，又往至宗廟而祭，上祭天，下祭地，把祭祀神明之酒食置於地，而圭璧等祭器則埋於土，所有的神明沒有不尊敬的，但是，就連我們的始祖后稷也不管我們，上帝也不臨視我們，土地也敗壞了，何以當我身而有此旱災呢？詩中可見宣王祭祀之誠，但也充滿著無奈之情。

旱災那麼嚴重，沒辦法解除，那種危懼感就像上天在發雷霆一樣，似乎要使周室所遺留的眾民，沒有一個可以存活的，怎麼能不害怕呢？因為先祖之祀將因此而絕矣。言下之意，周室也將因此而滅絕。旱災那麼嚴重，沒辦法停止，旱氣熱氣很盛，根本無處可逃避。國運大概快終止了，上帝一點也不眷顧我們，先祖們也都不幫助我們，先祖們呀！您們怎麼忍心不救自己的子孫呢？宣王一再地懇求上帝、先祖，不要放棄周室子民。

旱災那麼嚴重，山光禿禿的，河川一點水也沒有，旱神施行暴虐，使大地整個像燒起來一樣，我的內心對於這種暑熱是如此地害怕，整個心憂煩得就像火在熏灼一般，先祖們也都不恤問我們，偉大的上帝呀！請告訴我要如何逃避這場旱災呀？旱災那麼嚴重，我只能以更黽勉畏怯的態度面對天的示警，[註382]可是上天爲什麼要以旱災來使我病困呢？我真的不知道是什麼原因。只能在孟冬行祭，祈求豐年，[註383]祭四方之神與祭社神不晚，爲什麼

〔註381〕余培林：《詩經正詁》，下冊，頁 458。

〔註382〕「畏去」，龍宇純訓爲「畏怯」。（語見龍宇純：《絲竹軒詩說》，（台北：五四書店，2002 年 11 月），頁 86～88。）

〔註383〕「祈年孔夙」，余培林：「祈年，祈豐年之祭也。《禮記·月令》：『孟冬之月，

偉大的上帝都不幫助我呢？我敬事明神如此恭謹，明神當不致恨怒於我才是！詩中的宣王面對旱神肆虐，內心夾雜著恐懼、無助與焦躁不安，但仍誠敬地懇求眾神們可以幫忙度過難關。

　　旱災那麼嚴重，整個社會慌亂到失去了綱紀，眾官之長想不出對策；宰夫也疲病了，趣馬、師氏，膳夫、左右諸臣，沒有不投入救災的行列，但還是阻止不了這場浩劫。所以，我無奈地抬頭看著偉大的上天，社會已如此散亂，您到底要懲罰我到什麼時候呀？抬頭看著上天，有顆明亮的星星，大夫君子們，我們祭祀祈神降臨不遺餘力，〔註384〕天命近了，不能放棄自己的本分及事業，我所求的，難道是為了我自己嗎？我是為了要安定眾官呀！偉大的上天呀！何時才能賜我們安寧的生活呢？

　　所以，《詩序》云：「宣王承厲王之烈，內有撥亂之志，遇災而懼，側身脩行，欲銷去之，天下喜於王化復行，百姓見憂，故作是詩也。」〔註385〕詩中可見宣王無神不祭，無祭不恭，祭祀之誠，但仍遭此災厄，所以，內心夾雜著恐懼、無助與焦躁不安，但仍誠敬地懇求眾神們可以幫忙度過難關，因為他的所作所為不是為了自己，而是為了全天下的老百姓，顯見其悲天憫人之心。

　　（2）安集流民，使民安居
　　宣王這種悲天憫人之心還表現在安撫流民方面，因為厲王之時政亂，用姦邪，課重稅，連年征戰，又遇饑荒，致使人民流離失所，勞累困頓，無法安居樂業，待宣王立，乃命使者，出巡各地，撫恤窮苦流民，使之聚集安居，並助流民重建家園，就連矜寡孤獨都能得其所。此事見載於《詩經·小雅·鴻鴈》一詩，其詩曰：

　　鴻鴈于飛，肅肅其羽。之子于征，劬勞于野。爰及矜人，哀此矜寡。
　　（一章）

　　鴻鴈于飛，集于中澤。之子于垣，百堵皆作。雖則劬勞，其究安宅。
　　（二章）

天子乃祈來年於天宗。』孔疏，《箋》：『甚早也。』孟冬行祭，故曰孔夙也。」（語見余培林：《詩經正詁》，下冊，頁460。）
〔註384〕「昭假無贏」，余培林：「句言祭祀祈神降臨而不遺餘力。」（語見余培林：《詩經正詁》，下冊，頁462。）
〔註385〕鄭玄：《毛詩鄭箋》，頁141。

鴻鴈于飛，哀鳴嗷嗷。維此哲人，謂我劬勞。維彼愚人，謂我宣驕。
（三章）

詩之首句皆以鴻鴈之「肅肅其羽」、「集于中澤」、「哀鳴嗷嗷」起興，象徵流民之流徙無定，愁苦哀怨與「其究安宅」。〔註386〕首章言宣王派侯伯卿士去安撫流民，勞苦奔波於鄉野之間，而這些德惠還及於這些可憐的人，完全是哀憐這些矜寡孤獨者無依無靠，無所定居。而二章則言為流民築牆建屋，雖然非常辛苦，但流民終得以安居，充滿欣慰之語。三章則述其不平，為了幫助這些流民，明智的人會說我辛苦了，但不明智的人則會說我驕慢，言語中充滿不被了解的無奈與不平。《詩序》云：「〈鴻鴈〉，美宣王也。萬民離散，不安其居，而能勞來還定安集之，至于矜寡，無不得其所焉。」〔註387〕《鄭箋》云：「宣王承屬王衰亂之敝，而起興復先王之道，以安集眾民為始也。書曰：天將有立父母，民之有政有居，宣王之為是務。」〔註388〕是毛、鄭皆認為宣王承屬王之亂，而以安集流民為要。而胡承珙《毛詩後箋》則舉《左傳》賦詩為證，以明〈鴻鴈〉為當宣王之時，命使臣安集流民之作，胡氏曰：

> 襄十六年《左傳》：穆叔如晉聘，且言齊故。見范宣子，賦〈鴻鴈〉之卒章，宣子曰：匄在此，敢使魯無鳩乎！杜注：鳩、集也。正義曰：國有兵寇，則民人不得集聚。此以鴻鴈喻流民之證。文十三年《左傳》：鄭伯宴公於棐，子家賦〈鴻鴈〉。注云：詩義取侯伯哀恤鰥寡，有征行之苦，此又可為之子指矦、伯、卿士之證也。〔註389〕

是以，〈小雅·鴻鴈〉一詩的敘述視角雖非宣王，但是藉由第三人稱及第一人稱視角的描述，仍可由了解宣王安集流民之事，顯見宣王有明智，在百廢待舉之時，懂得先安定百姓，亦是其悲天憫人的表現。

又根據劉逸文在《詩經與西周史關係之研究》一書中，劉氏提及：

> 宣王承屬王之餘烈，天降喪亂，大旱不雨，旱魃肆虐，民命將盡，宣王憂之，祈於上下神祇，願以己身而伐之，然上天弗顧，逮至數年，天乃大雨以降。宣王首務之急，乃安集流民，置其居所，使復其業，民給自足矣。自是之後，政教以成，變衰政之奢，國富民強，

〔註386〕余培林：《詩經正詁》，下冊，頁90～91。
〔註387〕鄭玄：《毛詩鄭箋》，頁79。
〔註388〕鄭玄：《毛詩鄭箋》，頁79。
〔註389〕胡承珙：《毛詩後箋》，《續修四庫全書·毛詩後箋》經部詩類67（上海：上海古籍出版社，2002年影印清道光十七年求是堂刻本），頁424。

乃營建宗廟宮寢，以祭祖先也。〔註390〕

可知宣王在安定民心的措施上，除了旱魃肆虐，為民祈雨之外，還進一步安集流民，使其能安居樂業，自給自足，當天下趨於安定之後，才接著規劃營建宮室，以告慰祖先。

（3）營建宮室，告慰祖先，使骨肉和親

宣王在安內的表現，除了為民祈雨，安集流民之外，另一作為就是營建宗廟宮寢，而此事亦見載於《詩經‧小雅‧斯干》一詩，其詩云：

秩秩斯干，幽幽南山；如竹苞矣，如松茂矣。兄及弟矣，式相好矣，無相猶矣。（一章）

似續妣祖，築室百堵，西南其戶。爰居爰處，爰笑爰語。（二章）

約之閣閣，椓之橐橐。風雨攸除，鳥鼠攸去，君子攸芋。（三章）

如跂斯翼，如矢斯棘，如鳥斯革，如翬斯飛，君子攸躋。（四章）

殖殖其庭，有覺其楹，噲噲其正，噦噦其冥。君子攸寧。（五章）

下莞上簟，乃安斯寢。乃寢乃興，乃占我夢。吉夢維何，維熊維羆，維虺維蛇。（六章）

大人占之，維熊維羆，男子之祥；維虺維蛇，女子之祥。（七章）

乃生男子，載寢之牀，載衣之裳，載弄之璋。其泣喤喤，朱芾斯皇，室家君王。（八章）

乃生女子，載寢之地，載衣之裼，載弄之瓦，無非無儀，唯酒食是議，無父母詒罹。（九章）

《詩序》：「〈斯干〉，宣王考室也。」〔註391〕首章言宮室的環境優美，有山有水，有綠竹，有青松，在這麼美好的環境中兄弟們要好好相處，千萬不要又懷詭計了。二章言建宮室之由，乃為延續祖先之業，建成宮室之後，大家又可回復之前安樂的日子，所以，建宮室不僅可告慰祖先，更可使骨肉和親。是以《鄭箋》云：「考成也，德行國富，人民殷眾而皆佼好，骨肉和親，宣王於是築宮廟群寢，既成而釁之，歌〈斯干〉之詩以落之，此之謂成室，宗廟成則又祭祀先祖。」〔註392〕三章言營建宮室之過程中約繩以制版築，以杵擊

〔註390〕劉逸文：《詩經與西周史關係之研究》，頁280。

〔註391〕鄭玄：《毛詩鄭箋》，頁81。

〔註392〕鄭玄：《毛詩鄭箋》，頁81。

土，所發出的各種聲響。當宮室完成，不再受風雨的侵襲，鳥鼠的危害，宣王就可以好好地在這兒居住了。四、五章寫宮室之形勢，其高脊飛簷之勢，如雉之羽翼，如矢之鏃頭，如鳥之翅羽，如雉之飛翔，〔註393〕連用四個譬喻，形象鮮明。而宮室之前庭平正，堂前楹柱非常高大，正寢相當寬敞明亮，這兒就是宣王所住的地方。六章由宮室形勢之描寫轉而寫人物之居而寢，下言夢兆以開啓下三章。七章言生男生女之兆。八章言生男則或爲周室之君或爲周室諸侯，〔註394〕穿著鮮明的朱芾，非常有威儀。九章則言生女則有順從的婦德，不持異議，不自作主張。〔註395〕末四章透過虛筆寫生男生女之夢兆，是祝辭，也對後代子孫的一種期待，更是承二章所言「似續妣祖」，亦爲作宮室之目的，故孔穎達《毛詩正義》曰：「宣王中興，賢君其所以作者，非欲崇飾奢侈，妨害民務，國富民豐乃造之耳。」〔註396〕余培林於《詩經正詁》亦云：「此詩寫建室之由，上續妣祖，下啓子孫，非爲個人之享受，已見主人胸襟之不凡；寫宮室之美，外則重雄偉，內則重方正，毫不華麗奢靡，又見主人之儉樸務實。」〔註397〕詩中採側寫宣王形象的方式，從詩中所言可以看出宣王建宮室非爲個人享受，而是爲了延續祖先之業而努力，以告慰祖先，使骨肉和親，如此才可使周室世代子孫綿延不絕。

（4）牧業有成，國富民豐

而當社會漸趨安定之後，百姓就能好好地工作，《詩經・小雅・無羊》一詩，即是描述牧業發達，國富民豐的狀況，其詩云：

> 誰謂爾無羊？三百維群，誰謂爾無牛？九十其犉。爾羊來思，其角濈濈；爾牛來思，其耳濕濕。（一章）
>
> 或降于阿，或飲于池，或寢或訛。爾牧來思，何蓑何笠，或負其餱。三十維物，爾牲則具。（二章）

〔註393〕「如跂斯翼，如矢斯棘，如鳥斯革，如翬斯飛」，余培林：「狀其高脊飛簷之勢，如雉之羽翼，如矢之鏃頭，如鳥之翅羽，如雉之飛翔。」（語見余培林：《詩經正詁》下冊，頁112。）

〔註394〕「室家君王」，《鄭箋》：「室家，一家之內，宣王所生之子，或且爲諸侯，或且爲天子。」（語見鄭玄：《毛詩鄭箋》，頁82。）

〔註395〕「無非無儀」，屈萬里：「謂於人所言，不持異議；而己又不作主張也。」（語見屈萬里：《詩經詮釋》，頁342。）

〔註396〕孔穎達：《毛詩正義》，頁680。

〔註397〕余培林：《詩經正詁》下冊，頁115。

爾牧來思，以薪以蒸，以雌以雄。爾羊來思，矜矜兢兢。不騫不崩。

麾之以肱，畢來既升。（三章）

牧人乃夢，眾維魚矣，旐維旟矣。大人占之，眾維魚矣，實維豐年。

旐維旟矣，室家溱溱。（四章）

《詩序》：「宣王考牧也。」〔註398〕《鄭箋》云：「厲王之時，牧人之職廢，宣王始興而復之，至此而成，謂復先王牛羊之數。」〔註399〕《孔疏》曰：

> 作〈無羊〉詩者，言宣王考牧也。謂宣王之時，牧人稱職，牛羊復
> 先王之數，牧事有成，故言考牧也。經四章言牛羊得所，牧人善牧，
> 又以吉夢獻王，國家將有休慶，皆考牧之事也。〔註400〕

毛、鄭、孔三人，都一致認為這是宣王之世畜牧有成之詩，厲王之時，牧人之職廢，而宣王能於興而復之，至此而成，是中興之氣象矣。所以，連一向疑《序》的姚際恆也說：「〈小序〉謂『宣王考牧』，亦近是。考室、考牧，皆是既廢而中興之事。」〔註401〕又胡承珙《毛詩後箋》亦曰：

> 〈斯干〉、〈無羊〉二詩，與〈定之方中〉正相類，……，〈定之方中〉
> 一詩而首言營室，終言畜牧，此則分為二篇，〈風〉、〈雅〉體自別爾。
> 然其為遭亂中興之事則同，不屬之宣王而屬之誰歟？〔註402〕

詩中雖未言宣王，但宣王自在其中矣。是以詩中的夢兆，所呈現的正是宣王之世國富民豐，子孫眾多的繁榮景象，所以，《孔疏》曰：

> 牧人所牧既服，乃復為王興夢。夢見眾人維相與捕魚矣，又夢見旐
> 維旟矣。牧人既為此夢，以告占夢之官，占夢之官又獻之於王。王
> 乃令以大人占夢之法占之，夢見眾維魚矣者，「實維豐年」，是歲熟
> 相供養之祥。夢見旐維旟矣者，「室家溱溱」，是男女眾多之象，歲
> 熟民滋，是國之休慶也。〔註403〕

而這些都是宣王復先王之業，勤勉政事，悲天憫人，安集流民，使百姓得以安定，才有豐年人眾這樣的榮景。

〔註398〕鄭玄：《毛詩鄭箋》，頁82。
〔註399〕鄭玄：《毛詩鄭箋》，頁82。
〔註400〕孔穎達：《毛詩正義》，頁692。
〔註401〕姚際恆：《詩經通論》，頁202。
〔註402〕胡承珙：《毛詩後箋》，頁445。
〔註403〕孔穎達：《毛詩正義》，頁694。

3. 攘除外患，大展軍威

（1）賢臣南征北討，宣王親征徐方

宣王安內方面，從遇大旱，為民祈雨；安集流民，使民安居；營建宮室，告慰祖先，使骨肉和親；到牧業發達，國富民豐；其作為都是為了承續周室大業。此外，因為宣王之世，是四夷交侵的時代，所以，宣王必須採取更積極的攘外作為，例如：南封申伯於謝以防荊蠻（見於《詩經·小雅·黍苗》篇及〈大雅·嵩高〉篇）；北封韓侯於韓以防北狄（見於《詩經·大雅·韓奕》篇）；任用尹吉甫北伐玁狁（見於《詩經·小雅·六月》篇）；方叔南征荊蠻（見於《詩經·小雅·采芑》篇）；召穆公東征淮夷（見於《詩經·大雅·江漢》篇）；命仲山甫築城東方以防淮徐（見於《詩經·大雅·烝民》篇），而宣王則親征徐方。據劉逸文《詩經與西周史關係之研究》一書中，劉氏認為：

> 自厲王之世，諸侯不朝入覲，錫命之典，視為贅物，宣王政舉清明，一洗衰頹之跡，故封申伯以懷南方之諸侯；命樊侯城齊，以懷東方之諸侯；錫命韓侯，以懷北方之諸侯；至淮夷不服，則命召虎平之；徐方不庭則自將征之，規模宏大，雖文武之世不過是也。則知宣王不忘前日排患之心，分封建賢以共守之，此乃「宣王中興」之氣象也。……但宣王南征北伐之事，《史記》失載，今據《詩經·大雅》、〈小雅〉經文所載，宣王所伐分為四段，一伐玁狁，二征荊蠻，三平淮夷，四討徐方，由遠而近，逐一征伐，所向皆捷，無不披靡，宣王雖平定邦國，然好大喜功，卻也奠下衰敗之因。〔註404〕

劉逸文認為宣王是以「分封建賢以共守之」的方式以攘除外患，並成就中興之氣象。但也因此消耗國力，至使奠下衰敗之因。宣王之世的征伐，唯一宣王親征，就屬徐方之役，是以本研究試從《詩經·大雅·常武》篇，來探討宣王征伐徐方時之形象，其詩曰：

> 赫赫明明，王命卿士，南仲大祖，大師皇父，整我六師，以脩我戎。
> 既敬既戒，惠此南國。（一章）
> 王謂尹氏，命程伯休父，左右陳行。戒我師旅：「率彼淮浦，省此徐土，不留不處，三事就緒。」（二章）
> 赫赫業業，有嚴天子，王舒保作，匪紹匪遊，徐方繹騷。震驚徐方，

〔註404〕劉逸文：《詩經與西周史關係之研究》，頁287～288。

如雷如霆，徐方震驚。（三章）

王奮厥武，如震如怒。進厥虎臣，闞如虓虎。鋪敦淮濆，仍執醜虜。
截彼淮浦，王師之所。（四章）

王旅嘽嘽，如飛如翰，如江如漢。如山之苞，如川之流。緜緜翼翼，
不測不克，濯征徐方。（五章）

王猶允塞，徐方既來，徐方既同，天子之功。四方既平，徐方來庭。
徐方不回，王曰：「還歸。」（六章）

《詩序》：「〈常武〉，召穆公美宣王也。有常德以立武事，因以爲戒然。」〔註405〕
《孔疏》：「〈常武〉詩者，召穆公所作，以美宣王也。經無『常武』之字，故又
解之云：美其有常德之故，以立此武功征伐之事，故名爲〈常武〉。非直美之，
又因以爲戒，戒之使常然。」〔註406〕余培林《詩經正詁》認爲：「『美宣王』，則
是。其言召穆公作，則不可知也。其言『因以爲戒焉』，詩中似無戒意。」〔註
407〕朱熹《詩經集註》曰：「宣王自將以伐淮北之夷，而命卿士之謂南仲爲大祖
兼大師，而字皇父者，整治其從行之六軍，修其戎事，以除淮夷之亂，而惠此
南方之國。詩人作此以美之。」〔註408〕似較切合詩義。

是以，《詩經‧大雅‧常武》篇，一開始即以「赫赫明明，王命卿士，
南仲大祖，大師皇父，整我六師，以脩我戎。既敬既戒，惠此南國」，來呈
現宣王親征徐方的威武英勇畫面。因爲徐方繼淮夷作亂，宣王乃於太祖廟中
命南仲爲卿士，命皇父爲太師，集合訓練六軍，整治甲兵，懷著既警惕又戒
懼之心，要施惠於南方諸侯之國。宣王另命尹吉甫掌策命卿大夫之事，令程
國之伯休父爲大司馬，士眾左右陳列而勒戒之，〔註409〕於是宣王誓師伐徐
方說：「要循著淮水之涯，巡視徐方之地，不久據他們的土地，以免擾民，
戰備之事，三卿要籌備就緒。」〔註410〕由一、二章中可以看出宣王雖然伐
徐方，還是秉持著「既敬既戒，惠此南國」，以及「省此徐土，不留不處」，
這種仁愛天下子民，不隨意打擾百姓生活的心態，絕不因徐方無故作亂，而

〔註405〕鄭玄：《毛詩鄭箋》，頁147。
〔註406〕孔穎達：《毛詩正義》，頁1249。
〔註407〕余培林：《詩經正詁》下冊，頁496。
〔註408〕朱熹：《詩經集註》，頁171。
〔註409〕屈萬里：《詩經詮釋》，頁544。
〔註410〕余培林：《詩經正詁》下冊，頁493。

傷及無辜。

宣王之師，軍容盛大，而宣王更是個有威儀的天子，所以，軍隊舒緩安然地行軍，徐方就騷動了，當軍隊愈接近徐方之時，其勢如雷霆萬鈞，徐方則大爲震動、驚懼。王奮揚其威武，如天在打雷，如天在發怒一般，〔註411〕而當宣王揮進他的大軍，他的臣子就如虎一般勇猛，攻擊徐方的軍隊，還捉了一些俘虜。而經過一番交戰之後，王師軍容整齊地駐紮在淮水之涯，顯見宣王軍隊紀律之嚴，更凸顯出宣王所具備的天子威儀。

宣王軍隊聲勢浩大，行軍的速度之快「如飛如翰」，〔註412〕其軍容之盛則「如江如漢」，〔註413〕而其軍力之旺則「如山之苞」，〔註414〕整個攻打徐方的過程平順，就「如川之流」，那麼平順自然，其軍紀嚴整的程度，根本不可測度，亦不可攻勝，〔註415〕所以，宣王親征徐方，可以說是大獲全勝。宣王認爲徐方將會來歸順，也真的切中實情。徐方既來朝，這都是宣王之功。而四方之亂都平了，徐方也不敢再叛亂，四方皆服，所以，宣王就收兵了。吳闓生《詩義會通》大讚此詩云：

> 首章曰：「既敬既戒，惠此南國。」次章曰：「不留不處，三事就緒。」
> 三章曰：「王舒保作，匪紹匪遊。」末章曰：「徐方不回，王曰還歸。」
> 何其春容而大雅也！四、五二章，正敘兵事，如飛四句形容軍陳，
> 措語之精，振古無倫。綿綿三句，承上文而下，氣勢浩穰，有天地
> 襄開，風雲變色之象。噫嘻！嘆觀止矣！〔註416〕

而宣王爲了更鞏固周室，宣揚軍威，除了實際的征伐之外，還有平時的田獵，更有大規模的會諸侯之舉，其事分見於《詩經・小雅・吉日》及《詩經・小雅・車攻》二詩。茲分述如下：

（2）田　獵

〈小雅・吉日〉

〔註411〕「王奮厥武，如震如怒」，余培林：「王奮揚其威武，如天打雷，如天發怒。」
　　　　（語見余培林：《詩經正詁》下冊，頁494。）
〔註412〕「如飛如翰」，余培林：「狀師行之迅疾也。」（語見余培林：《詩經正詁》下冊，頁495。）
〔註413〕余培林：《詩經正詁》下冊，頁495。
〔註414〕余培林：《詩經正詁》下冊，頁495。
〔註415〕余培林：《詩經正詁》下冊，頁495。
〔註416〕吳闓生：《詩義會通》，頁136～137。

吉日維戊，既伯既禱。田車既好，四牡孔阜。升彼大阜，從其羣醜。
（一章）

吉日庚午，既差我馬。獸之所同，麀鹿麌麌。漆沮之從，天子之所。
（二章）

瞻彼中原，其祁孔有。儦儦俟俟，或羣或友。悉率左右，以燕天子。
（三章）

既張我弓，既挾我矢。發彼小豝，殪此大兕。以御賓客，且以酌醴。
（四章）

《詩序》：「〈吉日〉，美宣王田獵也。能慎微接下，無不自盡以奉其上焉。」
〔註417〕《孔疏》：「作〈吉日〉詩者，美宣王田獵也。以宣王能慎於微事，
又以恩意接及羣下，王之田獵能如是，則羣下無不自盡誠心以奉事其君上
焉。由王如此，故美之也。慎微，即首章上二句是也。接下，卒章下二句是
也。四章皆論田獵，言田足以揔之。特述此慎微接下二事者，以天子之務，
一日萬機，尚留意於馬祖之神，為之祈禱，能謹慎於微細也。人君游田，或
意在適樂，今王求禽獸，唯以給賓，是恩隆於羣下也。二者，人君之美事，
故特言之也。」〔註418〕由上述可知，〈吉日〉是一首讚美周宣王田獵的詩句，
美其能於日理萬機之餘，尚能慎於祭馬祖之微事，又能恩意接及羣下，故此
詩除了描寫周宣王田獵宴賓，是屬娛樂消遣性質之外，還藉此詩來體現周天
子的「恩隆于臣下」。

〈小雅‧吉日〉敘述周宣王從戊辰日祭祀馬祖、庚午日出獵到田獵後宴羣
臣的一個過程。所寫是春季田獵，是按照天子田獵禮儀程序進行的：首先是吉
日選擇；〔註419〕再則是對馬神的祭祀；〔註420〕三是挑選強壯的馬匹；〔註421〕

〔註417〕鄭玄：《毛詩鄭箋》，頁 77。

〔註418〕孔穎達：《毛詩正義》，頁 656。

〔註419〕《禮記‧曲禮》：「外事以剛日，內事以柔日。」（語見阮元校勘：《十三經注
疏‧禮記》，卷三，頁 59。）而屈萬里《詩經詮釋》則更進一步解釋：「凡天
干之奇數為剛日，偶數為柔日；戊，剛日也。《禮》云：『外事以剛日』，田獵
外事也。」（語見屈萬里：《詩經詮釋》，頁 325。）所以，田獵祭馬祖所挑選
的吉日是屬剛日的戊辰日，而田獵時的吉日也是屬剛日的庚午日。

〔註420〕據《周禮‧夏官‧校人》載：「春祭馬祖執駒，夏祭先牧頒馬攻特，秋祭馬社
臧僕，冬祭馬步獻馬講馭夫。」（語見阮元校勘：《十三經注疏‧周禮》，台北：
藝文印書館，1956 年，卷三十三，頁 495。）可知祭馬祖是在春季，因為田
獵要用馬力，所以祭馬祖以求馬兒強健，如此才能驅逐禽獸而助田獵。

四則強調獵車堅好；﹝註422﹞五則特寫田獵場所及獸群；六是描述弓矢技巧；七是獵獲物後之君臣宴樂。

　　所以，〈小雅・吉日〉一詩所呈現的田獵畫面是：出獵前，先由卜巫擇定吉祥的戊辰日，祭拜馬祖神。然後卜巫再擇定吉祥的庚午日，亦即戊辰日的第三天出獵，顯示周宣王對於此次的田獵非常慎重。之後整治車馬，校人須根據群馬的毛色、體形大小、力量強弱進行分類編隊，﹝註423﹞並精選隨從周宣王的車馬，做好行前的準備工作。接著就準備登上大土坡，來享受追逐獸群飛快奔跑的樂趣。虞人駕著驅逆之車，將獸群從大土坡、漆沮之水邊一路趕到周宣王準備打獵的地方，﹝註424﹞而獸群們有的跑、有的走，三五成群，非常壯觀。虞人們爲了討周宣王歡心，於是率兵卒驅趕野獸於包圍圈內，以便周宣王射殺。周宣王展現了他高超的射技，一箭就射中了小豬，就連大野牛也難逃他的箭下，身手十分矯健，整個射獵的過程相當順利，大有斬獲。射獵結束後，將獵物烹成佳肴，並準備好甜酒宴請群臣。整個田獵活動洋溢著輕快的氣氛，上下一派和諧，呈現一幅君臣田獵後共飲共樂圖。

　　〈小雅・吉日〉所寫則是周宣王一次常規性的歲典，是一種帶有娛樂性質的田獵活動，所以整個氣氛的鋪排、人物活動的描寫，都是圍繞著周宣王，並以田獵爲主。而田獵活動舉行的時間是在春季，地點是在西京王畿以內的渭北原野，詩裡有描寫趕獸羣的場面，場面十分盛大。但因爲周宣王是這個活動的主角，所以，不管是描寫獸群，或是虞人趕群獸的畫面，都是爲了討

──────────────────────────────

﹝註421﹞據《周禮・夏官・校人》載：「凡軍事，物馬而頒之。」凡屬軍事活動（包括田獵）的事，挑選毛色同類、能力相當的馬頒發之。也就是説，校人須根據群馬的毛色、體形大小、力量強弱進行分類編隊，並精選天子和隨從的車馬，也就是詩中第二章所説的「既差我馬」。（語見阮元校勘：《十三經注疏・周禮》，卷三十三，頁496。）

﹝註422﹞據《周禮・夏官・校人》載：「田獵，則帥驅逆之車。」田獵時，有專門驅趕禽獸與逆止其出圍之車馬。（語見阮元校勘：《十三經注疏・周禮》，卷三十三，頁496。）

﹝註423﹞朝廷下設專門管理馬的官兵：「校人，掌王馬之政，辨六馬之屬：種馬一物，戎馬一物，齊馬一物，道馬一物，田馬一物，駑馬一物。」所謂「一物」，即同類之意，指馬的毛色、形態、能力相同等。「凡大祭祀，朝覲，會同，毛馬而頒之。」「毛馬」，指毛色相同的馬。「頒」，頒發，發給。（語見阮元校勘：《十三經注疏・周禮》，卷三十三，頁494～495。）

﹝註424﹞《孔疏》：「上言乘車升大阜，下言獸在中原，此云驅之漆沮，皆見獸之所在驅逐之事以相發明也。」（語見孔穎達：《毛詩正義》，頁657。）

周宣王的歡心，以供其射殺，詩中並以「既張我弓，既挾我矢。發彼小犯，殪此大兕」，特寫周宣王高超的射技及勇猛的射獵畫面，最後則「以御賓客，且以酌醴」，將其所獵之物宴飲群臣，詩中洋溢著輕快的氣氛，呈現一幅君臣田獵後共飲共樂圖。

（3）大會諸侯

〈小雅·車攻〉

我車既攻，我馬既同。四牡龐龐，駕言徂東。（一章）

田車既好，四牡孔阜。東有甫草，駕言行狩。（二章）

之子于苗，選徒囂囂。建旐設旄，搏獸于敖。（三章）

駕彼四牡，四牡奕奕。赤芾金舄，會同有繹。（四章）

決拾既佽，弓矢既調。射夫既同，助我舉柴。（五章）

四黃既駕，兩驂不猗。不失其馳，舍矢如破。（六章）

蕭蕭馬鳴，悠悠旆旌。徒御不驚，大庖不盈。（七章）

之子于征，有聞無聲。允矣君子，展也大成。（八章）

《詩序》：「〈車攻〉，宣王復古也。宣王能內脩政事，外攘夷狄，復文、武之竟土。脩車馬，備器械，復會諸侯於東都，因田獵而選車徒焉。」〔註425〕據《竹書》曾提到宣王會諸侯一事：「宣王九年，王會諸侯于東都，遂狩于甫。」〔註426〕而《墨子·明鬼》也提到此事：「周宣王殺其臣杜伯而不辜。……，其三年，周宣王合諸侯而田于圃田，車數百乘，從者數千人滿野。」〔註427〕從其描述「車數百乘，從者數千人滿野」，則可看出當時會諸侯田獵時之盛況。此外，《石鼓文》第一句就是〈車攻〉的內容，由其文辭仍可看出模仿〈車攻〉的痕跡，〔註428〕而韓愈的〈石鼓歌〉則據《石鼓文》的內容寫成，也曾提到這件史事，〔註429〕由上而知《詩序》所言是可信的。

〔註425〕鄭玄：《毛詩鄭箋》，頁76～77。

〔註426〕陳逢衡：《竹書紀年集證》，卷三十三，頁420。

〔註427〕墨翟：《墨子》，卷八，頁85～86。

〔註428〕《石鼓文》第一鼓：「吾車既工，吾馬既同；吾車既好，吾馬既駐」。見《四庫全書存目叢書·周宣王石鼓文定本》經類200，（臺南：莊嚴出版社，1997年2月），卷上，頁411。

〔註429〕韓愈〈石鼓歌〉：「張生手持《石鼓文》，勸我試作〈石鼓歌〉。少陵無人謫仙死，才薄將奈石鼓何？周綱凌遲四海沸，宣王憤起揮天戈。大開明堂受朝賀，

孔穎達曾云:「王者,能使諸侯朝會,是事之美者。」〔註430〕可見王會諸侯是件美事。據《左傳》昭公四年,曾提到自夏朝至周代都曾有王會諸侯之事:

> 夏啓有鈞臺之享,商湯有景亳之命,周武有孟津之誓,成有岐陽之蒐,康有酆宮之朝,穆有塗山之會,……,皆所以示諸侯禮也,諸侯所由用命也。夏桀爲仍之會,有緡叛之;商紂爲黎之蒐,東夷叛之;周幽爲大室之盟,戎狄叛之;皆所以示諸侯汱也,諸侯所由棄命也。〔註431〕

既然自夏朝至周代都曾有會諸侯之事,但在《詩經》一書中,提到周王會諸侯一事,卻只有〈小雅·車攻〉一篇,可見周在厲王被放逐於彘之後,王會諸侯田獵之禮,廢而不行,而宣王能於積衰之後,蒐乘講武,蓄威昭德,以成中興之美,〔註432〕自有其歷史上重大的意義,故詩人特喜而美之。方玉潤《詩經原始》則更強調此舉重在會諸侯,而不重在事田獵,他說:

> 不過藉田獵以會諸侯,修復先王舊典耳。昔周公相成王,管洛邑爲東都以朝諸侯。周室既衰,久廢其禮。迨宣王始舉行古制,非假狩獵不足懾服列邦。故詩前後雖言獵事,其實歸重「會同有繹」及「展也大成」二句。〔註433〕

但爲什麼又說「非假狩獵不足懾服列邦」呢?因爲天下雖安,忘戰必危,兵威若不振,則無以懾服人心,又古時國君貴族田獵都與軍事訓練有關,〔註434〕

諸侯劍珮鳴相磨。蒐于岐陽騁雄俊,萬里禽獸皆遮羅。鑴功勒成告萬世,鑿石作鼓隳嵯峨。從臣才藝咸第一,揀選撰刻留山阿。……。」(語見韓愈:《韓愈全集》,詩集卷七,上海:上海古籍出版社,1997年10月,頁66~67。)

〔註430〕孔穎達:《毛詩正義》,頁647。

〔註431〕左丘明著,杜預集解,竹添光鴻會箋:《左傳會箋》,頁1437~1440。

〔註432〕何楷《詩經世本古義》提到:「宣王丁積衰之後,乃能蒐乘講武,蓄威昭德,以成中興之美,以復祖宗之舊,深合二公詰兵之意,故詩人喜而幸之。」(語見何楷:《詩經世本古義》,卷十七,頁550。)

〔註433〕方玉潤:《詩經原始》頁797~798。

〔註434〕據《周禮》卷七〈夏官·司馬〉載,古時打獵與軍訓分四季同時進行:「仲春教振旅。」這裡所說的「振旅」,指練習作戰之陣法與出入進退之動作,猶如今天所說的軍事演習。「遂以蒐田,有司表貉誓民,鼓,遂圍禁,火弊,獻禽以祭社。」蒐田就是春季田獵。肆師甸祝等官立表貉祭,約束參加田獵的民眾,圍獵前先用火焚燒,將野獸驅趕出來,然後擊鼓圍獵,待火熄滅時就停止田獵,將所獵得的禽獸用來祭社。「仲夏,教茇舍。……百官各象其事,以辨軍之夜事。其他皆如振旅。遂以苗田,如蒐之法,車弊,獻禽以享礿。」

所以周天子借田獵以會諸侯，是展示軍威的大好時機，以此來威懾列邦，以便顯示天子的統治地位。

〈小雅・車攻〉一詩，全詩八章，每章四句。首章言其車子堅固，四馬強壯，且奔跑起來的速度既快又一致，要到東都會諸侯。二章則言此行的目的不僅是到甫草會諸侯還兼行田獵。〔註435〕三章言出征前之準備，從整飭士卒，集

「芟舍」意即就地除草而爲舍，猶今天所説的野戰宿營。「夜事」，指夜間戒備防禦、夜戰等事。「苗田」即夏季田獵，「車弊」即停止驅獸之車，意即停止田獵。「礿」凡夏季祭宗廟謂之礿。「仲秋，教治兵。」「治兵」，練習作戰也。「百官載旗，各書事是與其號焉。」各級行政單位各以職事爲名號，作爲夜戰、防守、警戒時的辨別標誌。「遂以獮田，如蒐田之法，羅弊，致禽以祀礿。」「獮田」，即秋季田獵。「羅弊」，即收網停止田獵。「礿」，秋季田獵所獲獵物，主祭四方之神，故云「祀礿。」「仲冬，教大閱。」仲冬，舉行大檢閱。「前期，群吏戒眾庶，修戰灋，虞人萊所田之野，爲表，……，群吏以旗物鼓鐸鐲鐃，各帥其民而致。質明，弊旗，誅後至者，乃陳車徒，如戰之陳。皆坐，群吏聽誓於陣前。斬牲以左右徇陳曰：不用命者，斬之。」在大檢閱的頭幾天，長官們要告戒各自的下屬，頒布作戰的規則，管理園林的官吏虞人要芟除演習和田獵地區的雜草，設立距離不同的標幟。長官們率領各部士卒和各種旗物、鼓、鐸、鐲鐃等裝備前來報到。天亮時，拿掉豎立的旗幟，處罰遲到者，車輛士兵擺開作戰陣式，命令他們坐下，長官們站在隊伍前聽從警戒，斬殺牲畜以示眾，告訴他們：如果不服從令，不勇敢作戰的，格殺勿論。接著就按照程序進行軍事訓練，包括進退停起坐、奔跑、推進、射箭、擊刺等等，然後擊鼓鳴鐃，命令隊伍後退到原地。「遂以狩田」，「狩田」，即冬季田獵。於是舉行冬季大規模的田獵活動。「大獸公之，小獸私之。獲者取左耳。及所弊，鼓者馺，車徒皆躁，徒乃弊，致禽饁獸於郊。入，獻禽以享烝。」捕獲的大獸要交公，捕得的小禽可歸己。凡是捕獲的禽獸都要將它的左耳割下來作爲計算成績的憑據。到了田獵地區的盡頭，鼓聲大作，車輛兵員及步卒們大聲歡呼，於是傳令所有士兵停止狩獵，將所獲獵物獻祭郊外四方之神，回到國城中又以所獲獵物祭享宗廟。由上述《周禮》所載可知，田獵分四季：蒐田（春蒐）、苗田（夏苗）、獮田（秋獮）、狩田（冬狩）。田獵的同時也就是軍事訓練和演習的時候，兩者是密不可分的。（語見阮元校勘：《十三經注疏・周禮》，卷二十八，頁442～448。）

〔註435〕《毛傳》：「甫，大也。田者大芟草以爲防，或舍其中。」《鄭箋》則云：「甫草者，甫田之草也。鄭有甫田。」《孔疏》：「毛以爲，宣王言我田獵之車既善好，四牡之馬又甚盛大，東都之界有廣大之草，可以就而田獵焉。當爲我駕此車馬，我將乘之而往，狩獵於彼。言既會諸侯，又與田也。鄭唯以『東有甫草』爲『圃田之草』爲異耳。」孔穎達明白指出《毛傳》與《鄭箋》之不同處，《毛傳》訓「甫」爲「大」，《鄭箋》則以爲「甫草者，甫田之草也。」故孔氏於下章又云：「『搏獸于敖』，敖，地名，則甫草亦是地名，不宜爲大，故易之爲圃田之草。且東都之地，自有圃田，故引《爾雅》以證之。『鄭有圃田』，〈釋地〉文也。郭璞曰：『今滎陽中牟縣西圃田澤是也』。〈職方〉曰：『河

合、整隊、點名、報數，到建旐設旄。〔註436〕四章言四方諸侯駕著高大壯碩之馬而來。既朝見於王，則服赤芾金舄之盛飾，〔註437〕與王行會同之禮者。五章言射獵前的準備工作。六章言田獵之情形。七章言軍紀嚴明，又君遇下有恩。末章則以「展矣大成」讚美君子作結。依次寫來有條不紊，畫面生動。

　　全詩由會諸侯前的準備活動描繪起，宣王準備率領著大隊的車馬，軍容整齊、浩浩蕩蕩地要到東都會諸侯。因此，行前的準備可不能馬虎，從要求車子的堅固、精選高壯的馬匹，到訓練嫻熟，使得馬兒奔跑起來的步伐既快又一致。有了堅固的車子以及訓練嫻熟、高壯的馬還不夠，因為宣王十分重視此次會諸侯之事，所以，接下來就是精挑細選出一支精銳的部隊，從整飭士卒，集合、整隊、點名、報數，行軍時豎著畫有龜蛇圖案的王旗，士兵們個個表現出精神抖擻、慷慨激昂，雄壯威武地要到敖山狩獵去。

　　前來會同的諸侯們也有備而來：乘著高壯的馬兒，穿著紅色蔽膝、鑲著金色線條的紅色鞋子，一副盛大又合禮的打扮，絡繹不絕地前來舉行會同之禮，場面盛大，禮儀隆重。在狩獵之前，先將象骨做的「決」，套於右大指，以利鉤弦；將皮做的袖套「拾」，套於左臂，以保護手臂，並將弓矢的強弱輕重調配得宜，做好射獵前的準備工作，以便獵事能進行順利。而在射獵的進行當中，諸侯們展現合禮又和諧的表現，不得利者為得利者積禽，呈現一片和樂融融的氣氛。射獵時，駕御的技術良好，使馬兒能在掌控之中，不會偏離方向，而馬兒彼此間也配合有序、步伐合度，足見平時訓練之嫻熟。射獵

南曰豫州，其澤藪曰圃田。」宣王之時，未有鄭國，圃田在東都畿內，故宣王得往田焉。」由上述孔氏舉證得知：甫草是地名，在今河南一帶，又圃田在東都畿內，宣王可以前往田獵，而甫草亦非《鄭箋》以為鄭國之甫田，因當宣王之世，並無鄭國。（分見鄭玄：《毛詩鄭箋》，頁 77。孔穎達：《毛詩正義》，頁 649～651。）

〔註436〕《周禮‧春官‧宗伯》：「龜蛇為旐」，是一種畫有龜蛇圖案的大旗，是王旗的一種。（語見阮元校勘：《十三經注疏‧周禮》，卷二十七，頁 420。）

〔註437〕「赤芾金舄」，《毛傳》：「諸侯赤芾金舄，舄，達屨也。」《鄭箋》云：「金舄，黃朱色也。」《孔疏》：「言『諸侯赤芾』，對天子當朱芾也。言『金舄，達屨』者，〈天官‧屨人〉注云：『舄有三等，赤舄為上，冕服之舄，下有白舄、黑舄。』此云金舄者，即禮之赤舄也。故《箋》云：『金舄，黃朱色』。加金為飾，故謂之金舄。白舄、黑舄，猶有在其上者，為尊未達。其赤舄則所尊莫是過，故云『達屨』，言是屨之最上達者也。此舄也，而曰屨，屨，通名。以舄是祭服，尊卑異之耳，故屨人兼掌屨舄，是屨為通名也。」由上述所言可知：「金舄」，是一種加了金色為飾的紅色鞋子，是屨中之最上達者。（分見鄭玄：《毛詩鄭箋》，頁 77。孔穎達：《毛詩正義》，頁 652。）

的技術快又準，幾乎箭不虛發，無堅不摧，即使是再兇猛的猛獸，無不應弦
而倒，所獲獵物之多自不待言。射獵完，仍維持良好的軍紀，只聽見蕭蕭的
風聲中傳來陣陣的馬鳴聲，以及一片隨風招展的旗海飄揚著，呈現一派肅穆
的氣象。車上車下的士兵們仍保持著警戒，所獲的獵物很多，充滿了整個君
庖。〔註438〕這次會諸侯的射獵活動，既展示了軍威，使諸侯們不敢造次，又
施與了君恩給諸侯，算是成功地完成了會諸侯這件大事。

4. 不籍千畝，立戲太子，料民於太原，誤殺杜伯

（1）不籍千畝

自周初，於孟春始耕之前，天子即行籍田之禮，以祈求豐年。所謂「籍
田」，據《鄭箋》於〈周頌‧載芟〉一詩中說：「藉田，甸師氏所掌，王載耒
耜所耕之田，天子千畝，諸侯百畝。藉之言借也，借民力治之，故謂之藉田。」
〔註439〕《國語‧周語》也提到：「及籍，后稷監之，膳夫、農正陳籍禮，太史
贊王，王敬從之。王耕一撥，班三之，庶民終于千畝。」〔註440〕可知籍田，
是一種儀式，最後天子、諸侯仍須借重民力以耕公田。

周室建國以農為本，其始祖后稷教民稼穡，而文王則著卑服，與民耕種，
從早到晚，席不暇暖，不敢懈怠。成康之時，也行籍田之禮，以祀先祖，纘
續其功，使人和年豐。而在厲王之世，流民失所，不復耕籍，籍田之禮遂廢。
宣王即位，仍不籍千畝，荒廢籍禮，虢文公勸諫宣王復籍田之禮，但宣王不
聽，不籍千畝，此事見載於《史記‧周本紀》：「十二年，魯武公來朝。宣王
不脩籍於千畝，虢文公諫曰：『不可』，王弗聽。」〔註441〕而《國語‧周語》
更詳述其事，其文云：

〔註438〕「蕭蕭馬鳴，悠悠旆旌」，《毛傳》：「言不諠譁也。」《孔疏》：「言王之田獵，
　　　　非直射良御善，又軍旅齊肅，唯聞蕭蕭然馬鳴之聲，見悠悠然旆旌之狀，無
　　　　敢有諠譁者。」詩句所描寫的雖然是只聽到馬兒的鳴叫聲，看到旌旗飄揚的
　　　　樣子，但其實暗指下句的「徒御不驚」及下章的「有聞無聲」，因為軍紀嚴明，
　　　　沒有任何的喧嘩聲，所以只聽到馬兒的鳴叫聲。「徒御不驚，大庖不盈」，《毛
　　　　傳》：「徒，輦也。御，御馬也。不驚，驚也。不盈，盈也。」《孔疏》：「徒行
　　　　挽輦者，與車上御馬者，豈不驚戒乎？言以相警戒也。君之大庖，所獲之禽
　　　　不充滿乎？言充滿也。」詩句所述，是指雖然射獵已經結束，但軍士們仍然
　　　　保持著高度的警戒；所獲的獵物很多，充滿了整個君庖。（分見鄭玄：《毛詩
　　　　鄭箋》，頁77。孔穎達：《毛詩正義》，頁654。）
〔註439〕鄭玄：《毛詩鄭箋》，頁157。
〔註440〕左丘明撰，韋昭注：《國語》，卷一，周語上，頁18。
〔註441〕瀧川龜太郎：《史記會注考證》，頁78。

宣王即位，不籍千畝。虢文公諫曰：「不可。夫民之大事在於農，上帝之粢盛於是乎出，民之蕃庶於是乎生，事之供給於是乎在，和協輯睦於是乎興，財用蕃殖於是乎始，敦厖純固於是乎成，是故稷為大官，古者，太史順時覛土，陽癉憤盈，土氣震發，農祥晨正，日月底于天廟，土乃脈發。」先時九日，太史告稷曰：「自今至於初吉，陽氣俱蒸，土膏其動。弗震弗渝，脈其滿眚，穀乃不殖。」稷以告王曰：「史帥陽官以命我司事曰：距今九日，土其俱動，王其祇祓，監農不易。」王乃使司徒咸戒公卿、百吏、庶民，司空除壇于籍，命農大夫咸戒農用。先時五日，瞽告有協風至，王即齋宮，百官御事，各即其齋三日。王乃淳濯饗醴，及期，鬱人薦鬯，犧人薦醴，王祼鬯，饗醴乃行，百吏、庶民畢從。及籍，后稷監之，膳夫、農正陳籍禮，太史贊王，王敬從之。王耕一撥，班三之，庶民終于千畝。其后稷省功，太史監之；司徒省民，太師監之；畢，宰夫陳饗，膳宰監之。膳夫贊王，王歆太牢，班嘗之，庶人終食。……今天子欲脩先王之緒而棄其大功，匱神乏祀而困民之財，將何以求福用民？王不聽。三十九年，戰於千畝，王師敗績於姜氏之戎。〔註442〕

《國語‧周語》中記載周王行籍田之禮時的慎重莊敬，強調天時、地利、人和的重要，而在祭祀上帝之前要先齋戒，百官各司其職，待一切就緒，乃準備祭品敬祀上帝，祈求豐年，使物庶民豐，這是國家興盛的基礎。而今宣王卻不籍千畝，虢文公認為這是一件嚴重的事，因為宣王既有中興之志，欲脩先王之業，怎可棄其大功？因為「農」，不僅是民之大事，更是國之大事，是全天下人賴以維生之源，是國家興盛之本，要使國泰民安，民富國強，籍田之禮是不可棄而不行的，所以，虢文公勸諫宣王不可捨本逐末，要誠心地舉行籍田之禮，上帝才會保佑周室子民，要為民祈福、造福，不要再使人民困乏，否則會失民心，但宣王不聽，三十九年還戰於千畝，王師敗績於姜氏之戎。《後漢書‧西羌傳》亦云：

宣王立四年，使秦仲伐戎，為戎所殺，王乃召秦仲子莊公，與兵七千人，伐戎破之，由是少卻。後二十七年，王遣兵伐太原戎，不克。後五年，王伐條戎、奔戎，王師敗績。後二年，晉人敗北戎于汾隰，

〔註442〕左丘明撰，韋昭注：《國語》，卷一，周語上，頁15～22。

戎人滅姜侯之邑。〔註443〕

此北戎即姜氏之戎也。而宣王伐姜氏之戎何以失敗？乃因司馬職廢之故。據《詩經‧小雅‧祈父》篇云：

> 祈父！予，王之爪牙。胡轉予于恤？靡所止居。（一章）
> 祈父！予，王之爪士。胡轉予于恤？靡所厎止。（二章）
> 祈父！亶不聰。胡轉予于恤？有母之尸饔。（三章）

《詩序》：「祈父，刺宣王也。」〔註444〕《毛傳》：「宣王之末，司馬職廢，姜戎為敗。」〔註445〕《鄭箋》：「刺其用祈父不得其人，官非其人則職廢。」〔註446〕陳奐《詩毛氏傳疏》更進一步闡述：

> 《傳》云：「羌戎為敗」，以申明憂字之義。云：「宣王之末，司馬職廢」者，所以明其致敗之由，此總釋全章之大恉，為補明《序》刺之義也。……〈周語〉：宣王不藉千畝，虢文公諫而不聽。三十九年，戰于千畝，王師敗績於姜氏之戎。孔晁注云：宣王不耕藉田，神怒民困，為戎所敗，戰于近郊。〔註447〕

陳奐認為宣王之末，司馬職廢，是造成王敗於姜戎之因。所以，〈小雅‧祈父〉一詩是用來刺宣王，也因為宣王不藉千畝，有違天意，而引起神怒民困，所以，為戎所敗，如今還戰于近郊，簡直就是天意，故天意是不可違的，否則會自取滅亡。

是以，〈小雅‧祈父〉一詩是宣王之末，征戰頻繁，民困兵乏，此雖咎責祈父司馬職廢，為姜戎所敗，實則刺宣王罔顧天意，不恤民情，使民疲於征戰而不得終養父母也，詩中充滿意憤之詞。所以，詩之首句皆以呼告「祈父」開頭，充滿憤怒之情，而自稱「予，王之爪牙」，則有不滿之意，因為我明明是王護衛之士，〔註448〕卻派我出去征戰，致使我無法安居，也無法終養我的父母。軍中有雜音，士兵們內心憤怒不滿，定難信服王命，故宣王征戰失利勢所必然，因為他不僅罔顧天意，還不得民心，這是犯了大忌，因為周人認為執政者一定要有「敬天保民」的思想，《尚書‧泰誓》篇所謂：「民之所欲，

〔註443〕范曄撰，李賢等注：《後漢書》，卷八十七，頁2871～2872。
〔註444〕鄭玄：《毛詩鄭箋》，頁80。
〔註445〕鄭玄：《毛詩鄭箋》，頁80。
〔註446〕鄭玄：《毛詩鄭箋》，頁80。
〔註447〕陳奐：《詩毛氏傳疏》，頁477。
〔註448〕余培林：《詩經正詁》下冊，頁99。

天必從之。」〔註449〕否則天命靡常，周室將不保矣。

（2）立戲太子

　　魯武公與長子括、少子戲朝周宣王，周宣王以一己之愛憎，欲廢長立少，破壞宗法制度，仲山甫諫宣王，宣王不聽。魯武公卒，而戲立，是爲懿公，魯人不服，乃攻弒懿公，宣王伐魯，此事詳載於《國語‧周語》及《史記‧魯周公世家》，其文曰：

> 魯武公以括與戲見王，王立戲，樊仲山甫諫曰：「不可立也！不順必犯，犯王命必誅，故出令不可不順也。令之不行，政之不立；行而不順，民將棄上。夫下事上，少事長，所以爲順。今天子立諸侯而建其少，是教逆也。若魯從而諸侯效之，王命將有所壅；若不從而誅之，是自誅王命也。是事也，誅之失，不誅亦失，天子其圖之。」王卒立之。魯侯歸而卒，及魯人殺懿公而立伯御。三十二年春，宣王伐魯，而立孝公，諸侯從是而不睦。宣王欲得國子之能導訓諸侯者，樊穆仲曰：「魯侯孝。」王曰：「何以知之？」對曰：「肅躬明神而敬事耆老，賦事行刑，必問於遺訓而咨於故實，不干所問，不犯所咨。」王曰：「然則能訓治其民矣。」乃命魯孝公於夷宮。〔註450〕

《史記‧魯周公世家》據《國語‧周語》亦載此事，《史記‧魯周公世家》云：

> 武公九年春，武公與長子括，少子戲，西朝周宣王。宣王愛戲，欲立戲爲魯太子。周之樊仲山甫諫宣王曰：「廢長立少，不順；不順，必犯王命；犯王命必誅之；故出令不可不順也。令之不行，政之不立；行而不順，民將弃（棄）上。夫下事上，少事長，所以爲順。今天子建諸侯，立其少，是教民逆也。若魯從之，諸侯效之，王命將有所壅；若弗從而誅之，是自誅王命也。誅之亦失，不誅亦失，王其圖之。」宣王弗聽，卒立戲爲魯太子。夏，武公歸而卒，戲立，是爲懿公。懿公九年，懿公兄括子伯御，與魯人攻弒懿公，而立伯御爲君。伯御即位，十一年，周宣王伐魯，殺其君伯御，而問魯公子能道順諸侯者，以爲魯後。樊穆仲曰：魯懿公弟稱，肅躬明神，敬事耆老，賦事行刑，必問於遺訓，而咨於故實，不干所問，不犯所知。」宣王曰：「然，能訓治其民矣。」乃立稱於夷宮，是爲孝公。

〔註449〕孔安國傳，孔穎達疏：《尚書正義》，卷十一，頁325。
〔註450〕左丘明撰，韋昭注：《國語》，卷一，周語上，頁22～23。

自是後，諸侯多畔王命。〔註451〕

宣王廢長立少，破壞制度，教民以逆，卒使令不行，政不立，行不順，諸侯多畔王命。諸侯驕恣不睦，不循禮制，不盡其職，不順服於王，實因宣王自壞制度，立下壞榜樣，致使諸侯不睦，違禮犯上，不復來朝，是宣王咎由自取，自損天子的威儀。故《詩經·小雅·沔水》云：

沔彼流水，朝宗于海。鴥彼飛隼，載飛載止。嗟我兄弟，邦人諸友。

莫肯念亂，誰無父母！（一章）

沔彼流水，其流湯湯。鴥彼飛隼。載飛載揚。念彼不蹟，載起載行。

心之憂矣，不可弭忘。（二章）

鴥彼飛隼，率彼中陵。民之訛言，寧莫之懲。我友敬矣。讒言其興。

（三章）

《詩序》：「〈沔水〉，規宣王也。」〔註452〕《詩經·小雅·沔水》詩首二章皆以流水終歸於大海，以興萬物皆有所歸，而且是以「小就大也」之序為之，而今之諸侯卻不朝天子。〔註453〕又以隼之想飛就飛，想止息於木就止息，以喻諸侯之自驕恣，欲朝不朝，自由無所在心也，〔註454〕所以，此時的諸侯是驕恣無禮，不循禮制，不盡其職，此詩明責諸侯敗禮，不順服於王，實刺宣王自壞制度，立下壞榜樣，致使諸侯違禮犯上，不復來朝，是宣王咎由自取，自損天子的威儀。而陳啓源《毛詩稽古編》亦云：

〈周語〉：三十二年，宣王伐魯，立孝公，諸侯從是而不睦。不睦則朝宗之典缺矣，宣王廢長立少，仲山甫諫而不聽，終致魯人弒，立魯之亂，宣王為之也，何以服諸侯乎？宜有不朝者矣，〈沔水〉詩其作于三十二年之後乎！〔註455〕

宣王廢長立少，致使魯有弒王奪位之爭，立魯之亂，而引起諸侯不睦，故諸侯不復來朝，究其主因乃宣王破壞宗法制度，諸侯國內互爭王位，不復來朝，此亦為宣王由盛而衰之因也。

〔註451〕瀧川龜太郎：《史記會注考證》，頁570～571。
〔註452〕鄭玄：《毛詩鄭箋》，頁79。
〔註453〕鄭玄：「水流而入海，小就大也，喻諸侯朝天子亦猶是也。」（語見鄭玄：《毛詩鄭箋》，頁79。）
〔註454〕鄭玄：《毛詩鄭箋》，頁79。
〔註455〕陳啓源：《毛詩稽古編》，頁402。

（3）料民於太原

宣王料民於太原，乃因宣王於千畝戰敗績之後，因亡南國之師而料民。據《史記‧周本紀》言：「三十九年，戰于千畝，王師敗績于姜氏之戎。宣王既亡南國之師，乃料民於太原。仲山甫諫曰：『民不可料也。』宣王不聽，卒料民。」〔註456〕《國語‧周語》更詳述其事，其文曰：

> 宣王既喪南之師，乃料民於太原。仲山父諫曰：「民不可料也！夫古者不料民而知其少多，司民協孤終，司商協民姓，司徒協旅，司寇協姦，牧協職，工協革，場協入，廩協出，是則少多、死生、出入、往來者皆可知也。於是乎又審之以事，王治農於籍。蒐于農隙，耨穫亦於籍，獮於既烝，狩於畢時，是皆習民數者也，又何料焉？不謂其少而大料之，是示少而惡事也。臨政事少，諸侯避之；治民惡事，無以賦令。且無故而料民，天之所惡也，害於政而妨於後嗣。」
> 王卒料之，及幽王乃廢滅。〔註457〕

宣王自伐姜戎敗後，乃意氣用事，料民於太原，仲山甫諫其民不可料，因為平時職各有司，就可大約推知人民之數，不需大張旗鼓地去清點，如此只會自曝其短，顯示自己的子民人數少，而且還擾民，這樣諸侯當然會不願親附，上天也會厭惡這樣的行為，這樣做不但無益於事，還會遺害後代。宣王不聽，還是堅持料民，所以，周室傳到幽王就滅絕了。宣王料民於太原之事，不但引起諸侯不遜，大失民心，還造成天怒人怨，奠下周室滅亡之因。

（4）誤殺杜伯

有關宣王錯殺杜伯之事，李超孫《詩氏族考》引《周春秋》曰：

> 周杜伯之國名為恆，為周大夫，宣王之妾曰女鳩，欲通之，杜伯不可，女鳩訴之宣王曰：恆竊與妾交。宣王信之，囚杜伯于焦，其友左儒爭之，九諫而王不聽，王使薛甫與司工錡殺杜伯，左儒死之，杜伯既死，即為人見王曰：恆之罪何哉？召祝而以杜伯語告之，祝曰：何不殺錡以謝？宣王乃殺錡，司工錡為人而至曰：臣何罪之有？宣王告皇甫殺祝以兼謝焉，皆為人而至，祝亦曰：我焉知之？奈何以為罪而殺臣也？後三年游于圃田，從人滿野，日中，杜伯乘白馬素車，司工錡為左，祝為右，朱衣朱冠，起于道左，執朱弓朱矢，

〔註456〕瀧川龜太郎：《史記會注考證》，頁78～79。
〔註457〕左丘明撰，韋昭注：《國語》，卷一，周語上，頁24～25。

射宣王，中心折脊，伏于弓矢而死。〔註458〕

宣王信女鳩之言而錯殺杜伯，之後更接連殺害相關知情的臣子，最後則被化爲厲鬼的杜伯、司工錡及祝所射死。而《國語・周語》論周興亡之兆，亦提及此事，其文曰：「周之興也，鸑鷟鳴於岐山；其衰也，杜伯射王於鄗。」〔註459〕宣王錯殺杜伯，杜伯冤死化爲厲鬼而射宣王之事，不惟《周春秋》、《國語》載之，《墨子・明鬼》篇亦詳述其事，其文云：

　　周宣王殺其臣杜伯而不辜。杜伯曰：吾君殺我而不辜，若以死者爲
　　無知則止矣，若死而有知，不出三年，必使吾君知之。其三年，周
　　宣王合諸侯而田于圃田，車數百乘，從者數千人滿野。〔註460〕

此事難斷眞假，但宣王錯殺臣子，積咎生鬼，使賢臣紛思歸隱之心，此亦爲致衰之因。

　　綜上所述：宣王之不籍千畝，立戲太子，料民於太原，誤殺杜伯，是罔顧天意，背離民心，破壞制度，不務立德的作爲，其作爲使賢臣遠離。故《詩經・小雅・白駒》篇云：

　　皎皎白駒，食我場苗。縶之維之，以永今朝。所謂伊人，於焉消遙。
　　（一章）

　　皎皎白駒，食我場藿。縶之維之，以永今夕。所謂伊人，於焉嘉客。
　　（二章）

　　皎皎白駒，賁然來思。爾公爾侯，逸豫無期。愼爾優游，勉爾遁思。
　　（三章）

　　皎皎白駒，在彼空谷。生芻一束，其人如玉。毋金玉爾昔。而有遐
　　心。（四章）

《詩序》：「〈白駒〉，大夫刺宣王也。」〔註461〕《鄭箋》：「刺其不能留賢。」〔註462〕陳啓源《毛詩稽古編》亦云：「〈白駒〉，刺王不用賢，始不能求，繼不能留，王德之衰有漸矣，拒直諫，聽讒言，君子見幾，當有拂衣而去者。」〔註463〕詩

〔註458〕李超孫：《詩氏族考》，頁 77。
〔註459〕左丘明撰，韋昭注：《國語》，卷一，周語上，頁 30。
〔註460〕墨翟：《墨子》，卷八，頁 85～86。
〔註461〕鄭玄：《毛詩鄭箋》，頁 80。
〔註462〕鄭玄：《毛詩鄭箋》，頁 80。
〔註463〕陳啓源：《毛詩稽古編》，頁 403。

中以白駒喻賢者，這樣的賢臣應該是要留在朝廷為王效命才是，而今卻留不住，寧願在外逍遙，是以詩人刺宣王末年聽讒言，拒直諫，不能用賢，以致如玉之德的賢臣離宣王越來越遠，國家痛失賢才，這也是宣王由盛轉衰之因。故陳啟源《毛詩稽古編》於〈大雅・常武〉一詩中評宣王之功過曰：

> 宣王懲艾前愆，勵精圖治，赫然中興，信稱令主。但英名過甚，而學養未純，雖銳於始，必倦於終，穆公早得之幾先矣。宣王少長於穆公，宜其資性之純，駁公所素知，故方勤政之初，已切鮮終之慮，以常武名篇而因美以為戒，洵老臣納誨之深心也。厥後魯戲立，而諸侯貳，千畝敗而戎患興，武事不立，實由德之不常。〔註464〕

宣王早年尚能以其父為戒，而勤勉政事，勵精圖治，卒成中興之名，但因德之不純，所以，宣王末年，不務立德，又有不籍千畝，立戲太子，料民於太原，誤殺杜伯等事，再加上不信賢臣，無疑雪上加霜，使賢臣紛思歸隱之心。

從上述可知：宣王早年勤勉政事，安定民心，攘除外患，任用賢能，南征北討，大展軍威，號稱中興；但因德之不純，晚年不籍千畝，立戲太子，料民於太原，誤殺杜伯，所以是個毀譽參半的君主。

（七）幽 王

1. 天災示警，昏庸淫逸，任用奸佞，聽信讒言

幽王初即位之時，山崩川竭，舉國震驚。據《竹書紀年》謂：「幽王二年，涇渭洛竭，岐山崩。」〔註465〕而川竭山崩，太史伯陽父認為此為陰陽失調，又鑑於夏商，乃料此為周將亡之兆。《國語・周語》云：

> 幽王二年，西周三川皆震。伯陽父曰：「周將亡矣！夫天地之氣，不失其序；若過其序，民亂之也。陽伏而不能出，陰迫而不能烝，於是有地震。今三川實震，是陽失其所而鎮陰也。陽失而在陰，川源必塞；源塞，國必亡。夫水土演而民用也。水土無所演，民乏財用，不亡何待？昔伊、洛竭而夏亡，河竭而商亡。今周德若二代之季矣，其川源又塞，塞必竭。夫國必依山川，山崩川竭，亡之徵也。川竭，山必崩。若國亡不過十年，數之紀也。夫天之所棄，不過其紀。」是歲也，三川竭，岐山崩。十一年，幽王乃滅，周乃東遷。〔註466〕

〔註464〕陳啟源：《毛詩稽古編》，頁453。
〔註465〕陳逢衡：《竹書紀年集證》，卷三十四，頁435。
〔註466〕左丘明撰，韋昭注：《國語》，卷一，周語上，26～27。

伯陽父以昔日夏殷滅亡爲鑑，表面雖言大自然之無常，但實指幽王暴虐無道，倒行逆施，以致天怒人怨，涇、渭、洛三川，川竭而山崩，爲一警訊，故提醒幽王勿蹈前轍，應以修德並安撫人民爲要，否則民不聊生，不亡何待？《竹書紀年》又云：「幽王四年，夏六月隕霜。」〔註467〕「幽王六年，冬十月辛卯朔，日有食之。」〔註468〕在幽王之世，二年地震，四年夏降霜，六年有日食，災厄連連，此事不惟史書記載，《詩經・小雅・正月》篇亦言「正月繁霜」，《毛傳》：「正月，夏之四月。」〔註469〕而朱熹《詩經集註》：「正月，夏之四月。謂之正月者，以純陽用事，爲正陽之月也。」〔註470〕夏之四月非降霜之月，而今降霜是天變示警也。《詩經・小雅・十月之交》篇則言天降災厄，詩人憂之，乃作詩以警之。〈小雅・十月之交〉篇云：

十月之交，朔月辛卯。日有食之，亦孔之醜。彼月而微，此日而微。今此下民，亦孔之哀。（一章）

日月告凶，不用其行。四國無政，不用其良。彼月而食，則維其常。此日而食，于何不臧。（二章）

燁燁震電，不寧不令。百川沸騰，山冢崒崩。高岸爲谷，深谷爲陵。哀今之人，胡憯莫懲？（三章）

皇父卿士，番維司徒。家伯維宰，仲允膳夫。棸子內史，蹶維趣馬，楀維師氏，豔妻煽方處。（四章）

抑此皇父，豈曰不時？胡爲我作，不即我謀？徹我牆屋，田卒汙萊。曰：「予不戕，禮則然矣。」（五章）

皇父孔聖，作都于向。擇三有事，亶侯多藏。不憖遺一老，俾守我王。擇有車馬，以居徂向。（六章）

黽勉從事，不敢告勞。無罪無辜，讒口囂囂。下民之孽，匪降自天。噂沓背憎，職競由人。（七章）

悠悠我里，亦孔之痗。四方有羨，我獨居憂。民莫不逸，我獨不敢休。天命不徹，我不敢傚，我友自逸。（八章）

〔註467〕陳逢衡：《竹書紀年集證》，卷三十四，頁440。
〔註468〕陳逢衡：《竹書紀年集證》，卷三十五，頁443
〔註469〕鄭玄：《毛詩鄭箋》，頁86。
〔註470〕朱熹：《詩經集註》，頁102。

《詩序》：「〈十月之交〉，大夫刺幽王也。」〔註471〕《鄭箋》則認爲是刺厲王，鄭氏曰：「當爲刺厲王，作《詁訓傳》時，移其篇第，因改之耳，箋刺師尹不平，亂靡有定；此篇譏皇父擅恣，日月告凶；〈正月〉惡褒姒滅周；此篇疾豔妻煽方處，又幽王時，司徒乃鄭桓公友，非此篇之所云番也，是以知然。」〔註472〕屈萬里《詩經詮釋》以曆法推之曰：「厲王二十五年十月朔辛卯，及幽王六年十月朔辛卯，皆有日食。而幽王二年，西周三川皆震，與此詩所咏者合。以此證之，則此詩當作於幽王之世。……，按此詩乃刺皇父等當政之人。」〔註473〕屈氏之說甚是。然雖言刺皇父，實亦刺幽王也。一、二章言日食、月食非吉兆，是因君主失道無善政，則天變示警，然幽王仍無視民之哀痛。三章言雷電大作，山洪爆發，山崩地裂，而幽王仍無視天之懲罰。四章言皇父、番、家伯、仲允、聚、蹶、楀等七子及豔妻褒姒勢力龐大，內外勾結，排擠賢臣。五章責皇父專政，役使百姓築邑，而致毀屋、廢田，完全不顧慮百姓的生活及感受。六章再責皇父遷都於向做避難的準備，有權有勢，卻不守我王，獨我辛勤守政。末二章則以對比的方式，寫自己孤獨地堅守崗位。可見幽王昏庸淫逸，在經歷了川竭山崩，日食、月食，雷電大作，山洪爆發，山崩地裂之後，民不聊生之際，不但未施仁政，且變本加厲，無視上天所發出的怒吼，甚至荒廢朝政，使奸佞專擅，任用姦邪，使賢良受誣，備受打壓。

幽王之世，小人擅權，朋比爲奸，在其把持朝政之下是「彼有旨酒，又有嘉殽；洽比其鄰，昏姻孔云」，只有奸佞們獨自享樂，不能將其恩惠擴及人民，而且奸佞們所住的是華麗的屋子，出門則有車代步，過著「佌佌彼有屋，蔌蔌方有穀」的舒適歡樂生活，而無權無勢及老百姓們卻不幸受害，這都是因爲幽王昏庸，使民困交迫，而當權者卻歌舞昇平，這眞是絕對的權力使人絕對的腐化啊！

而當公平正義失守時，亦即執政者不公，只顧私利，枉顧民意，則使民怨四起，大失民心，民無所依從，遂釀禍端，〈小雅・節南山〉篇即言太師尹氏秉職不公，亂政失職，引民怨，釀禍端，其詩一到四章云：

節彼南山，維石巖巖。赫赫師尹，民具爾瞻。憂心如惔，不敢戲談。

國既卒斬，何用不監。（一章）

〔註471〕鄭玄：《毛詩鄭箋》，頁 87。

〔註472〕鄭玄：《毛詩鄭箋》，頁 87。

〔註473〕屈萬里：《詩經詮釋》，頁 358。

節彼南山，有實其猗。赫赫師尹，不平謂何。天方薦瘥，喪亂弘多。
民言無嘉，憯莫懲嗟。（二章）

尹氏大師，維周之氐。秉國之均，四方是維。天子是毗，俾民不迷。
不弔昊天，不宜空我師。（三章）

弗躬弗親，庶民弗信。弗問弗仕，勿罔君子。式夷式已，無小人殆。
瑣瑣姻亞，則無膴仕。（四章）

《詩序》：「〈節南山〉，家父刺幽王也。」〔註474〕幽王任用姦邪，以尹氏為太師，皇父為卿士，番氏為司徒，家伯為冢宰，仲允為膳夫，棸氏為內史，蹶氏為趣馬，楀氏為師氏。這些人等，為人只顧私利，不問是非，結黨營私，排擠忠良，阿諛奉承，不知勸戒幽王體恤民情，反引王淫樂，不事朝政，政亂不寧，陷王於不義，由當權者之不公，遂引民怨。

是以，〈小雅・節南山〉篇家父言終南山是那麼的高峻，以象徵太師尹氏的威赫尊顯，太師尹氏秉持國政，人民皆惟爾是視，家父慎重地說：我現在並不是在開玩笑，而是非常憂心國家的現狀，因為國家就要滅絕了，太師尹氏卻坐視不管。太師尹氏執政不公，家父對他又莫可奈何。天變不常，禍亂又多又大，人民對執政者已沒什麼好話可說了，因為執政者對於上天的懲戒不知悔改，民不聊生，也不知視民如傷，難怪人民會對執政者徹底失望。太師尹氏應該是國家的棟樑，因為他擁有國家的名器，應該要以人民為重，要謀人民之福，好好地輔助幽王，使民不迷惑才是，而今卻不然。真是不幸啊！老天千萬不要因此而使人民困窮呀！太師尹氏不躬親政事，已造成人民對他的不信任，他不知撫恤人民，不好好奉事幽王。所以，太師尹氏您不要再欺瞞幽王了，應該要公平執政，不要再做那些圖利您個人及親人的行為了，不要再危害國家了。因為幽王的充分授權不理朝政，才會使這些權臣們恃寵而驕，為所欲為，而今家父憂心為國，不畏誅罰，作詩以刺太師尹氏，望其悔悟，此詩雖言刺尹氏，實亦刺幽王，蓋望幽王能反躬自省，勿再任用姦邪了。

若幽王肯重用賢臣或可止亂，但是幽王對讒佞深信不疑，以致小人得勢，賢臣反遭黜退，且權臣們毫無悔改之心，仍勾結黨羽，誣陷忠良，生靈塗炭，漠不關心，以致饑饉侵削。在國家無賢，朝政無綱之下，國家虛耗、空轉，詩人憫幽王無賢臣輔政，國將大壞矣，故作〈大雅・召旻〉一詩曰：

〔註474〕鄭玄：《毛詩鄭箋》，頁85。

旻天疾威，天篤降喪。瘨我饑饉，民卒流亡。我居圉卒荒。（一章）

天降罪罟，蟊賊內訌。昏椓靡共。潰潰回遹，實靖夷我邦。（二章）

皋皋訿訿，曾不知其玷。兢兢業業，孔填不寧，我位孔貶。（三章）

如彼歲旱，草不潰茂。如彼棲苴。我相此邦，無不潰止。（四章）

維昔之富，不如時；維今之疚，不如茲。彼疏斯粺，胡不自替，職兄斯引。（五章）

池之竭矣，不云自頻？泉之竭矣，不云自中？溥斯害矣，職兄斯弘，不烖我躬。（六章）

昔先王受命，有如召公，日辟國百里；今也日蹙國百里。於乎哀哉！維今之人，不尚有舊。（七章）

《詩序》：「〈召旻〉，凡伯刺幽王大壞也。旻，閔也，閔天下無如召公之臣也。」〔註475〕朱熹《詩經集註》云：「此刺幽王任用小人，以致饑饉侵削之詩。」〔註476〕〈大雅·召旻〉一詩，全詩七章，首章言天降喪亂，饑饉災荒，人民流離失所，從國中到邊陲，無一倖免。二章謂群小不知反躬自省，反而內訌互相指摘，互相陷害，這些奸佞們行為不恭，專做一些邪僻亂政之事，幽王但卻任由這些人治理國家。所以，詩人刺幽王用人不當，以致國家禮法隳壞，岌岌可危。三章言奸佞「皋皋訿訿」，尸位素餐，遇事只會互相詆毀，幽王卻看不出其缺失，仍重用他們；而賢臣戒慎恐懼，「旻天疾威，天篤降喪」，甚不安寧，但地位反不如奸佞。詩以小人得勢，賢臣反遭黜退做一強烈對比，寫出賢臣心中的不平及不安。故孔穎達《毛詩正義》云：「閔傷當時天下無如文、武之世召康公之臣。以時無賢臣，深可痛傷，故以〈召旻〉名篇，其敘大壞之意。」〔註477〕四章則以「如彼歲旱，草不潰茂。如彼棲苴」，而斷言國將潰矣。五章則言幽王淫逸享樂，奢侈浮靡，國家怎能不衰敝呢？六章則以「池之竭矣，不云自頻？泉之竭矣，不云自中？」以喻內憂外患並至，不但禍害普遍，而且日益擴大。〔註478〕詩人甚憂心。末章則感慨「昔先王受命，有如召公，日辟國百里」，而今卻「日蹙國百里」，以今昔作一強烈對比，猶希冀幽王能尊尚舊章，進用賢人，庶

〔註475〕鄭玄：《毛詩鄭箋》，頁149。
〔註476〕朱熹：《詩經集註》，頁174。
〔註477〕孔穎達：《毛詩正義》，頁1264。
〔註478〕余培林：《詩經正詁》下冊，頁507。

幾反否爲泰，轉危爲安也。〔註479〕

　　然幽王仍聽信讒言，不信忠臣勸諫，正直無辜者反招禍害，小人當權顛倒黑白，政亂至此，詩人憂心。〈小雅・巧言〉篇更是直斥亂之生於幽王聽信讒言，詩中對於讒言的描摹極具形象，足見詩人對讒言體認之深，其詩云：

　　　　悠悠昊天，曰父母且。無罪無辜，亂如此憮。昊天已威，予愼無罪。
　　　　昊天大憮，予愼無辜。（一章）

　　　　亂之初生，僭始既涵。亂之又生，君子信讒。君子如怒，亂庶遄沮。
　　　　君子如祉，亂庶遄已。（二章）

　　　　君子屢盟，亂是用長。君子信盜，亂是用暴。盜言孔甘，亂是用餤。
　　　　匪其止共，維王之卬。（三章）

　　　　奕奕寢廟，君子作之。秩秩大猷，聖人莫之。他人有心，予忖度之。
　　　　躍躍毚兔，遇犬獲之。（四章）

　　　　荏染柔木，君子樹之。往來行言，心焉數之。蛇蛇碩言，出自口矣。
　　　　巧言如簧，顏之厚矣。（五章）

　　　　彼何人斯，居河之麋。無拳無勇，職爲亂階。既微且尰，爾勇伊何。
　　　　爲猶將多，爾居徒幾何。（六章）

《詩序》：「〈巧言〉，刺幽王也。大夫傷於讒，故作是詩也。」〔註480〕朱熹《詩經集註》：「大夫傷於讒，無所控告，而訴之於天。」〔註481〕屈萬里《詩經詮釋》：「此刺讒人之詩。」〔註482〕朱守亮《詩經評釋》亦言：「此傷讒致亂之詩。」〔註483〕據《史記・周本紀》：「周王以虢石父爲卿用事，國人皆怨，石父爲人佞巧善諛，好利，王用之，又廢申后去太子也。」〔註484〕即使疑《序》的姚際恆亦曰：「此幽王時之大夫，以小人讒謀啓亂，將甘心焉，而賦是詩。」〔註485〕是故，《序》說可信也。故詩中之君子，是爲幽王。而胡承珙《毛詩後箋》更云：

〔註479〕余培林：《詩經正詁》下冊，頁 508。
〔註480〕鄭玄：《毛詩鄭箋》，頁 92。
〔註481〕朱熹：《詩經集註》，頁 111。
〔註482〕屈萬里：《詩經詮釋》，頁 376。
〔註483〕朱守亮：《詩經詮釋》，頁 580。
〔註484〕瀧川龜太郎：《史記會注考證》，頁 80。
〔註485〕姚際恆：《詩經通論》，頁 218。

詩以「悠悠昊天」發端，而取五章之「巧言」名篇，蓋讒人之言非
巧不入，詩人所深惡也，大夫傷於讒，非獨一己傷困於讒，謂大夫
傷痛讒言之亂政，故其詞屢言亂，而深望君子察而止之。〔註486〕

詩人規諫幽王，勿信讒言，並深惡痛斥佞臣之禍國殃民，望幽王能悔悟也。
是以，〈小雅・巧言〉一詩，一章詩人自述無罪而遭禍亂。二章述亂生於君子
信讒，而止亂則在於怒讒而喜賢。三章言亂之滋長在於君子屢盟。前三章刺
聽讒者，後三章刺讒人，因為一件事的發生是雙方面的，所謂的一個銅板不
會響，所以，不管是聽讒者甚或讒人都該罵，在此詩中充分表現出《詩經》
的罵人藝術。詩之一開頭即曰「悠悠昊天，曰父母且」，以呼天呼父母來表達
其對讒言的無可奈何，尤其是賢良無罪，讒人也能以巧言迷惑幽王，用盡權
謀，羅織罪名以陷害忠良，這種小人亂政的情況是非常嚴重的，所以詩人感
到既憤怒、憂心又無奈，因為昊天所降之威真的太大，而我們卻是無辜受害
之人。讒言可怕的地方在於它剛開始產生的時候，幽王是用包容的態度看待
它，而當它接二連三出現時，幽王就真的相信了，如果幽王在聽到讒言之時
表示震怒，那麼讒言差不多可以立刻停止，也就不會再有讒言產生，而幽王
如果可以親近賢臣，那麼讒言就更不會發生了。可見讒言之生在於幽王親佞
臣，遠賢臣，才使讒言有機會滲透。

　　而幽王自己本身行為不正，屢屢背信違盟，這更是使亂源有機會滋生的
元兇。幽王聽信小人之言，所以讒言亂政才會越來越嚴重，而讒言是那麼的
甜美好聽，聽讒言就像吃飯一樣，很容易入口，很容易聽進去，所以這不能
完全歸咎於小人所表現過度恭敬諂媚的言行，而是幽王自己本身品行上的缺
失。所以，詩人認為是幽王自己行不正，是幽王咎由自取，否則「躍躍毚兔，
遇犬獲之」，賢臣對於小人的讒言詭計，早就猜到了，但由於幽王親佞臣，遠
賢臣，才讓小人有機可趁。而今讒言產生，是幽王造成的，流言四起，幽王
應該要加以辨識才對，雖然冠冕堂皇的話是從口說出，而巧言就像是鼓簧那
麼悅耳動聽，小人簡直已到恬不知恥的地步，所以，幽王更要謹慎辨識才對
呀！詩人希望幽王不要識人不清，用人不當，而一錯再錯下去，所以，詩人
非常有膽識地指責讒人：「彼何人斯，居河之麋。無拳無勇，職為亂階。既微
且尰，爾勇伊何。為猶將多，爾居徒幾何。」讒人是國家的亂源，不僅使國
家如腳脛生瘡，腫了起來一樣，使國家政策窒礙難行，猶如生了重病，所以，

─────────────

〔註486〕胡承珙：《毛詩後箋》，頁481。

詩人呼喊這些小人們，你們的詐術這麼多，你們到底還有多少跟班？多少黨羽？顯見幽王信讒亂政之嚴重。

幽王不僅用佞臣，寵褒姒，好聽讒言，荒淫無道，甚至喜怒無常，敗壞禮法，以致諸侯不朝，《詩經‧小雅‧菀柳》即述此事曰：

> 有菀者柳，不尚息焉。上帝甚蹈，無自暱焉。俾予靖之，後予極焉。
> （一章）
>
> 有菀者柳，不尚愒焉。上帝甚蹈，無自瘵焉。俾予靖之，後予邁焉。
> （二章）
>
> 有鳥高飛，亦傅于天。彼人之心，于何其臻？曷予靖之，居以凶矜。
> （三章）

《詩序》：「〈菀柳〉，刺幽王也。暴虐無親，而刑罰不中，諸侯皆不欲朝，言王者之不可朝事也。」〔註487〕詩人用反詰語氣，強烈抗議幽王是非顛倒，如同變動無常的上帝，居心叵測。所以，詩人更憂心自己處於凶危之地，不知何時才能平治這樣的狀況呢？幽王反覆無常，臣子難揣上意，深怕動輒得咎，故諸侯畏禍，不敢朝王。

2. 嬖褒姒，黜申后，廢太子，為一失德無道的亡國之君

褒姒是何許人也？據《史記‧周本紀》所記：

> 周太史伯陽讀史記曰：「周亡矣。」昔自夏后氏之衰也，有二神龍，止於夏帝庭而言曰：「余褒之二君。」夏帝卜殺之與去之與止之，莫吉。卜請其漦而藏之，乃吉。於是布幣而策告之，龍亡而漦在，櫝而去之。夏亡，傳此器殷。殷亡，又傳此器周。比三代，莫敢發之，至厲王之末，發而觀之。漦流于庭，不可除。厲王使婦人裸而譟之。漦化爲玄黿，以入王後宮。後宮之童妾既齔而遭之，既笄而孕，無夫而生子，懼而棄之。宣王之時童女謠曰：「檿弧箕服，實亡周國。」於是宣王聞之，有夫婦賣是器者，宣王使執而戮之。逃於道，而見鄉者後宮童妾所棄妖子，出於路者，聞其夜啼，哀而收之，夫婦遂亡犇於褒。褒人有罪，請入童妾所棄女子者於王，以贖罪。棄女子出於褒，是爲褒姒。當幽王三年，王之後宮見而愛之，生子伯服，竟廢申后及太子，以褒姒爲后，伯服爲太子。太史伯陽曰：「禍成矣，

〔註487〕鄭玄：《毛詩鄭箋》，頁110。

無可奈何！」〔註488〕

司馬遷以神話筆法寫褒姒出生之異象，來強調自夏、商、周以來，不可碰觸的問題，但到了厲、宣之時，終不可避免，是以，褒姒之禍周乃天意也，蓋因周自厲、宣、幽等三王，德或不純，或不修，是以天降喪亂之外，最後還因女禍亡國。

　　而〈大雅・瞻卬〉篇一至四章則詳言褒姒如何煽惑幽王以禍國，其詩云：

瞻卬昊天，則不我惠。孔填不寧，降此大厲。邦靡有定，士民其瘵。

蟊賊蟊疾，靡有夷屆。罪罟不收，靡有夷瘳。（一章）

人有土田，女反有之。人有民人，女覆奪之。此宜無罪，女反收之。

彼宜有罪，女覆說之。哲夫成城，哲婦傾城。（二章）

懿厥哲婦，為梟為鴟。婦有長舌，維厲之階。亂匪降自天，生自婦人。匪教匪誨，時維婦寺。（三章）

鞫人忮忒，譖始竟背。豈曰不極？伊胡為慝。如賈三倍，君子是識。婦無公事，休其蠶織。（四章）

《詩序》：「〈瞻卬〉，凡伯刺幽王大壞也。」〔註489〕《鄭箋》：「凡伯，天子大夫也。春秋魯隱公七年冬，天王使凡伯來聘。」〔註490〕《孔疏》：「幽王承父宣王中興之後，以行惡政之故，而令周道廢壞，故刺之也。」〔註491〕朱熹《詩經集註》：「此刺幽王嬖褒姒，任奄人，以致亂之詩。」〔註492〕朱氏之說甚是。

　　是以，〈大雅・瞻卬〉一詩，一章言幽王行惡政，天降災禍，天下不安，而這種災害不知何時才會停止？如果以酷刑施於天下，而不知收斂，那麼人民的痛苦，更不知何時才會解除，故詩人仰天而訴之。二章指斥幽王搶奪人民的土地、奴隸，還羅織罪名拘執無辜之人，而作奸犯科者，反為其脫罪，幽王倒行逆施，完全是因為褒姒煽惑幽王之故。三章更不客氣地指責褒姒是個城府深、謀略多的女人，甚至形容她「為梟為鴟」，形象令人厭惡，還長舌多嘴，災禍皆因此而生。所以，周室所有的災難禍害都不是從天而降，而是禍從褒姒之口而出，都是因為幽王太寵信褒姒及那些佞臣了。四章則言褒姒

〔註488〕瀧川龜太郎：《史記會注考證》，頁 79～80。
〔註489〕鄭玄：《毛詩鄭箋》，頁 148。
〔註490〕鄭玄：《毛詩鄭箋》，頁 148。
〔註491〕孔穎達：《毛詩正義》，頁 1256。
〔註492〕朱熹：《詩經集註》，頁 172。

如何爲非作歹，「鞫人忮忒，譖始竟背」，專門誣告陷害凶狠而惡毒，剛開始以讒言害人，最後甚至不擇手段毀滅人，難道還不夠兇狠嗎？眞不知道爲什麼幽王會那麼喜歡褒姒呢？所以，〈小雅・正月〉篇詩人更直言：「赫赫宗周，褒姒滅之。」

幽王寵愛褒姒，極盡討好之能事，甚至有損君主之威信也在所不惜，還因此種下亡國禍因，據《史記・周本紀》云：「姒不好笑，幽王欲其笑，萬方故不笑。幽王爲烽燧大鼓，有寇至則擧烽火。諸侯悉至，至而無寇，姒乃大笑。幽王說之，爲數擧烽火。其後不信，諸侯益亦不至。」〔註493〕褒姒備受幽王寵愛，但並不以此爲滿足，甚至勾結奸佞，想辦法使幽王廢申后，去太子，《史記・周本紀》有載：「三年，幽王嬖愛褒姒。褒姒生子伯服，幽王欲廢太子。太子母申侯女，而爲后。後幽王得褒姒愛之，欲廢申后，并去太子宜臼，以褒姒爲后，以伯服爲太子。」〔註494〕最後申后見黜，太子宜臼出奔於申，《詩經・小雅・白華》篇即述申后見黜之情，其詩云：

> 白華菅兮，白茅束兮。之子之遠，俾我獨兮。（一章）
>
> 英英白雲，露彼菅茅。天步艱難，之子不猶。（二章）
>
> 滮池北流，浸彼稻田。嘯歌傷懷，念彼碩人。（三章）
>
> 樵彼桑薪，卬烘于煁。維彼碩人，實勞我心。（四章）
>
> 鼓鍾于宮，聲聞于外。念子懆懆，視我邁邁。（五章）
>
> 有鶖在梁，有鶴在林。維彼碩人，實勞我心。（六章）
>
> 鴛鴦在梁，戢其左翼。之子無良，二三其德。（七章）
>
> 有扁斯石，履之卑兮。之子之遠，俾我疧兮。（八章）

《詩序》：「〈白華〉，周人刺幽后也。幽王取申女以爲后，又得褒姒而黜申后，故下國化之，以妾爲妻，以孽代宗，而王弗能治，周人爲之作是詩也。」〔註495〕《鄭箋》：「申，姜姓之國也，褒姒，褒人所入之女，姒其字也，是謂幽后，孽，支庶也，宗，適子也，王不能治，己不正故也。」〔註496〕朱熹《詩經集註》：「幽王娶申女以爲后，又得褒姒而黜申后，故申后作此詩。」〔註497〕《序》以爲是

〔註493〕瀧川龜太郎：《史記會注考證》，頁80。

〔註494〕瀧川龜太郎：《史記會注考證》，頁79。

〔註495〕鄭玄：《毛詩鄭箋》，頁112。

〔註496〕鄭玄：《毛詩鄭箋》，頁112～113。

〔註497〕朱熹：《詩經集註》，頁134。

刺幽后，然觀詩用第一人稱，曰卬、曰我，似出申后口吻，〔註498〕故朱熹之說為長。

是以，〈小雅・白華〉一詩，全詩八章，八章首二句皆為興體。首章以「白華菅兮，白茅束兮」起興，述白茅束菅，相得益彰，象徵夫妻之得宜，〔註499〕而今幽王卻為了褒姒而黜申后，使申后深感孤獨。二章亦以「英英白雲，露彼菅茅」，興夫妻之得宜，然其所以生變，蓋因「天步艱難，之子不猶」，申后先訴之於天，再言及幽王之不明察。三章則以「滮池北流，浸彼稻田」，述滮池之水尚能滋潤稻田，而幽王即使薄施恩澤也不肯，所以，引起申后的感傷。四章以「樵彼桑薪，卬烘于煁」，言桑薪乃薪中之善者，而竟用非其所，以象徵嫡后而遭卑視，而此由幽王暗昧所致，故使申后念念憂心。〔註500〕五章「鼓鍾于宮，聲聞于外」，以言申后被棄之事，眾所皆知，但是申后是對於幽王仍念念不忘，而幽王對申后卻是憤怒不悅。六章言「有鶩在梁，有鶴在林」，然禿鷹當在林，鶴鳥當在梁，而今反是，以興「失所」之義，亦即言申后當為后，褒姒當為妃，而今卻以妾為妻，違禮失德，故引起申后憂心。七章以「鴛鴦在梁，戢其左翼」興夫妻恩愛之情，而今幽王無良，三心二意，感情不貞。末章則以「有扁斯石，履之卑兮」，興申后被幽王拋棄踐踏，卑賤無比，表述申后之身心劇痛，苦不堪言。

而《詩經・小雅・小弁》則述宜臼的憂怨之情，顯見幽王寵愛褒姒已到無以復加的地步，居然可以做出悖禮無德，拋妻棄子之事，其詩云：

> 弁彼鸒斯，歸飛提提。民莫不穀，我獨于罹。何辜于天？我罪伊何？
> 心之憂矣，云如之何。（一章）
>
> 踧踧周道，鞠為茂草。我心憂傷，惄焉如擣。假寐永歎，維憂用老。
> 心之憂矣，疢如疾首。（二章）
>
> 維桑與梓，必恭敬止。靡瞻匪父，靡依匪母。不屬于毛，不罹于裏。
> 天之生我，我辰安在？（三章）
>
> 菀彼柳斯，鳴蜩嘒嘒。有漼者淵，萑葦淠淠。譬彼舟流，不知所屆。
> 心之憂矣，不遑假寐。（四章）

〔註498〕余培林：《詩經正詁》下冊，頁301。
〔註499〕余培林：《詩經正詁》下冊，頁301。
〔註500〕余培林：《詩經正詁》下冊，頁301～302。

鹿斯之奔，維足伎伎。雉之朝雊，尚求其雌。譬彼壞木，疾用無枝。
心之憂矣，寧莫之知。（五章）

相彼投兔，尚或先之；行有死人，尚或墐之。君子秉心，維其忍之。
心之憂矣，涕既隕之。（六章）

君子信讒，如或醻之。君子不惠，不舒究之。伐木掎矣，析薪扡矣。
舍彼有罪，予之佗矣。（七章）

莫高匪山，莫浚匪泉。君子無易由言，耳屬于垣。無逝我梁，無發
我笱，我躬不閱，遑恤我後。（八章）

《詩序》：「〈小弁〉，刺幽王也。大子之傅作焉。」〔註501〕《孔疏》：「太子謂
宜臼也，幽王信褒姒之讒，放逐宜臼。其傅親訓太子，知其無罪，閔其見逐，
故作此詩以刺王。」〔註502〕朱熹《詩經集註》認為：「幽王太子宜臼被廢而作
此詩。」〔註503〕觀其詩文，《序》謂刺幽王當不誤，然是否為太子之傅所作，
姚際恆《詩經通論》則以為：「詩可代作，哀怨出于中情，豈可代乎！況此詩
尤哀怨痛切之甚，異于他詩也。」〔註504〕姚氏之說似較通情理，故朱熹之說
似為可信。

　　〈小雅・小弁〉一詩，全詩八章，蓋以一「憂」字貫穿全詩，一到六章
動之以情，七、八章則訴之以理。首章即以鸒鳥之有家可歸，來反襯「民莫
不穀，我獨于罹」，表達宜臼遭放不得歸之鬱悶心情，而「何辜于天？我罪
伊何？心之憂矣，云如之何」，更是暗示因讒言而無辜遭放，真是百口莫辯，
莫可奈何呀！只能含冤對天哭訴。二章言平坦的周道居然長滿了草，顯示幽
王信褒姒之讒，亂其德政，使不通於四方，〔註505〕所以，令人憂心呀！之
後連用三「憂」字，還分別以「怒焉如擣」，「假寐永歎」，「疢如疾首」來表
達其憂之深也。三章更以「維桑與梓，必恭敬止」，說明自己對於養生送死
之事，必以恭敬之心，〔註506〕而且「靡瞻匪父，靡依匪母。不屬于毛，不

〔註501〕鄭玄：《毛詩鄭箋》，頁91。
〔註502〕孔穎達：《毛詩正義》，頁747。
〔註503〕朱熹：《詩經集註》，頁110。
〔註504〕姚際恆：《詩經通論》，頁215。
〔註505〕鄭玄：《毛詩鄭箋》，頁91。
〔註506〕「維桑與梓，必恭敬止」，屈萬里引《五代史》王建立曰：「桑以養生（育蠶），
　　　　梓以送死（為棺），此桑梓必恭之義。」此言對於養生送死之事，必以恭敬之
　　　　心。（語見屈萬里：《詩經詮釋》，頁373。）

罹于裏」，身體髮膚受之父母，如此重恩豈可輕忘？而今卻遭放不得奉養父母，是感憂傷，所以，《孟子·告子下》說：「〈小弁〉之怨，親親也。親親，仁也。」〔註507〕四、五章分別以「菀彼柳斯，鳴蜩嘒嘒」，「有漼者淵，萑葦淠淠」，「鹿斯之奔，維足伎伎」，「雉之朝雊，尚求其雌」，來說明蟬兒都有茂盛的柳樹可以棲息、鳴叫，萑葦也可以深水邊茂盛地生長著，而鹿奔、雉雊都為求友，而自己卻是「譬彼舟流，不知所屆」，「譬彼壞木，疾用無枝」，以此反襯己身之孤寂，無家可歸。六章更以「相彼投兔，尚或先之；行有死人，尚或墐之」，來說明即使是自投羅網的兔，都有人會為其開脫，路邊有死人，也會有人不忍心而將他埋葬，而身為父母的您們，怎麼忍心對我這麼殘忍呢？七章更是痛刺幽王之所以會做出違背倫常，不合仁心之事，全因「君子信讒，如或醻之」，幽王對於讒言全盤接受，完全沒有明察，所以，怨刺幽王做事不知「伐木掎矣，析薪扡矣」，做事應該要如伐木一樣，順著傾斜的一方而牽曳它使它自然倒下，又如劈柴也是要順木之理而析之，〔註508〕就是要有方法，有規則可循，而不是「舍彼有罪，予之佗矣」，有罪的人反而沒事，卻由我來承擔他的罪。末章則以「莫高匪山，莫浚匪泉。君子無易由言，耳屬于垣」，來說明萬物都有規則，希望幽王應尊崇規則法度，勿再信讒。最後則以「無逝我梁，無發我笱，我躬不閱，遑恤我後」，來控訴被拋棄的憂怨之情。

幽王用佞臣，寵褒姒，荒淫無道，早已天怒人怨，如今為搏褒姒歡心，捉弄諸侯，置君王威儀於不顧，於諸侯間失卻威信，還更進一步廢申后，去太子，所以申侯怒，而與繒、西夷犬戎攻幽王，此時幽王舉烽火徵兵，兵莫至，真可謂自作自受，天理難容，自取滅亡是也。《史記·周本紀》載此事曰：

> 幽王以虢石父為卿用事，國人皆怨。石父為人佞巧，善諛好利，王用之。又廢申后，去太子也。申侯怒，與繒、西夷、犬戎攻幽王。幽王舉烽火徵兵，兵莫至。遂殺幽王驪山下，虜褒姒，盡取周賂而去。於是諸侯乃即申侯，而共立故幽王太子宜臼，是為平王，以奉周祀。〔註509〕

在驪山之禍後，諸侯共立宜臼為王，是為平王，幽王的時代也正式宣告結束。

〔註507〕朱熹：《四書集註·孟子》，頁340。
〔註508〕屈萬里：《詩經詮釋》，頁374。
〔註509〕瀧川龜太郎：《史記會注考證》，頁80。

當天災示警，幽王視而不見，昏庸淫逸，任用奸佞，聽信讒言，喜怒無常，敗壞禮法，以致諸侯不朝，又嬖褒姒，黜申后，廢太子，實爲一失德無道的亡國之君。

二、諸　侯

　　《詩經》中有關諸侯形象的摹寫，亦十分生動貼切，例如〈衛風・淇奧〉一詩，以「瞻彼淇奧，綠竹猗猗」、「綠竹青青」、「綠竹如簀」等美盛的綠竹形象，興起斐然有文章的衛武公，並從不同的角度讚美衛武公之德，以「如切如瑳，如琢如磨」，言其修養之勤、進德之精，以「瑟兮僩兮，赫兮咺兮」，形容其容貌之莊、威儀之盛，再從「充耳琇瑩，會弁如星」，言其服飾之盛，內德外文，相得益彰，最後則以「如金如錫，如圭如璧。寬兮綽兮，猗重較兮。善戲謔兮，不爲虐兮」，言其德業有成，故能汪汪有容，雖居相位，而幽默有趣，親切有味；〔註510〕另於〈秦風・終南〉一詩則以「錦衣狐裘」、「黻衣繡裳」，讚美秦襄公服飾之盛，尚以「佩玉將將」表現襄公的行止得宜，德稱其服的形象；而在〈衛風・芄蘭〉一詩中，則是刺衛惠公，驕而無禮，蓋因惠公以幼童即位，自謂有才能，而驕慢於大臣，但習威儀，不知爲政以禮，〔註511〕詩云：「芄蘭之支，童子佩觿」，「芄蘭之葉，童子佩韘」，皆是以芄蘭之支、葉之外形與觿、韘相似爲喻，而諷刺童子佩帶成人之解結錐、扳指，有躐等之嫌，一、二章末二句並以「容兮遂兮，垂帶悸兮」強調其不合宜也。而〈豳風・狼跋〉一詩則以「狼跋其胡，載疐其尾」，以老狼進則踐其胡，退則踏其尾，喻進退兩難，〔註512〕說明當時周公之處境艱難，但周公仍安適自得，行止得宜，故詩人以「公孫碩膚，赤舄几几」、「公孫碩膚，德音不瑕」，來讚美其德服相稱。而鄭玄亦美周公曰：「不失其聖者，聞流言不惑，王不知不怨，終立其志，成周之王功，……終始無愆，聖德著焉。」〔註513〕周公聖德的形象還深留於東土之民的心中，所

〔註510〕余培林：《詩經正詁》上冊，頁161。
〔註511〕《詩序》：「〈芄蘭〉，刺惠公也。驕而無禮，大夫刺之。」《箋》：「惠公以幼童即位，自謂有才能，而驕慢於大臣，但習威儀，不知爲政以禮。」余培林引朱鶴齡《詩經通義》曰：「鄭云：惠公以幼童即位，按《左傳》惠公之即位也少，杜預云：時方十五六……《序》以此詩屬惠公，不爲無據。」而認爲此說爲是。(分見鄭玄：《毛詩鄭箋》，頁27。余培林：《詩經正詁》上冊，頁180。)
〔註512〕余培林：《詩經正詁》上冊，頁452。
〔註513〕鄭玄：《毛詩鄭箋》，頁65。

以當聞周公將歸之時，東土之民依依不捨地說：「公歸無所，於女信處」、「公歸不復，於女信宿」，充分表達對周公的孺慕之情，希望周公能再多待一會兒，而最後還以「無以我公歸兮，無使我心悲兮」來呈現其百般不願周公西歸的心情，可見周公聖德形象不僅感動民心，還深植民心。

綜觀《詩經》中諸侯的形象豐富，不勝枚舉，然因在周王的部份多爲聖德君王，故本研究在實有其人的歷史人物諸侯的部份，則針對（一）、黎侯；（二）、衛宣公；（三）、齊襄公；（四）、晉獻公；（五）、陳靈公等五位諸侯，因其在《詩經》及史籍記載中皆有陋行者，故分述其在《詩經》中所呈現的形象各爲何，並參照史籍所述，以呈現更完足的形象。

（一）黎　侯

黎國是侯爵國，商亡前夕，黎被文王攻滅。〔註514〕武王克商，封帝堯之後於黎。〔註515〕春秋初，周定王三年（西元前 604 年）爲赤狄攻取，而當時的黎侯就是黎莊公，其夫人是衛侯之女。於是黎侯乃逃亡於衛國，欲尋求衛人的援助，以重新收復失土。但是當時衛國卻不能修方伯連率之職，〔註516〕助其復國，只將黎侯君臣安置在衛東「中露」、「泥中」二邑，〔註517〕《詩經·邶風·旄丘》及〈式微〉二詩，記載此段歷史，〈邶風·式微〉一詩是黎侯寓于衛，其臣勸以歸之詩也。〔註518〕其詩曰：

> 式微！式微！胡不歸？微君之故，胡爲乎中露？（一章）
>
> 式微！式微！胡不歸？微君之躬，胡爲乎泥中？（二章）

《鄭箋》：「黎侯爲狄人所逐，棄其國而寄于衛，衛處之以二邑，因安之，可以歸而不歸，故其臣勸之。」〔註519〕而陳奐《詩毛氏傳疏》則更進一步闡述：

〔註514〕《史記·周本紀》：「（文王）明年敗耆國。」《集解》徐廣曰：「一作阢。」《正義》：「即黎國也。」鄒誕生云：「本或作黎。」孔安國云：「黎在上黨東北。」《括地志》云：「故黎城，黎侯國也。在潞州黎城縣東北十八里。《尚書》云：『西伯既戡黎』是也。」（語見瀧川龜太郎：《史記會注考證》，頁 67。）

〔註515〕陳子展《詩三百解題》：「黎原是一個從上古社會遺留下來、僻居一方的部落小國（《呂氏春秋》：武王封帝堯之後於黎城。《說文》：𦱀，殷諸侯國，在上黨東北。」（語見陳子展：《詩三百解題》，頁 127。）

〔註516〕鄭玄：《毛詩鄭箋》，頁 16。

〔註517〕《孔疏》：「以〈旄丘〉之敘，故知爲狄人所逐。以經云：『中露』、『泥中』，知處之以二邑。」（語見孔穎達：《毛詩正義》，頁 153。）

〔註518〕鄭玄：《毛詩鄭箋》，頁 16。

〔註519〕鄭玄：《毛詩鄭箋》，頁 16。

黎遭狄人迫逐，出寓於衛，衛即置諸東地爲寓公。中露、泥中，是即所寓二邑也。其後魯宣公十五年，赤狄潞氏奪黎氏地，晉滅潞，立黎侯。《詩序》之狄人即赤狄也。狄人自迫逐黎侯，遂據奪其地。晉立黎侯，或是繼絕興亡之一舉耳。其寓侯之復歸與否，不見經傳。或其臣勸歸，或別立他公爲後，無明文可攷。衛與黎脣齒相依，黎遭狄患，衛不能救。越後四十餘年，衛亦尋滅，卒罹狄禍，於此可以覘國勢。〔註520〕

衛與黎是脣齒相依、利害與共的關係，然黎遭狄患，衛卻不相救，故其臣子勸黎侯不當再寓居於衛，指望衛國相助，應自立自強，或有復興之機。是以，〈邶風・式微〉篇中，雖僅二章、三十二字，然充滿臣子悲憤語氣，〔註521〕望懷安之君，當知所奮起，〔註522〕所以，方玉潤於《詩經原始》中說：「語淺意深，中藏無限義理。」〔註523〕而陳啓源於《毛詩稽古編》更說：「〈式微〉，勸其君歸，……。意狄人破黎之後，必自棄而不守。黎侯若能自振，則遺民猶有存也。歸而生聚之、教誨之，尚可復興，此〈式微〉之意乎。」〔註524〕然黎侯不聽，仍留寓於衛，一副失權落魄的模樣，〈邶風・旄丘〉篇詩云：

旄丘之葛兮，何誕之節兮？叔兮伯兮，何多日也？（一章）

何其處也？必有與也。何其久也？必有以也。（二章）

狐裘蒙茸，匪車不東。叔兮伯兮，靡所與同。（三章）

瑣兮尾兮，流離之子。叔兮伯兮，褎如充耳。（四章）

《詩序》：「〈旄丘〉，責衛伯也。狄人追逐黎侯，黎侯寓于衛，衛不能修方伯連率之職，黎之臣子，以責於衛也。」〔註525〕余培林考證此詩當寫於衛武公之後，宣公之前，蓋此時衛正興盛，有方伯連率之實，黎國求之，當有可能。〔註526〕

故〈邶風・旄丘〉一詩乃黎臣責衛之詩，故以「旄丘之葛兮，何誕之節

〔註520〕陳奐：《詩毛氏傳疏》，頁103～104。
〔註521〕吳闓生《詩義會通》：「詞特悲憤。舊評：英雄之氣，忠藎之謀，有中夜起舞之意。」（語見吳闓生：《詩義會通》，頁15。）
〔註522〕余培林：《詩經正詁》上冊，頁109。
〔註523〕方玉潤：《詩經原始》，頁311。
〔註524〕陳啓源：《毛詩稽古編》，頁361。
〔註525〕鄭玄：《毛詩鄭箋》，頁16。
〔註526〕余培林：《詩經正詁》，頁112。

兮！」起興慨歎時日長久之意，詩中以「葛」之生長蔓延已有段時日，何以叔兮伯兮不見有任何動靜，而興起慨歎，此詩中「葛」的作用除了是時間的隱喻，象徵時間之久外，也如陳靜俐於《詩經草木意象》中所言：「藉葛之蔓延的特性作爲黎、衛兩國姻親之象徵。」〔註527〕故詩人慨歎寓衛已久，又黎、衛兩國有姻親的關係，卻不能救患恤同。所以二章則以自問自答方式，表面上含蓄指責對方，爲何安處而不來救，應有其原因吧！但實際上有嘲諷之意味。而三、四章中之一、二句與三、四句則使用強烈對比，以黎人流離之苦與衛國大夫服飾之盛相對照，極盡諷刺之能事。陳奐《詩毛氏傳疏》云：「此言大夫有此服，而不能救患恤同，是徒有其服，而不能稱其德矣。」〔註528〕詩中的「褒如充耳」，則譏諷衛國君臣對黎國的苦難聽而不聞，置之不顧。〔註529〕「瑣兮尾兮，流離之子」，言黎侯流離失所，而「狐裘蒙茸」，則更是表現黎侯失權已久的落魄模樣。〔註530〕

〔註527〕陳靜俐：《詩經草木意象》，（台北：臺灣師範大學國文研究所碩士論文，1998年6月），頁9。

〔註528〕引自陳奐：《詩毛氏傳疏》頁107。

〔註529〕「褒如充耳」，《毛傳》：「褒，盛服也；充耳，盛飾也。大夫褒然有尊盛之服而不能稱也」，《鄭箋》：「充耳，塞耳也。」按此處充耳可實指懸瑱之充耳，亦有「充耳不聞」之意。《國語・楚語》中，自公子張諷靈王宜納諫，王病之曰：「子復語，不穀雖不能用，吾慭寘之於耳。」對曰：「賴君用之也，故言。不然巴浦之犀、犛、兕、象，其可盡乎，其又以規爲瑱也？」也是以充耳比喻不聽不用之意；充耳設置的本意是使人不聽讒言，但在此詩中則藉形容充耳之盛，譏諷衛國君臣對黎國的苦難聽而不聞，置之不顧。（分見鄭玄：《毛詩鄭箋》，頁16。左丘明撰，韋昭注：《國語》，頁557。）

〔註530〕「狐裘蒙茸，匪車不東」，《毛傳》：「大夫狐蒼裘，蒙戎以言亂也。」《孔疏》：「〈玉藻〉云：『君子狐青裘豹褎，玄綃衣以裼之』，青、蒼色同，與此一也。……蒼裘所施，禮無明文，唯〈玉藻〉注云：『蓋玄衣之裘』，禮無玄衣之名，鄭見『玄綃衣以裼之』，因言『蓋玄衣之裘』兼無明說，蓋大夫士玄端之裘也。大夫士玄端裳雖異也，皆玄裘象衣色，故皆用狐青。」據陳奐《詩毛氏傳疏》：「《正義》以爲玄端裘誤矣，蒙戎猶尨茸，杜預注云『尨茸，亂貌』。」《毛傳》以狐裘爲大夫之蒼裘，孔氏則以服此狐裘者爲衛大夫，但本詩中並未言及所服爲何種狐裘，所以，不必定指爲大夫。而余培林《詩經正詁》引《禮記・玉藻》曰：「『錦衣狐裘，諸侯之服也。』狐裘是公侯之服，故《左傳》曰：『狐裘尨戎，一國三公。』若是大夫之服，不得云一國三公矣。」「此詩之『狐裘蒙戎』，當亦喻黎君失國而久失其權也」，余氏之說是也。按《禮記・玉藻》：「表裘不入公門」，而今見「狐裘尨戎」，當是指黎君失權已久的落魄樣。（分見鄭玄：《毛詩鄭箋》，頁16。孔穎達：《毛詩正義》，頁158。陳奐：《詩毛氏傳疏》，頁106。余培林：《詩經正詁》上冊，頁110～111。阮元校勘：《十三經注疏・禮記》，卷二十九，頁552。）

可見〈邶風‧旄丘〉及〈式微〉二詩中，臣子「始則勉其君，繼則望其鄰，而終莫之從」，[註531] 詩中臣子表現出極強烈的愛國精神，然黎侯仍不知奮起，留寓於衛，仰人鼻息，一副失權落魄的模樣。

（二）衛宣公

1. 納子之妻，鳥獸醜行

衛宣公與夷姜生子曰伋，宣公見伋之妻（宣姜）美，遂娶之，生二子曰壽與朔。此事見諸《左傳‧桓公十六年》及《史記‧衛康叔世家》，[註532] 而《詩經‧邶風‧新臺》及〈鄘風‧鶉之奔奔〉都曾因此事而刺宣公，〈邶風‧新臺〉詩曰：

　　新臺有泚，河水瀰瀰。燕婉之求，籧篨不鮮。（一章）

　　新臺有洒，河水浼浼。燕婉之求，籧篨不殄。（二章）

　　魚網之設，鴻則離之。燕婉之求，得此戚施。（三章）

《詩序》：「〈新臺〉，刺宣公也。納伋之妻，作新臺于河上而要之，國人惡之，而作是詩也。」[註533] 《孔疏》：「此詩伋妻蓋自齊始來，未至於衛，而公聞其美，恐不從己，故使人於河上為新臺，待其至於河，而因臺所以要之耳。若已至國，則不須河上要之矣。」[註534] 胡承珙《毛詩後箋》：「案宣公不父，《左傳》雖具其事，而曲折未明。得此詩及《序》，然後情事畢露。」[註535] 而《左傳‧襄公二十七年》也曾引伯有賦〈鶉之賁賁〉之詩曰：「伯有賦〈鶉之賁賁〉，趙孟曰：床笫之言，不踰閾，況在野乎？非使人之所得聞也。」杜預注曰：「〈鶉之賁賁〉，《詩‧鄘風》也，衛人刺其君淫亂。」[註536] 故此詩當為刺宣公強納伋之妻，還於黃河岸邊所築之新臺來迎接宣姜，故國人深惡之。

〔註531〕陳啟源：《毛詩稽古編》，頁 361。

〔註532〕《左傳‧桓公十六年》：「初，衛宣公烝於夷姜，生急子，屬諸右公子，為之娶於齊而美，公取之，生壽及朔，屬壽於左公子。」《史記‧衛康叔世家》：「十八年，初，宣公愛夫人夷姜，夷姜生子伋，以為太子，而令右公子傅之。右公子為太子取齊女，未入室，而宣公見所欲為太子婦者好，說而自取之，更為太子取他女。宣公得齊女，生子壽、子朔，令左公子傅之。」（分見（左丘明著，杜預集解，竹添光鴻會箋：《左傳會箋》，頁 211。瀧川龜太郎：《史記會注考證》，卷三十七，頁 602。）

〔註533〕鄭玄：《毛詩鄭箋》，頁 18。

〔註534〕孔穎達：《毛詩正義》，頁 176。

〔註535〕胡承珙：《毛詩後箋》，卷三，頁 113。

〔註536〕左丘明著，杜預集解，竹添光鴻會箋：《左傳會箋》，頁 1272。

　　〈邶風‧新臺〉一詩三章，首二章前二句皆言新臺之鮮明美盛，與滾滾的黃河之水相配，可謂相得益彰，來反興原本宣姜要嫁的對象是俊美的公子伋才是，怎麼變成這個老不死如蟾蜍般醜陋的衛宣公呢？〔註537〕除了言衛宣公外表之老而醜之外，更重要是要刺其強納子妻行為之醜陋。而三章「魚網之設，鴻則離之」，則是再次強調所得非所求。詩中罵衛宣公之語直接露骨不加掩飾。

　　而〈鄘風‧鶉之奔奔〉篇則是宣公之弟刺宣公，其詩曰：

　　　　鶉之奔奔，鵲之彊彊。人之無良，我以為兄。（一章）

　　　　鵲之彊彊，鶉之奔奔。人之無良，我以為君。（二章）

《詩序》：「〈鶉之奔奔〉，刺宣姜也，衛人以為宣姜，鶉鵲之不若也。」〔註538〕《鄭箋》：「刺宣姜者，刺其與公子頑為淫亂行，不如禽鳥。」〔註539〕姚際恆《詩經通論》則謂：「大抵『人』即一人，『我』皆自我，而『為兄』、『為君』，乃國君之弟所言耳，蓋刺宣公也。」〔註540〕余培林《詩經正詁》也認為姚際恆所言甚是，余氏曰：「詩中之『我』，即詩人自稱，『人』對『我』而言，即詩中之『兄』、『君』，乃詩人所欲刺責之對象，當指衛君而言。」〔註541〕余培林並引陸佃之說：

　　　「蓋以鶉所以奔奔然善鬥者，惡其亂匹而鬥也；鵲所以彊彊然難偶
　　　者，傳枝受卵故不能淫也。」（見《詩補傳》），或鶉鵲以爭偶而猛烈
　　　爭鬥也。無論其為護匹、爭匹（二者實是一事），皆用以影射宣公奪
　　　伋妻之事。〔註542〕

余培林認為無論其為護匹、爭匹（二者實是一事），皆用以影射宣公奪伋妻之

〔註537〕「籧篨不鮮」，余培林：「籧篨，《傳》：『不能俯者。』《集傳》：『不能俯，疾
　　　　之醜者也。』今謂雞胸也。竊意籧篨即當下文之戚施，亦蟾蜍之類，李辰冬
　　　　《詩經通釋》引《異物志》曰：『玳瑁如龜，大者如籧篨。』可證。鮮，姜炳
　　　　章《詩序廣義》曰：『《昭五年‧左傳》：葬鮮者自西門。注：不以壽終為鮮。
　　　　與次章不殄意同。不鮮、不殄，猶言須臾無死，尸居餘氣耳。』按姜氏之說
　　　　是也。鮮即夭死，不鮮即老不死之意。又按『籧篨不鮮』句上添『得此』二
　　　　字看，此二句謂本欲求俊美之人，卻得此老不死之蟾蜍。」（語見余培林：《詩
　　　　經正詁》上冊，頁126。）
〔註538〕鄭玄：《毛詩鄭箋》，頁22。
〔註539〕鄭玄：《毛詩鄭箋》，頁22。
〔註540〕姚際恆：《詩經通論》，頁74。
〔註541〕余培林：《詩經正詁》上冊，頁141。
〔註542〕余培林：《詩經正詁》上冊，頁142。

事。但今按《左傳‧桓公十六年》：「初，宣公烝於夷姜，生急子。……夷姜縊」，〔註543〕及《史記‧衛康叔世家》所言：「宣公自以其奪太子妻也，心惡太子，欲廢之。」〔註544〕想必宣公在納宣姜爲妻之前後都經過了一番宮廷的內鬥。所以《左傳》特別提夷姜上吊自殺而非善終，《史記》則強調宣公因奪太子妻而心惡太子，欲廢之，可知宣公欲納宣姜爲妻時，當與公子伋有過爭執，其過程當非平順，宣公才會心裡有鬼，滿懷怨恨。是以，〈鄘風‧鶉之奔奔〉一詩，本文採姚際恆、余培林之說，當爲國君之弟爲刺宣公而作此詩，而每章首二句應是影射宣公以爭偶而猛烈爭鬭也。〔註545〕所以，宣公之弟才會有「人之無良，我以爲兄」，「人之無良，我以爲君」的感嘆，可見，宣公在其弟的心中是個望之不似人君，行爲不似人父之人。

2. 聽信讒言，令盜殺子，為一不君不父之人

根據《左傳‧桓公十六年》言：公子伋之母夷姜上吊自殺後，宣姜與公子朔誣陷伋，宣公乃派伋使齊，並令盜殺之，公子壽得知消息後，告之伋，伋以父命爲重拒之，怎料公子壽重兄弟情義，將伋灌醉後，拿走公子伋的旗幟，代其赴死，其文曰：

> 夷姜縊，宣姜與公子朔構急子，公使諸齊，使盜待諸莘，將殺之。壽子告之，使行。不可，曰：「棄父之命，惡用子矣？有無父之國則可也。」及行，飲以酒，壽子載其旌以先，盜殺之。伋子至，曰：「我之求也，此何罪？請殺我乎！」又殺之。〔註546〕

《史記‧衛康叔世家》也記載此事，所不同的是：司馬遷特別強調宣公早因奪伋妻而心惡伋，並欲廢之，後加上宣姜與朔進讒言，更促使宣公要一不做二不休地將公子伋殺害，所以，特別給公子伋白色旗幟，作爲方便盜賊殺伋的暗號，可見宣公之陰險凶狠。司馬遷曰：

> 太子伋母死，宣公正夫人與朔共讒惡太子伋。宣公自以其奪太子妻

〔註543〕左丘明著，杜預集解，竹添光鴻會箋：《左傳會箋》，頁211。

〔註544〕瀧川龜太郎：《史記會注考證》，卷三十七，頁602。

〔註545〕屈萬里認爲：「『我』，指君（惠公）言；公子頑，惠公兄也。君，小君也，謂宣姜。」（語見屈萬里：《詩經詮釋》，頁89。）然考察《詩經》中「君」之所指，未有指女性者，且「爲兄」、「爲君」，當指同一人，否則不符合疊章複沓釋義原則，故本研究採姚際恆、余培林之說，當爲國君之弟爲刺宣公而作此詩。

〔註546〕左丘明著，杜預集解，竹添光鴻會箋：《左傳會箋》，頁211～212。

也，心惡太子，欲廢之。及聞其惡，大怒，乃使太子伋於齊，而令
盜遮界上殺之，與太子白旄，而告界盜，見持白旄者殺之。且行，
子朔之兄壽，太子異母弟也，知朔之惡太子，而君欲殺之，乃謂太
子曰：「界盜見太子白旄，即殺太子，太子可毋行。」太子曰：「逆
父命求生，不可。」遂行。壽見太子不止，乃盜其白旄，而先馳至
界。界盜見其驗，即殺之。壽已死，太子伋又至，謂盜曰：「所當殺
乃我也。」盜并殺太子伋，以報宣公。〔註547〕

綜上所述，可知衛宣公是位貪色淫蕩，如鳥獸醜行，除了強納子妻，還不擇
手段，令盜殺子，陰險凶狠，六親不認，為一不君不父的國君。

（三）齊襄公

1. 淫乎其妹，無所忌憚，盛服相會，鳥獸之行，毫無禮義

齊襄公與其妹文姜私通，早在文姜未嫁之時，《史記・齊太公世家》有
載：「齊襄公故嘗私通魯夫人。魯夫人者，襄公女弟也，自釐公時嫁為魯桓
公婦，及桓公來而襄公復通焉。」〔註548〕從司馬遷所用「故嘗」及「復通」
四字可知矣。又屈萬里於《詩經詮釋》言：「《春秋》記齊襄公與文姜之會凡
五，皆在魯莊公初年。」〔註549〕今案《春秋》云：「莊公二年冬十有二月，
夫人姜氏會齊侯于禚。四年，春王二月，夫人姜氏享齊侯于祝丘。五年春，
王正月，夏，夫人姜氏如齊師。七年，春，會齊侯于防。冬夫人姜氏會齊侯
于穀。」〔註550〕可知齊襄公與其妹文姜於魯桓死後仍私會，甚至達五次之
多。而《詩經・齊風・載驅》一詩即記齊襄公不避耳目與其妹文姜兩人相會
之事，〔註551〕其詩曰：

> 載驅薄薄，簟茀朱鞹。魯道有蕩，齊子發夕。（一章）
>
> 四驪濟濟，垂轡濔濔。魯道有蕩，齊子豈弟。（二章）
>
> 汶水湯湯，行人彭彭。魯道有蕩，齊子翱翔。（三章）

〔註547〕瀧川龜太郎：《史記會注考證》，卷三十七，頁602。
〔註548〕瀧川龜太郎：《史記會注考證》，卷三十二，頁552。
〔註549〕屈萬里：《詩經詮釋》，頁176。
〔註550〕左丘明著，杜預集解，竹添光鴻會箋：《左傳會箋》，頁224～235。
〔註551〕余培林：「《春秋》書襄公與文姜之會凡五，三在齊地，二在魯地。詩中四言
魯道，兩言汶水，皆在魯境，是必指祝丘或防之會，或並指二者也。」（語見
余培林：《詩經正詁》上冊，頁284。）

汶水滔滔，行人儦儦。魯道有蕩，齊子遊敖。（四章）

《詩序》：「〈載驅〉，齊人刺襄公也，無禮義，故盛其車服，疾驅於通道大都，與文姜淫，播其惡於萬民焉。」〔註552〕《孔疏》進一步闡釋曰：「〈載驅〉詩者，齊人所作以刺襄公也。刺之者，襄公身無禮義之故，乃盛飾其所乘之車與所衣之服，疾行驅馳於通達之道，廣大之都，與其妹文姜淫通，播揚其惡於萬民焉，使萬民盡知情，無慚恥，故刺之也。」〔註553〕故此詩是齊人刺襄公毫無禮義，盛其車服，卻一副迫不及待地要與其妹文姜私會，其淫行無所忌憚，使萬民皆知，故刺之也。

是以，〈齊風‧載驅〉一詩，全詩四章，首二章一、二句，言齊襄公，三、四句則言文姜。先述齊襄公駕著飾有「簟茀朱鞹」、「垂轡濔濔」的四驪，聲勢浩大地要與文姜相會，顯示其不避人耳目，暗示齊襄無禮義。而文姜則於暮夜啟行赴之，〔註554〕心情樂易，詩中特別強調「魯道有蕩」，魯國道路之平易，實凸顯其二人之惡行惡狀，毫無慚愧羞恥之色。〔註555〕三、四章一、二句，以汶水水勢浩大，行人之眾多，象徵譴責文姜之聲鼎沸，而文姜的心情卻是如鳥之飛翔，相當輕鬆愉快，完全肆無忌憚，不受輿論影響。

所以，齊人對於齊襄公與文姜的行為深惡痛絕，另於〈齊風‧南山〉一詩以刺之，其詩曰：

南山崔崔，雄狐綏綏。魯道有蕩，齊子由歸。既曰歸止，曷又懷止。

〔註552〕鄭玄：《毛詩鄭箋》，頁43。

〔註553〕孔穎達：《毛詩正義》，頁352。

〔註554〕胡承珙《毛詩後箋》：「許氏《詩深》曰：『……，使知〈載驅〉若指文姜，當其發夕于魯，齊人何由見其薄薄？惟屬之襄公，則知簟茀者國君之路車，非夫人之翟茀。固以齊人目擊襄公之薄薄載驅，遂想見齊子之發夕魯道，而後詩意了然。可謂發淫人隱微深痼之疾，而善言其情狀矣。』承珙案，齊人自刺其君，其詞宜隱，故簟第四驪但言其車馬馳驟之盛，無所指斥，而以齊子對照出之，所謂言隱而旨顯也。」又曰：「《廣東學詩》曰：『〈載驅〉，刺襄公。……，詩中四舉魯道，兩言汶水，始終不及齊境，正杜所謂至魯地為齊侯之志者。況首言載驅薄薄，明已在道疾行，末言齊子發夕，明是襄來而暮夜啟行赴之。若敘一人之事，豈容先在道而後啟行？』……，承珙案，何氏《古義》引陳祥道《禮書》云：襄公方叔之車以簟茀，衛夫人之車以翟茀。以為此男子婦人車蔽之別。《毛詩明辨錄》又云：婦人不立乘，但乘安車，駕一馬而無四驪，其實亦不必盡然。總之，齊人作詩刺上，不應反舍襄公而不一及耳。」（語見胡承珙《毛詩後箋》，卷八，頁229～230。）

〔註555〕《鄭箋》云：「襄公既無禮義，乃疾驅其乘車以入魯竟，魯之道路平易，文姜發夕由之往會焉，曾無慙恥之色。」（語見鄭玄：《毛詩鄭箋》，頁43。）

（一章）

葛屨五兩，冠緌雙止。魯道有蕩，齊子庸止。既曰庸止，曷又從止。

（二章）

蓺麻如之何？橫從其畝。取妻如之何？必告父母。既曰告止，曷又
鞠止。（三章）

析薪如之何？匪斧不克。取妻如之何？匪媒不得。既曰得止，曷又
極止。（四章）

《詩序》：「〈南山〉，刺襄公也，鳥獸之行，淫乎其妹，大夫遇是惡，作詩而去
之。」〔註556〕《鄭箋》：「襄公之妹，魯桓公夫人文姜也。襄公素與淫通，及嫁，
公讁之，公與夫人如齊，夫人愬之襄公，襄公使公子彭生乘公而搚殺之，夫人
久留於齊，莊公即位後乃來，猶復會齊侯于禚、于祝丘，又如齊師，齊大夫見
襄公行惡如是，作詩以刺之，又非魯桓公不能禁制夫人而去之。」〔註557〕《孔
疏》進一步闡述曰：

> 作〈南山〉詩者，刺襄公也。以襄公爲鳥獸之行。鳥獸淫不避親，
> 襄公行如之，乃淫於已之親妹，人行之惡，莫甚於此。齊國大夫逢
> 遇君有如是之惡，故作詩以刺君。其人恥事無道之主，既作此詩，
> 遂而去之。此妹既嫁於魯，襄公猶尚淫之，亦猶魯桓不禁，使之至
> 齊，故作者既刺襄公，又非魯桓，經上二章刺襄公淫乎其妹，下章
> 責魯桓縱恣文姜，《序》以主刺襄公，故不言魯桓。大夫遇是惡，作
> 詩而去之，言作詩之意，以見君惡之甚，於經無所當也。〔註558〕

而陳奐《詩毛氏傳疏》則認爲此詩作於會禚之後，其文曰：「桓十八年《左傳》
云：『公會齊侯於濼，遂及文姜如齊，齊侯通焉。公讁之，以告。』《管子·
大匡篇》亦云：『會濼，文姜通於齊侯。』案此即淫妹之事，則詩作在會濼之
後矣。」〔註559〕而方玉潤《詩經原始》更是毫無留情地批評齊襄、文姜、魯
桓三人，方氏曰：

> 此事豈一人咎哉？魯桓、文姜、齊襄三人者，皆千古無恥人也。使
> 其有一知恥，則其淫斷，斷不至於此極，故此詩不可謂專刺一人也。

〔註556〕鄭玄：《毛詩鄭箋》，頁42。
〔註557〕鄭玄：《毛詩鄭箋》，頁42。
〔註558〕孔穎達：《毛詩正義》，頁340。
〔註559〕陳奐：《詩毛氏傳疏》，頁250。

首章言襄公縱淫不當自淫其妹，妹既歸人，而有夫矣，則亦可以已矣，而又曷懷之有乎？次章言文姜即淫，亦不當順從其兄，今既歸魯，而成耦矣，則亦可以已矣，而又曷返齊，而從兄乎？後二章言魯桓以父母命，憑媒妁言，而成此昏配，非苟合者，此豈不有聞其兄妹事乎？既取而得之，則當禮以閑之，俾勿歸齊，則亦可以已矣，而又曷從其入齊，至令得窮所欲而無止極，自取殺身禍乎？故欲言襄公之淫，則以雄狐起興，欲言文姜成耦，則以冠履之雙者為興，欲言魯桓被禍，則先以藝麻興告父母以臨之，析薪興媒妁以鼓之，而無如魯桓之懦而無志也，何哉？詩人之大不平也，三人而已，又何暇為之掩飾其辭，而歸咎於一哉？〔註560〕

而余培林則認為此詩四章皆刺襄公，其文曰：

四章之重心皆在末句，而末句之重心皆在於一字，即懷、從、鞠、極也。所謂「刺」，盡在此四字而已。誰懷之？雄狐也。雄狐何指？襄公也。蓋謂文姜既歸於齊，襄公何以又思念之，此所以刺襄公也。〔註561〕

余氏之說是也。是以〈齊風・南山〉一詩，全詩四章，一章「南山崔崔」，以南山之高大，喻國君尊嚴之高，即言其以一國之尊更該守禮，而「雄狐綏綏」，則指襄公居人君之尊卻為淫泆之行，〔註562〕所以，文姜雖然出嫁了，仍然對她念念不忘。於是二章又以「葛屨五兩，冠綏雙止」為喻，告誡襄公物各有偶，不可亂也，人亦然。〔註563〕不該緊跟著文姜不放。而三、四章則以「藝麻」、「析薪」為喻，重申文姜與魯桓婚姻是奉父母之命，媒妁之言，言其婚姻之合禮，是有告父母廟的，襄公不該使其婚姻觸礁，受困厄，更不該無所

〔註560〕 方玉潤：《詩經原始》，頁519～521。
〔註561〕 余培林並對朱熹、嚴粲、姚際恒、何玄子之說法一一提出辯駁，此不多加列舉。（語見余培林：《詩經正詁》上冊，頁274～275。）
〔註562〕 「南山崔崔，雄狐綏綏」，《毛傳》：「南山，齊南山也。崔崔，高大也，國君尊嚴如南山崔崔然。」《鄭箋》：「雄狐綏綏，以喻襄公居人君之尊而為淫泆之行。」（語見鄭玄：《毛詩鄭箋》，頁42。）
〔註563〕 「葛屨五兩，冠綏雙止」，朱熹《詩經集註》：「兩，二屨也，綏，冠上飾也，屨必兩，綏必雙，物各有耦，不可亂也。」馬瑞辰《毛詩傳箋通釋》：「古者冠系皆以二組系於冠，卷結領下，謂之纓，纓用二組，則綏亦雙垂。綏以雙垂為飾，猶屨必兩始成用，皆以取譬二姓合好，各有所宜。」（分見朱熹：《詩經集註》，頁48。馬瑞辰：《毛詩傳箋通釋》，頁94。）

不用其極地想與文姜私會。誠如余培林所言：「四章之重心皆在末句，而末句之重心皆在於一字，即懷、從、鞠、極也。所謂『刺』，盡在此四字而已。」〔註564〕而詩人之所刺責，一層深似一層，先言襄公不該「懷」之，從心而言，亦即指不該先有淫念；後又言襄公不該「從」之，更從行爲上指責，指其不該一而再，再而三與文姜有淫洪的行爲；接著又刺其淫洪行爲已使文姜與魯桓婚姻觸礁，故刺其不該「鞠」之，此處或意味著魯桓知文姜與襄公私通而有微詞大怒之事；最後更以不該「極之」，來刺責襄公因淫欲昏心，無所不用其極，甚至痛下殺手，使彭生殺魯桓之事。可看出詩人用字極精確又謹愼。

2 淫欲昏心，使彭生殺魯桓，後殺彭生以謝魯，遇豕人立而啼，反遭殺身之禍

因爲魯桓的微弱，故間接造成齊襄與文姜之淫行肆無忌憚，〈齊風·敝笱〉篇亦云：

> 敝笱在梁，其魚魴鰥。齊子歸止，其從如雲。（一章）
>
> 敝笱在梁，其魚魴鱮。齊子歸止，其從如雨。（二章）
>
> 敝笱在梁，其魚唯唯。齊子歸止，其從如水。（三章）

《詩序》：「〈敝笱〉，刺文姜也。齊人惡魯桓公微弱，不能防閑文姜，使至淫亂，爲二國患焉。」〔註565〕《孔疏》：「作〈敝笱〉詩者，刺文姜也。所以刺之者，文姜是魯桓夫人，齊人惡魯桓公爲夫微弱，不能防閑文姜，使至於齊，與兄淫亂，爲二國之患焉，故刺之也。」〔註566〕陳子展《詩三百集解》則說：「詩人用敝笱隱喻魯桓公微弱，不能防閑文姜。」〔註567〕陳奐《詩毛氏傳疏》考之《春秋》曰：

> 玫桓三年《春秋》，書齊侯送姜氏於讙。齊侯，僖公也。桓公以弒兄篡國，求婚于齊，而文姜又爲僖公寵女，親送之讙，嫁從之盛，驕伉難制，魯爲齊弱，由來者漸。及至桓十八年，文姜如齊，與襄公通，桓即斃於彭生之手。《序》云：「不能防閑，使至淫亂」，則詩乃作於十八年之後，而追刺其嫁時之盛，爲淫亂之由，實始於微弱。〔註568〕

〔註564〕余培林：《詩經正詁》上冊，頁274。

〔註565〕鄭玄：《毛詩鄭箋》，頁43。

〔註566〕孔穎達：《毛詩正義》，頁349。

〔註567〕陳子展：《詩三百集解》，頁375。

〔註568〕陳奐：《詩毛氏傳疏》，頁256。

陳奐認為此詩作於桓公十八年之後，目的是追刺從文姜嫁時之盛，即可看出齊強魯弱，以致後來文姜淫亂，魯桓微弱不能防閑，還死於彭生之手。而陳啟源《毛詩稽古編》說之更詳，陳氏曰：

〈敝笱〉，《詩序》謂惡魯桓微弱，是也。《朱傳》以為刺莊公，則失之矣。案女子之歸三：于歸也，歸寧也，大歸也。舍是無言歸者。文姜如齊始於桓末年耳，時僖公已卒，不得言歸寧，又非見出，不得云大歸，則詩言「齊子歸止」，定指于歸而言。然于歸時，文姜淫行未著也。末年如齊，桓即斃于彭生之手。詩何得責其防閑而以為刺哉？蓋嘗考之矣。魯桓弒君自立，唯恐諸侯討，急結婚於齊以固其位，故不由媒介，自會齊侯以成婚。文姜又僖公愛女，於其嫁也，親送於讙。則嫁時扈從之盛，與文姜之驕逸難制可知。桓既恃齊以自安，勢不得不畏內，養成驕婦之惡已非一朝，特於晚年發之耳。然則笱之敝也，不敝于彭生乘公之日，而敝于子肇逆女之年矣。詩人探見禍本，故不於如齊刺之，而於歸魯刺之，旨深哉。〔註569〕

陳啟源認為此「歸」當是解為「于歸」無疑，又魯桓弒君自立，心中有鬼，恐諸侯討伐，故急於與齊聯婚以鞏固君位，所以，會造成文姜之驕逸難制（由其嫁時扈從之盛可知），然養成驕婦之惡已非一朝，特於晚年發之耳，可謂冰凍三尺非一日之寒也。故笱之敝也，始於僖公嫁女之年，今詩人探見禍本，不於如齊刺之，而於歸魯刺之。是以，〈齊風·敝笱〉一詩所據之本事，即是魯桓為鞏固君位而急於與齊聯婚，因有求於齊，故凡事均順從文姜之意，以致養成驕婦，當稍一不順，就惹來殺身之禍（彭生受命殺魯桓公），又文姜淫亂之事，實為魯、齊二國之患，故齊人惡魯桓公微弱，不能防閑而刺之。此事見載於《左傳·桓公十八年》，其文曰：

公會齊侯于濼，遂及文姜如齊，齊侯通焉，公謫之，以告。夏四月丙子，享公，使公子彭生乘公，公薨于車，魯人告于齊曰：「寡君畏君之威，不敢寧居，來脩舊好，禮成而不反，無所歸咎，惡於諸侯，請以彭生除之。」齊人殺彭生。〔註570〕

而《史記·齊太公世家》亦詳述此事，其文曰：

釐公九年，魯隱公初立。十九年，魯桓公弒其兄隱公，而自立為

〔註569〕陳啟源：《毛詩稽古編》，頁375。
〔註570〕左丘明著，杜預集解，竹添光鴻會箋：《左傳會箋》，頁216～217。

君。……。三十三年，釐公卒，太子諸兒立，是爲襄公。襄公元年，始爲太子時，嘗與無知鬭，及立，絀無知秩服，無知怨。四年，魯桓公與夫人如齊。齊襄公故嘗私通魯夫人。魯夫人者，襄公女弟也，自釐公時嫁爲魯桓公婦，及桓公來，而襄公復通焉。魯桓公知之，怒夫人，夫人以告齊襄公。齊襄公與魯君飲，醉之，使力士彭生抱上魯君車，因拉殺魯桓公，桓公下車則死矣。魯人以爲讓，而齊襄公殺彭生以謝魯。〔註571〕

齊襄公因淫欲昏心，使彭生殺魯桓公後，魯人不滿，齊襄公則殺彭生以謝魯。或因心中有鬼，一次出獵，見豕，隨從大喊：「是彭生！」襄公就生氣地射殺牠，見豕人立而啼，公反懼而墜車傷足，失屨。而將怒氣發洩在主屨者茀的身上，而使無知有機會入宮弒襄公，此事亦載於《史記·齊太公世家》，其文曰：

冬十二月，襄公游姑棼，遂獵沛丘。見豕，從者曰「彭生」。公怒射之，豕人立而啼。公懼墜車，傷足失屨。反而鞭主屨者茀三百。茀出宮。而無知、連稱、管至父等，聞公傷，乃遂率其眾襲宮。逢主屨茀，茀曰：「且無入驚宮，驚宮未易入也。」無知弗信，茀示之創，乃信之。待宮外，令茀先入。茀先入，即匿襄公戶閒。良久，無知等恐，遂入宮。茀反與宮中及公之幸臣攻無知等，不勝，皆死。無知入宮求公，不得。或見人足於戶閒，發視乃襄公，遂弒之，而無知自立爲齊君。……，初，襄公之醉殺魯桓公，通其夫人，殺誅數不當，淫於婦人，數欺大臣，群弟恐禍及，故次弟糾奔魯。〔註572〕

襄公淫欲昏心，淫行無忌，毫無禮義，最後爲無知所殺，可謂多行不義，必自斃矣。襄公不但淫乎其妹，還無所忌憚，盛服相會，鳥獸之行；最後更因淫欲昏心，使彭生殺魯桓，後又殺彭生以謝魯，遇豕人立而啼，反遭殺身之禍。

（四）晉獻公

1. 初整頓內政，開疆闢土，為晉文公稱霸奠定基礎

晉獻公在魯莊公十八年即位，僖公九年卒，共在位二十六年。而晉獻公剛即位之時，也正是剛結束了史學家所稱的「曲沃代翼」的年代，〔註573〕晉

〔註571〕瀧川龜太郎：《史記會注考證》，卷三十二，頁552。
〔註572〕瀧川龜太郎：《史記會注考證》，卷三十二，頁552～553。
〔註573〕景元祥·薛延平《華夏霸主晉文公》：「晉自叔虞封唐，傳至十二世至昭侯。昭侯畏其叔父桓叔之強，乃割曲沃以封之，謂之『曲沃伯』。遂改晉號曰『翼』，

國在歷經了六十七年的國家內亂之後，百廢待舉，但是晉獻公頗有雄心壯志，決心從內整頓起，所以，大刀闊斧地劍除群公子，以免重蹈覆轍，留下心頭大患，此事記載於《史記‧晉世家》，其文曰：

> 八年，士蔿說公曰：「故晉之群公子多，不誅，亂且起。」乃使盡殺諸公子，而城聚都之，命曰絳，始都絳。九年，晉群公子既亡奔虢，虢以其故再伐晉，弗克。十年，晉欲伐虢，士蔿曰：「且待其亂。」〔註574〕

待公族勢力劍除後，乃展開了一連串的武力行動，開疆拓土，兼併諸侯，據孔穎達《毛詩正義》云：

> 案《左傳》莊二十八年傳稱：「晉伐驪戎，驪戎男女以驪姬。」閔元年傳曰：「晉侯作二軍，以滅耿、滅霍、滅魏。」二年傳云：「晉侯使太子申生伐東山皋落氏。」僖二年，「晉師滅下陽。」五年傳曰：「八月，晉侯圍上陽。冬，滅虢。又執虞公。」八年傳稱：「晉里克敗狄于采桑。」見於傳者已如此，是其好攻戰也。〔註575〕

晉獻公在荀息、里克、士蔿、趙夙、畢萬等，一班優秀的文臣武將輔助之下，開疆拓土，伐驪戎、東山落氏，滅耿、霍、魏、虢、虞、狄等，先後殲滅了十幾個諸侯小國，使晉國躋升春秋諸侯國四強之列（齊、秦、楚、晉等四國）。於是在晉獻公之世，晉國已非早期的「偏侯也，其土又小，大國在側」，〔註576〕這樣的窘境。而是「西有河西，與秦接境，北邊翟（狄），東至河內。」〔註577〕疆域與叔虞封唐之期相比，簡直擴大了好幾倍。這是晉獻公功不可沒之處，因

又謂之『二晉』。昭侯立七年，大夫潘父弒之，而納曲沃伯。翼人不受，弒潘父而立昭侯之弟平，是爲孝侯。孝侯八年，曲沃桓叔卒，子鱓繼立，是爲曲沃莊伯。孝侯立十五年，莊伯子承父志伐翼，孝侯迎戰，爲莊伯所殺。翼人立其弟郤即位，是爲鄂侯。鄂侯立二年，率兵伐曲沃，戰敗，出奔隋國。其子光嗣位，是爲哀侯。哀侯二年，莊伯卒，子稱代立，是爲曲沃武公。哀侯九年，武公率其將韓萬、梁宏伐翼，哀侯迎戰被殺。周桓王令卿士虢公林父立其弟晉緡，是爲小子侯。小子侯在位四年，武公複謀而殺之，遂並其國，定都於絳。史學家稱這段歷史曰『曲沃代翼』。」（語見景元祥‧薛延平：《華夏霸主晉文公》，今日候馬 http://www.jrhm.com/index.php3?file=detail.php3&kdir=103590&nowdir=103590&id=58621&detail=1）

〔註574〕瀧川龜太郎：《史記會注考證》，頁623。
〔註575〕孔穎達：《毛詩正義》，頁401。
〔註576〕左丘明撰，韋昭注：《國語》，卷七，頁257。
〔註577〕瀧川龜太郎：《史記會注考證》，卷三十九，頁626。

此也爲晉文公日後稱霸中原，奠定了堅實的基礎。

2. 晚年寵幸驪姬，廢嫡立庶，好聽讒言

在晉獻公所有的戰功中，晉獻公最驕傲得意的當是伐驪戎一役，因爲晉獻公在伐驪戎之前，曾請史蘇占卜，身爲占卜之史的史蘇，盡忠職守，據實以告，得不吉之兆，史蘇諫之，但晉獻公不聽，仍伐驪戎，此事不惟見載於《左傳·莊公二十八年》、《史記·晉世家》，《國語·晉語》更詳述其事，其文曰：

> 獻公卜伐驪戎，史蘇占之，曰：「勝而不吉。」公曰：「何謂也？」
> 對曰：「遇兆，挾以銜骨，齒牙爲猾，戎，夏交捽。交捽，是交勝也，
> 臣故云。且懼有口，攜民，國移心焉。」公曰：「何口之有！口在寡
> 人，寡人弗受，誰敢興之？」對曰：「苟可以攜，其入也必甘受，逞
> 而不知，胡可壅也？」公弗聽，遂伐驪戎，克之。獲驪姬以歸，有
> 寵，立以爲夫人。公飲大夫酒，令司正實爵與史蘇，曰：「飲而無肴。
> 夫驪戎之役，女曰『勝而不吉。』故賞女以爵，罰女以無肴。克國
> 得妃，其有吉孰大焉！」〔註578〕

史蘇認爲伐驪戎即使成功，但對晉國而言卻是不吉的開始，因爲將來晉國會受讒言危害。〔註579〕所以，當獻公沾沾自喜地認爲自己伐戎成功，以行動證實史蘇所卜不準，還擄獲驪姬這個令他滿意的戰利品，並在慶功宴上罰史蘇酒時，史蘇正爲晉國離亡國之日不遠而憂心，所以，將此事告訴大夫們：

> 史蘇曰：「今晉寡德而安俘女，又增其寵，雖當三季之王（指桀、紂、
> 幽王也），不亦可乎？且其兆云：『挾以銜骨，齒牙爲猾。』我卜伐
> 驪，龜往離散以應我。夫若是，賊之兆也，非吾宅也，離則有之。
> 不跨其國，可謂挾乎？不得其君，能謂銜骨乎？若跨其國而得其君，
> 雖逢齒牙，以猾其中，誰云不從？諸夏從戎，非拜而何？從政者不
> 可以不戒，亡無日矣。」〔註580〕

因爲獻公的少仁寡德，又寵信驪姬，果眞往後晉國的日子就籠罩在「齒牙之禍」中。驪姬受寵，獻公立爲夫人，但驪姬仍不滿足，還望獻公能立其子奚齊爲太子。而獻公也曾於多祭先祖武公之時，故意以生病爲藉口不去，而由

〔註578〕左丘明撰，韋昭注：《國語》，卷七，頁 252～253。

〔註579〕《國語》韋昭注曰：「齒牙，謂兆端左右釁坼，有似齒牙。中有從畫，故曰銜骨。骨在口中，齒牙弄之，以象讒口之爲害。」（左丘明撰，韋昭注：《國語》，卷七，頁 253。）

〔註580〕左丘明撰，韋昭注：《國語》，卷七，頁 255。

奚齊主持祭典，分明昭告天下有意立奚齊爲太子。〔註581〕於是驪姬一步一步
對獻公進讒言。首先將太子申生、公子重耳、夷吾等支離，使其遠離獻公，
驪姬還編了個「以儆無辱之故」，〔註582〕爲了要對戎狄有所警備，以免被侵犯
而喪權辱國，這樣冠冕堂皇的理由，此外，還賄賂梁五、東關五等「二五」，
以分進合擊的方式對獻公進讒言：

> 驪姬賂二五（指獻公嬖大夫梁五與東關五），使言於公曰：「夫曲沃，
> 君之宗也；蒲與二屈，君之疆也，不可以無主。宗邑，無主則民不
> 威；疆場無主，則啓戎心。戎之生心，民慢其政，國之患也。若使
> 太子主曲沃，而二公子主蒲與屈，乃可以威民而懼戎。且旌君伐。」
> 使俱曰：「狄之廣莫，於晉爲都。晉之啓土，不亦宜乎？」公悦，乃
> 城曲沃，太子處焉；又城蒲，公子重耳處焉；又城二屈，公子夷吾
> 處焉。驪姬既遠太子，乃生之言，太子由是得罪。〔註583〕

獻公聽了認爲頗有道理，不疑他，就眞的派太子申生處曲沃，公子重耳處
蒲城，公子夷吾處屈。晉國人看出太子地位不保，〔註584〕士蔿對太子建言，
希望他效法吳太伯先逃，或可免於殺生之禍，又可保有好名聲，但太子卻不
願意如此做，《史記・晉世家》：「士蔿曰：『太子不得立矣。分之都城，而位
以卿，先爲之極，又安得立！不如逃之，無使罪至。爲吳太伯，不亦可乎，
猶有令名。』太子不從。」〔註585〕最後，獻公果立奚齊，晉人譏稱爲「二
五耦」。〔註586〕自此三公子漸漸遠離權力核心，而驪姬也更肆無忌憚地爲所
欲爲。

　　驪姬見讒言奏效，又採取下一步的動作：先施讒於申生。驪姬還與其私
通的優施聯合設計陷害申生，他們針對申生「小心精潔，而大志重，又不忍

〔註581〕《國語・晉語》：「驪姬生奚齊，其娣生卓子。……，烝（烝）于武公，公稱
　　　　疾不與，使奚齊涖事。猛足乃言於太子曰：『伯氏不出，奚齊在廟，子何圖
　　　　乎！……。』」（語見左丘明撰，韋昭注：《國語》，卷七，卷七，頁265。）
〔註582〕左丘明撰，韋昭注：《國語》，卷七，頁261～262。
〔註583〕左丘明撰，韋昭注：《國語》，卷七，頁270。
〔註584〕《史記・晉世家》：「於是使太子申生居曲沃，公子重耳居蒲，公子夷吾居屈。
　　　　獻公與驪姬子奚齊居絳。晉國以此知太子不立也。」（語見瀧川龜太郎：《史
　　　　記會注考證》，卷三十九，頁623。）
〔註585〕瀧川龜太郎：《史記會注考證》，卷三十九，頁623。
〔註586〕《左傳・莊公二十八年》：「二五卒與驪姬譖群公子，而立奚齊，晉人謂之
　　　　『二五耦』。」（語見左丘明著，杜預集解，竹添光鴻會箋：《左傳會箋》，
　　　　頁301。）

人」的人格特質，料其當「愚不知避難」，故在三公子中先對申生下手，《國語·晉語》云：

> 公之優曰施，通於驪姬。驪姬問焉，曰：「吾欲作大事，而難於三公子之徒如何？」對曰：「早處之，使知其極。夫人知極，鮮有慢心；雖其慢，乃易殘也。」驪姬曰：「吾欲爲難，安使可也？」優施曰：「必於申生。其爲人也，小心精潔，而大志重，又不忍人。精潔易辱，重債可疾，不忍人必自忍也。辱之近行。」驪姬曰：「重，無乃難遷乎？」優施曰：「知辱可辱，可辱遷重；若不知辱，亦必不知固秉常矣。今子固內而外寵，且善否莫不信。若外憚善而內辱之，無不遷矣。且吾聞之：甚精必愚。精爲易辱，愚不知避難。雖欲無遷，其得之乎？」是故先施讒於申生。〔註587〕

接著驪姬還善用權謀，在獻公耳邊私語，以眼淚攻勢對獻公說：「申生其實是假仁假義之人，有所圖謀，聲稱君上爲我所惑。」接著語帶嬌嗔地威脅說：「盍殺我，無以一妾亂百姓。」一副以大局爲重的模樣，其實是以退爲進，惹獻公憐愛，再危言聳聽，以陷害申生，獻公果懼之，《國語·晉語》曰：

> 優施教驪姬夜半而泣謂公曰：「吾聞申生甚好仁而彊，甚寬惠而慈於民，皆有所行之。今謂君惑於我，必亂國，無乃以國故而行彊於君。君未終命而不歿，君其若之何？盍殺我，無以一妾亂百姓。」公曰：「夫豈惠其民而不惠其父乎？」驪姬曰：「妾亦懼矣。吾聞之外人之言曰：爲仁與爲國不同。……，今夫以君爲紂，若紂有良子，而先喪紂，無章其惡而厚其敗。鈞之死也，無必假手於武王，而其世不廢，祀至於今，吾豈知紂之善否哉？君欲勿恤，其可乎？偌大難至而恤之，其何及矣。」公懼曰：「若何而可？」驪姬曰：「君盍老而授之政。彼得政而行其欲，得其所索，乃釋其君。且君其圖之，自桓叔以來，孰能愛親？唯無親故能兼翼。」公曰：「不可與政。我以武與威，是以臨諸侯。未歿而亡政，不可謂武；有子而弗勝，不可謂威。我授之政，諸侯必絕；能絕於我，必能害我。失政而害國，不可忍也。爾勿憂，吾將圖之。」〔註588〕

驪姬一方面對獻公進讒言，另一方面則騙太子申生獻公夢到齊姜，藉此要太

〔註587〕左丘明撰，韋昭注：《國語》，卷七，頁268〜269。
〔註588〕左丘明撰，韋昭注：《國語》，卷七，頁274〜275。

子申生去曲沃祭拜，並進行下一步的陰謀以害太子，此事不惟見載於《左傳‧僖公四年》，《史記‧晉世家》更詳述此事：

> 二十一年，驪姬謂太子曰：「君夢見齊姜，太子速祭曲沃，歸釐於君。」太子於是祭其母齊姜於曲沃，上其薦胙於獻公。獻公時出獵，置胙於宮中。驪姬使人置毒藥胙中。居二日，獻公從獵來還，宰人上胙獻公，獻公欲饗之。驪姬從旁止之曰：「胙所從來遠，宜試之。」祭地，地墳；與犬，犬死；與小臣，小臣死。驪姬泣曰：「太子何忍也！其父而欲弒代之，況他人乎？且君老矣，旦暮之人，曾不能待，而欲弒之！」謂獻公曰：「太子所以然者，不過以妾及奚齊之故。妾願子母辟之他國，若早自殺，毋徒使母子為太子所魚肉也。始君欲廢之，妾猶恨之至於今，妾殊自失於此。」太子聞之，奔新城。獻公怒，乃誅其傅杜原款。〔註589〕

申生自曲沃還，將祭肉呈獻給獻公，驪姬趁獻公出獵，就在祭肉上下毒，並嫁禍給太子，還演起兩面手法，使太子如啞巴吃黃蓮般，有苦難言，遂奔新城。獻公大怒，除了誅太子傅杜原款外，還派人追殺太子，最後太子於新城自殺身亡。獻公對驪姬的寵愛，已到「非驪姬，寢不安，食不甘」的地步，〔註590〕驪姬就是仗恃著獻公對她的寵愛而為所欲為，挑撥獻公父子情感，引起心結，再一個一個殺害所有阻礙她兒子奚齊成為太子的人，所以，在陷害申生得逞之後，下一個目標就是公子重耳及夷吾了。《史記‧晉世家》載：「人或告驪姬曰：『二公子怨驪姬譖殺太子。』驪姬恐，因譖二公子：『申生之藥胙，二公子知之。』二子聞之恐，重耳走蒲，夷吾走屈，保其城自備守。」〔註591〕驪姬為使斬草除根，公子重耳及夷吾也難逃其害，獻公還疑此二子有叛謀，遂派兵追殺，自此二公子過著逃亡的生活。而晉國之亂，也真正應驗了史蘇所卜的「齒牙為禍」之兆。〔註592〕

可見讒言危害之重，並不下於刀刃。《詩經‧小雅‧巧言》篇由於詩人對讒言體認之深，對於讒言的描摹極貼切，其詩曰：「亂之初生，僭始既涵。

〔註589〕瀧川龜太郎：《史記會注考證》，卷三十九，頁624～625。
〔註590〕瀧川龜太郎：《史記會注考證》，卷三十九，頁625。
〔註591〕瀧川龜太郎：《史記會注考證》，卷三十九，頁625。
〔註592〕《史記‧晉世家》：「初，獻公將伐驪戎，卜曰：『齒牙為禍。』及破驪戎，獲驪姬，愛之，竟以亂晉。」（語見瀧川龜太郎：《史記會注考證》，卷三十九，頁626。）

亂之又生，君子信讒。君子如怒，亂庶遄沮。君子如祉，亂庶遄已。」讒言
可怕的地方在於它剛開始產生的時候，人們是用包容的態度看待它，所以，
它才有機會滲入，而當它接二連三出現時，人們就會相信了。但是如果在聽
到讒言之時表示震怒，那麼讒言差不多可以立刻停止，也就不會再有讒言產
生，而如果多可以親近賢臣，那麼讒言就更不會發生了。可見讒言之所以產
生，是在於有人說，也有人愛聽，才使讒言有機會滲透，驪姬與獻公即是一
例。而獻公之好聽讒言，《詩經》中描述得更精簡，〈唐風・采苓〉篇云：

> 采苓采苓，首陽之巔。人之爲言，苟亦無信。舍旃舍旃，苟亦無然。
> 人之爲言，胡得焉？（一章）
>
> 采苦采苦，首陽之下。人之爲言，苟亦無與。舍旃舍旃，苟亦無然。
> 人之爲言，胡得焉？（二章）
>
> 采葑采葑，首陽之東。人之爲言，苟亦無從。舍旃舍旃，苟亦無然。
> 人之爲言，胡得焉？（三章）

《詩序》：「〈采苓〉，刺晉獻公也，獻公好聽讒焉。」〔註593〕《孔疏》：「以獻
公好聽用讒之言，或見貶退賢者，或進用惡人，故刺之。」〔註594〕陳子展《詩
三百解題》說：

> 〈采苓〉，是刺聽讒之詩，也就是戒人莫聽讒言假話的詩。《詩序》
> 說：「刺晉獻公，獻公好聽讒。」想是根據《左傳》、《國語》記驪姬
> 進讒事。太史公把它敘入《史記・晉世家》，……，我們不妨把驪姬
> 譖殺太子申生的這一段記事作爲〈采苓〉詩本事來讀。〔註595〕

陳氏之說可採，觀〈唐風・采苓〉一詩，詩人不從「僞言」，或說僞話者這面
來立論，而是從「聽讒」一面來立論，與《國語》、《左傳》、《史記・晉世家》
等從驪姬譖殺太子一面來立論有所不同。是以，〈唐風・采苓〉一詩，全詩三
章，每章首二句分別以茂盛的苓、苦、葑生於首陽山起興，象徵僞言生於不
該生之處，因爲苓當生於隰，苦生於野，葑生於圃，是以，苓、苦、葑皆非
首陽山所宜有，而今之所以生，乃因有人納之。所以，人們對於僞言應當不
要相信，那麼就不會有僞言產生了，也就不會正中下懷了！此詩蓋諷刺晉獻
公因爲自己先接納僞言，才讓僞言有機滲入，也才使說僞言的驪姬詭計得逞。

〔註593〕鄭玄：《毛詩鄭箋》，頁50。
〔註594〕孔穎達：《毛詩正義》，頁402。
〔註595〕陳子展：《詩三百解題》，頁451～452。

　　從上述得知：晉獻公初期整頓內政，開疆闢土，爲晉文公稱霸奠定了良好的基礎，但可惜晚年卻寵幸驪姬，廢嫡立庶，好聽讒言，最後弄得家毀人亡。

（五）陳靈公

　　陳靈公與其大夫孔寧、儀行父皆通於夏姬，還與其二人穿著夏姬的內衣，在朝廷裡當眾嬉笑爲樂，洩冶諫靈公，靈公表面敷衍，暗地裡卻縱容孔寧、儀行父二人殺洩冶，此事見於《左傳·宣公九年》及《史記·陳杞世家》，《左傳·宣公九年》云：

> 陳靈公與孔寧、儀行父通於夏姬，皆衷其衵服，以戲于朝。洩冶諫曰：「公卿宣淫，民無效焉！且聞不令。君其納之！」公曰：「吾能改矣。」公告二子。二子請殺之，公弗禁，遂殺洩冶。〔註596〕

司馬遷於《史記·陳杞世家》亦提及陳靈公與其大夫孔寧、儀行父皆通於夏姬的荒唐行爲，《史記·陳杞世家》云：

> 靈公元年，楚莊王即位。六年，楚伐陳。十年，陳及楚平。十四年，靈公與其大夫孔寧、儀行父皆通於夏姬，衷其衣以戲於朝。泄（洩）冶諫曰：「君臣淫亂，民何效焉？」靈公以告二子，二子請殺泄（洩）冶，公弗禁，遂殺泄（洩）冶。〔註597〕

《左傳·宣公九年》及《史記·陳杞世家》皆正面揭露陳靈公與其大夫孔寧、儀行父等臣子三人醜陋不合理的行徑，而《詩經·陳風·株林》篇則是以簡練的語言，含蓄委婉的方式表達，其詩曰：

> 胡爲乎株林？從夏南。匪適株林，從夏南。（一章）
>
> 駕我乘馬，說于株野。乘我乘駒，朝食于株。（二章）

《詩序》：「〈株林〉，刺靈公也，淫乎夏姬，驅馳而往，朝夕不休息焉。」〔註598〕
《鄭箋》：「夏姬，陳大夫妻，夏徵舒之母，鄭女也。徵舒，字子南，夫，字御叔。」〔註599〕李樗《毛詩集解》言夏姬之身世，其文曰：「夏姬，鄭穆公之女，靈公之妹也。嫁於陳大夫公子夏御叔也，生徵舒，字子南，本姬姓，故以姬爲氏，爲夏氏之婦，故曰夏姬。」〔註600〕《孔疏》則謂：「作〈株林〉詩者，刺靈

〔註596〕左丘明著，杜預集解，竹添光鴻會箋：《左傳會箋》，頁748～749。
〔註597〕瀧川龜太郎：《史記會注考證》，卷三十六，頁595。
〔註598〕鄭玄：《毛詩鄭箋》，頁56。
〔註599〕鄭玄：《毛詩鄭箋》，頁56。
〔註600〕李樗·黃櫄：《毛詩集解》，卷十六，頁745。

公也，以靈公淫於夏氏之母，姬姓之女，疾驅其車馬，馳走而往，或早朝而至，或嚮夕而至，不見其休息之時，故刺之也。」〔註601〕綜上所述：〈陳風·株林〉一詩乃是述陳靈公淫於夏姬一事，驅馳而往，朝夕不休息，行爲極荒唐，故以詩刺之。

　　是以，〈陳風·株林〉一詩，一章以問答的方式，將陳靈公與其大夫孔寧、儀行父等臣子三人淫於夏姬的醜惡行徑揭出。〔註602〕有人問陳靈公：「爲什麼要去株林？」陳靈公還找藉口說：「從夏南」，是爲了找夏徵舒，〔註603〕實因陳靈公不敢直言要找夏姬，故言「從夏南」，欲蓋彌彰也。〔註604〕所以，一路上朝夕不休息，是爲了去看夏姬，〔註605〕淫逸行徑畢露，簡直是不打自招，足見其行爲之荒唐。二章敘述視角由第三人稱轉爲第一人稱，言「駕我乘馬」、「乘我乘駒」，可知這種荒唐舉止，除了陳靈公外還有大夫孔寧、儀行父同行。〔註606〕全詩二章，僅三十一字，即將陳靈公與其大夫孔寧、儀行父等臣子三

〔註601〕孔穎達：《毛詩正義》，頁452。
〔註602〕馬瑞辰《毛詩傳箋通釋》：「上二句，詩人故設爲問辭，若不知其淫於夏姬者，此爲從夏南游耳。下二句，當連讀，謂其非適株林，從夏南也。言外見其實淫於夏姬，此詩人立言之妙。」（語見馬瑞辰：《毛詩傳箋通釋》，頁129。）
〔註603〕《毛傳》：「夏南，夏徵舒也。」《孔疏》則謂：「靈公適彼株林，從夏南，故知株林是夏氏之邑。邑在國外，夏姬在邑，故適邑而從夏姬也。徵舒祖字子夏，故爲夏氏。徵舒，字子南，以氏配字謂之夏南。楚殺徵舒，《左傳》謂之：『戮夏南』，是知夏南即徵舒也。實從夏南之母，言從夏南者，婦人夫死從子，夏南爲其家主，故以夏南言之。」（分見鄭玄：《毛詩鄭箋》，頁56。孔穎達：《毛詩正義》，頁453。）
〔註604〕余培林：《詩經正詁》上冊，頁389。
〔註605〕《毛傳》：「株林，夏氏邑也。夏南，夏徵舒也。」《箋》云：「陳人責靈公，君何爲之株林？從夏氏子南之母，爲淫泆之行。」又云：「匪，非也。言我非之株林，從夏氏子南之母，爲淫泆之行，自之他耳，觝拒之辭。」（語見鄭玄：《毛詩鄭箋》，頁56～57。）
〔註606〕《毛傳》：「大夫乘駒。」《箋》云：「我，國人我君也，君親乘君乘馬，乘君乘駒，變易車乘，以至株林，或說舍焉，或朝食焉，又責之也。」《孔疏》：「王肅云：『陳大夫孔寧、儀行父與君淫於夏氏。』然則王意以爲乘我駒者，謂孔、儀從君適株，故作者並舉以惡君也。」陳奐《詩毛氏傳疏》云：「奐謂：《經》言我，《傳》言大夫，鄭以變易車乘，申明《經》、《傳》固是精確；《正義》用王肅語述《傳》，亦未見爲非。何也？宣十年《左傳》云：『陳靈公與孔寧、儀行父飲酒於夏氏。』此雖爲靈公被弒發《傳》，然其君臣共往夏氏已非一日，《序》故謂驅馳而往，朝夕不休息也。九年《傳》云：『陳靈公與孔寧、儀行父通於夏姬，皆衷其衵服，以戲於朝。』在朝既君臣同衷衵服，如夏氏則君臣共乘驕，《傳》云：大夫，亦未嘗不關通孔、儀矣。」（分見鄭玄：《毛詩鄭

人淫於夏姬的荒唐行徑揭出，是以方玉潤《詩經原始》謂此詩曰：「不必更露淫字，而宣淫無忌之行，已躍然紙上，毫無遁形，可謂神化之筆。」〔註607〕而陳子展《詩三百解題》引姜炳璋之說法讚美此詩，其文曰：

> 這詩是《三百篇》中短小精悍作品之一，風格頗為別緻，技巧也很圓熟。姜炳璋《詩序廣義》說：「《輯說》：兩株林，兩夏南，轉換七個閒字。將當時車馬簇擁，鄉民聚觀，囁嚅附耳，道旁指摘，無不一一勾出。次將單襄公過陳一段（按，此指《國語·周語》中一段。單襄公假道於陳，道路若塞，野場若棄，民將築臺於夏氏。及陳，陳靈公與孔寧、儀行父南冠已如夏氏，留賓不見），驟括在裏。時君臣只知夏氏，舉國事民瘼，賓客交際一齊置之。詩人只說一面，面面俱到。」這好像是用了欣賞剪影家慣使的扼要的藝術手段來欣賞這詩，將詩中之事和言外之意廣為想像探索，深中肯綮。〈株林〉係雖短詩，含蓄卻很深廣，概括的現象也很複雜。成功的作品往往是從複雜的現象集中而概括出來的，深刻地反映其本質的。〔註608〕

而陳靈公除了與孔寧、儀行父皆通於夏姬，並與其二人穿著夏姬的內衣，在朝廷裡當眾嬉笑為樂之外，還毫無體統地以「夏徵舒到底像誰」，大開玩笑，也因此種下殺身之禍。《左傳·宣公十年》及《史記·陳杞世家》皆載此事，《左傳·宣公十年》云：「公如齊奔喪，陳靈公與孔寧、儀行父飲酒於夏氏。公謂行父曰：『徵舒似女。』對曰：『亦似君。』徵舒病之，公出，自其廄射而殺之，二子奔楚。」〔註609〕而《史記·陳杞世家》記之更詳，其文曰：

> 十五年，靈公與二子飲於夏氏。公戲二子曰：「徵舒似汝。」二子曰：「亦似公。」徵舒怒。靈公罷酒出，徵舒伏弩廄門，射殺靈公。孔寧、儀行父皆奔楚，靈公太子午奔晉。〔註610〕

陳靈公與孔寧、儀行父皆通於夏姬之事，毫不掩飾，還不以為意地公開四人行的關係，並以此相戲謔，最後還惹來殺身之禍，所以，陳靈公是個視體統

箋》，頁57。孔穎達：《毛詩正義》，頁454。陳奐：《詩毛氏傳疏》，頁337～338。）
〔註607〕方玉潤：《詩經原始》，頁634～635。
〔註608〕陳子展：《詩三百解題》，頁521～522。
〔註609〕左丘明著，杜預集解，竹添光鴻會箋：《左傳會箋》，頁752～753。
〔註610〕瀧川龜太郎：《史記會注考證》，卷三十六，頁595。

為無物，宣淫無忌的亡國之君。

第三節　典型人物形象

　　所謂典型人物，原指小說家運用典型化的藝術方法塑造出來的成功的人物形象。典型人物是個性與共性有機統一的產物，就是說，它既是高度個性化的──具有鮮明獨特的個性特徵，又具有高度的概括性意義──能深刻反映一定社會歷史的某些本質和規律。〔註611〕而《詩經》中的典型性人物，多栩栩如生，血肉豐滿，例如：〈魏風・碩鼠〉中貪官污吏的形象，〈衛風・氓〉中負心漢的形象，以及〈豳風・東山〉中的戰士形象等，皆非常鮮活。而本文欲藉由對典型人物的形塑，以反映當時社會歷史的背景，限於篇幅，是以本文僅選取：一、獵人；二、讒佞之人；三、隱逸之人；四、憂國憂民之人；五、心有怨嘆之人，來分別探討其所呈現之形象。

一、獵　人

　　《詩經》中所描述的獵者形象常是體魄健美，而且才德兼備的，例如：在射獵技術方面之高超，可以「壹發五豝」，「壹發五豵」；而駕馭能力表現更是優秀，可以「執轡如組，兩驂如舞」；而且藝高人膽大，可以「襢裼暴虎」；另外內在品德方面，則更是表現出「美且仁」，「美且好」，「美且武」，「美且鬈」，「美且偲」，不是空有技術的魯莽武夫，即使是獵者與獵者間的並驅共獵，也能相揖為禮，如〈齊風・還〉一詩云：

　　　　子之還兮，遭我乎猺之閒兮。並驅從兩肩兮，揖我謂我儇兮。(一章)

　　　　子之茂兮，遭我乎猺之道兮。並驅從兩牡兮，揖我謂我好兮。(二章)

　　　　子之昌兮，遭我乎猺之陽兮。並驅從兩狼兮，揖我謂我臧兮。(三章)

屈萬里《詩經詮釋》：「此美獵者之詩。」〔註612〕〈齊風・還〉一詩，全詩三章，形式複疊。首句「子之還兮」，「子之茂兮」，「子之昌兮」，讚美對方打獵技術便捷、精巧、很棒；二句則指出相遇之地點；三句則從動態方面來呈現獵者逐獸時身手之敏捷，「並驅」二字，則表現二者之旗鼓相當；末句則是對方的稱讚，以「儇」、「好」、「臧」來稱美打獵技術之精湛，真是英雄惜英雄

〔註611〕王先霈主編：《小說理論》，(武昌：長江文藝出版社，1991年8月)，頁6。

〔註612〕屈萬里：《詩經詮釋》，頁165。

呀！二位獵者在相揖相羨中，亦可見其形貌之俊偉，氣象之英武，獵技之卓越，與行爲之有禮矣。〔註613〕方玉潤於《詩經原始》中引章氏潢云：「『子之還兮』，己譽人也，『謂我儇兮』，人譽己也。『並驅』，則人己皆與有能也。寥寥數語，自具分合變化之妙。獵固便捷，詩亦輕利，神乎其技矣。」〔註614〕

而〈鄭風·叔于田〉一詩，則是表現獵者技術高超，以致出獵時，萬人空巷，爭相目睹之狀：

> 叔于田，巷無居人；豈無居人？不如叔也，洵美且仁。（一章）
>
> 叔于狩，巷無飲酒；豈無飲酒？不如叔也，洵美且好。（二章）
>
> 叔適野，巷無服馬；豈無服馬？不如叔也，洵美且武。（三章）

《詩序》：「〈叔于田〉，刺莊公也。叔處于京，繕甲治兵，以出于田，國人說而歸之。」〔註615〕《毛傳》：「叔，大叔段也。」即鄭莊公之弟叔段。然殷光熹〈詩經中的田獵詩〉一文引崔述《讀風偶識》中所言而認爲：

> 其實，二詩中的「叔」字（按指〈鄭風·叔于田〉及〈鄭風·大叔于田〉二詩），未必是指鄭莊公之弟叔段。因爲《詩經》中常用伯、仲、叔、季爲序，多半用來作爲男性的表字。女子稱丈夫或情人也多用之。正如崔述在《讀風偶識》中指出：「大抵《毛詩》專事誤會。仲與叔皆男子之字。鄭國之人不啻數萬，其字仲與叔者不知幾何也。乃稱叔即以爲共叔，稱仲即以爲祭仲，情勢之合與否皆不復問。然則鄭有共叔，他人即不得復字叔，鄭有祭仲，他人皆不得復字仲乎？」〔註616〕

是故，〈鄭風·叔于田〉及〈鄭風·大叔于田〉二詩，其中之主角「叔」，是一位鄭國人，非特指某一人，「叔」字僅是其家中排行順序。〈鄭風·叔于田〉一詩，全詩三章，形式複疊，首句指出獵人正在打獵，所以，引出二句的「巷無居人」、「巷無飲酒」、「巷無服馬」，以出獵時萬人空巷爭相觀看，凸顯其射獵技術之高超，全因其具有健美的體魄及「仁、好、武」等仁慈、良善、威武的人格特質。所以，詩人並未從打獵的過程或實際狀況來摹寫，而是從側面呈現獵人技術之高超，能飲善駕的豪邁，並藉「豈無居人？不如叔也」的

〔註613〕余培林：《詩經正詁》上冊，頁 265。
〔註614〕方玉潤：《詩經原始》，頁 511。
〔註615〕鄭玄：《毛詩鄭箋》，頁 34。
〔註616〕殷光熹：〈詩經中的田獵詩〉，《詩經研究叢刊》第七輯，（北京：學苑出版社，2004 年 7 月），頁 143～144。

反問句子，來特別凸出這位獵者的出類拔萃，卓然出眾，而且這位獵者並非只是有健美的體魄，最重要的是在於它具有「仁、好、武」等人格特質，所以才讓民眾爭相目睹，顯現這位獵者獨特的魅力。

　　另外，〈齊風・盧令〉一詩，則藉由獵者的得力助手——獵犬，來凸顯獵者的不凡，其詩曰：

　　　　盧令令，其人美且仁。（一章）

　　　　盧重環，其人美且鬈。（二章）

　　　　盧重鋂，其人美且偲。（三章）

屈萬里《詩經詮釋》：「此美獵者之詩。」〔註617〕〈齊風・盧令〉一詩，全詩三章，形式複疊。每章皆以「先犬後人」的摹寫順序，在寫獵犬的部份，並非直接摹寫獵犬出獵時的盡忠職守，威武英勇的畫面，而是透過「盧令令」，「盧重環」，「盧重鋂」等戴在獵犬頸上的環飾所發出的鈴鈴聲，來顯示獵犬威武英勇的氣勢，以聲音表現氣勢，得力助手（獵犬）都如此優秀，想當然耳，身為主人的獵者必定更不同凡響，故藉此以凸顯主人的氣勢非凡。單聞其聲，想見其犬，進而引出主角——獵者，給予人無限的想像空間。詩人完全透過想像力，想像這個威武英勇獵犬的主人，應該是位「美且仁」，「美且鬈」，「美且偲」的獵者，既是透過由聲而犬而人的想像，所以沒有實際的打獵畫面，而是想像中的獵者形象是個體魄健美的，而且仁慈的，勇壯的，〔註618〕又多才藝。〔註619〕

　　而〈鄭風・大叔于田〉一詩，則是《詩經》一書中，描寫個別獵者出獵情形最為詳細精彩的，所以，姚際恆於《詩經通論》中讚美此詩：「描摹工豔，鋪張亦復淋漓盡致，便為〈長揚〉、〈羽獵〉之祖。」〔註620〕〈鄭風・大叔于田〉詩云：

　　　　大叔于田，乘乘馬。執轡如組，兩驂如舞。叔在藪，火烈具舉。襢裼暴虎，獻于公所。將叔無狃，戒其傷女。（一章）

　　　　叔于田，乘乘黃。兩服上襄，兩驂鴈行。叔在藪，火烈具揚。叔善

〔註617〕屈萬里：《詩經詮釋》，頁174。

〔註618〕「其人美且鬈」，《鄭箋》云：「鬈，讀當作權，權，勇壯也。」（語見鄭玄：《毛詩鄭箋》，頁43。）

〔註619〕「其人美且偲」，《毛傳》：「偲，才也。」《鄭箋》云：「才，多才也。」（語見鄭玄：《毛詩鄭箋》，頁43。）

〔註620〕姚際恆：《詩經通論》，頁103。

射忌，又良御忌。抑磬控忌，抑縱送忌。（二章）

叔于田，乘乘鴇。兩服齊首，兩驂如手。叔在藪，火烈具阜。叔馬
慢忌，叔發罕忌。抑釋掤忌，抑鬯弓忌。（三章）

全詩三章，首章二句述獵者駕著馬車出獵，三、四句「執轡如組，兩驂如舞」，
則寫獵者駕御技術之純熟，執馬轡時齊一不亂，兩驂隨兩服齊整而行，能和諧
中節，〔註621〕五句指出打獵的地點在「藪」，六句「火烈具舉」，則表示燒宿草
田獵，七、八句「襢裼暴虎，獻于公所」，除了展現成果外，更是表現獵者裸露
上身，徒手搏虎，〔註622〕以顯示獵者之勇猛。末二句「將叔無狃，戒其傷女」，
則表現詩人對獵者的關懷。二、三章，每章十句，形式複疊，前四句與首章同，
皆從動態來表現獵者打獵時駕御技術之純熟，六句從首章的「火烈具舉」，二章
「火烈具揚」，到末章「火烈具阜」，僅易一字，將火烈的「舉、揚、阜」來表
現時間的轉換，當火最旺盛時，也是狩獵的尾聲了，接著引出末章的七、八句
「叔馬慢忌，叔發罕忌」，馬的速度也放慢了，射出的箭也漸少了，表示獵事將
畢，所以，詩人將最後的鏡頭落在「抑釋掤忌，抑鬯弓忌」，獵者將綁在腰際的
箭筒放下，把弓藏於囊中，結束了這次成功的打獵行動。詩人充分掌握整個狩
獵過程的節奏，從火烈的加溫到旺盛，配合著駕馬馳騁、追逐野獸的快慢，到
最後放下箭筒，藏弓於囊中，表現出獵者的收放自如，從容自得。

　　《詩經》中所述的個別獵者形象，除了身材健壯、駕馭技能精湛、射獵
技術高超之外，最重要的是具有由內而發的仁德，是內外兼美的獵者，而不
是好勇鬥狠的匹夫。

二、讒佞之人

　　讒佞之人之所以能生存，能得勢，是因為有個昏君，如〈小雅・小弁〉
篇，詩人就批評幽王：「君子信讒，如或醻之」，幽王對於讒言全盤接受，完

〔註621〕余培林：《詩經正詁》上冊，頁 222。

〔註622〕陸景琳《詩經服飾研究》中認為：「《詩》中唯『錦衣狐裘』之錦衣為裼衣，〈鄭・
　　　　大叔于田〉、〈小雅・斯干〉所言之『裼』皆另有所指。〈鄭・大叔于田〉：『襢
　　　　裼暴虎，獻于公所』《毛傳》：『襢裼，肉袒也』。此處襢裼為動詞，指裸露上
　　　　身之肉袒，非指裼裘之裼衣。〈小雅・斯干〉：『乃生女子，載寢之地，載衣之
　　　　裼，載弄之瓦。』《毛傳》：『裼，褓也』。《鄭箋》：『褓，夜衣也。』此詩中之
　　　　裼為嬰兒褓褓，指包裹嬰兒之小被。」（語見陸景琳：《詩經服飾研究》，（台
　　　　北：臺灣師範大學國文研究所碩士論文，2000 年 7 月），頁 67。）

全沒有明察，因爲相信讒言，給讒佞之人撐腰，使他有機會肆無忌憚地陷害忠良，甚至危害國家。而讒佞之人進讒言的目的都是爲了個人及貪腐集團的爭權奪利，所以，無所不用其極以鞏固、奪取其既得或未得的利益。一旦有任何阻礙或妨礙其利益者，一律殺無赦，但其手段是動嘴不動手，或是藉他人之手，而其方法是以漸進滲透的方式，先讓君主相信他所言，一旦取得信任後就爲所欲爲。所以，〈小雅・巧言〉一詩稱讒人是「巧言如簧，顏之厚矣」，巧言就像是鼓簧那麼悅耳動聽，所以，讓人喜歡聽，易接受而難有防備，而讒佞之人臉皮之厚，簡直已到忝不知恥的地步。而〈小雅・巷伯〉一詩，也指出讒言可怕的地方在於：「萋兮斐兮，成是貝錦」，「哆兮侈兮，成是南箕」，讒言交織，能無中生有，還用巧言羅織人入罪，而他的嘴巴大得像南箕星一樣，一開口就是要害人。詩中將讒佞之人的形象描摹得維妙維肖。

　　所以，若要杜絕讒佞之人的讒言，首先國君要英明，能辨識，心志要堅定，要親賢臣，不要讓讒佞之人有見縫插針的機會，否則讒言就會起於不該生之處。如〈陳風・防有鵲巢〉一詩，即以「防有鵲巢，邛有旨苕」，「中唐有甓，邛有旨鷊」起興，象徵無中生有之讒言，因爲「邛」不該有「苕」、有「鷊」，而今則有，是無中生有。〔註623〕而讒言之所以產生，是在於有人說，也有人愛聽，才使讒言有機會滲透，驪姬與獻公即是一例。獻公之好聽讒言，《詩經・唐風・采苓》篇中描述得精簡又貼切，其詩云：

　　采苓采苓，首陽之巔。人之爲言，苟亦無信。舍旃舍旃，苟亦無然。
　　人之爲言，胡得焉？（一章）

　　采苦采苦，首陽之下。人之爲言，苟亦無與。舍旃舍旃，苟亦無然。
　　人之爲言，胡得焉？（二章）

　　采葑采葑，首陽之東。人之爲言，苟亦無從。舍旃舍旃，苟亦無然。
　　人之爲言，胡得焉？（三章）

《詩序》：「〈采苓〉，刺晉獻公也，獻公好聽讒焉。」〔註624〕《孔疏》：「以獻公好聽用讒，之言或見貶退賢者，或進用惡人，故刺之。」〔註625〕陳子展《詩

〔註623〕方玉潤《詩經原始》謂：「鵲本巢木，而今則曰防有鵲巢矣；苕生下濕，而今則曰邛有旨苕矣。而且中唐非甓甗之所，高丘豈旨鷊所生？人皆可以僞造而爲謠。」（語見方玉潤：《詩經原始》，頁630。）
〔註624〕鄭玄：《毛詩鄭箋》，頁50。
〔註625〕孔穎達：《毛詩正義》，頁402。

三百解題》說：「〈采苓〉，是刺聽讒之詩，也就是戒人莫聽讒言假話的詩。」〔註626〕是以，〈唐風・采苓〉一詩，全詩三章，每章首二句分別以茂盛的苓、苦、葑生於首陽山起興，象徵僞言生於不該生之處，因爲苓當生於隰，苦生於野，葑生於圃，是以，苓、苦、葑皆非首陽山所宜有，而今之所以生，乃因有人納之。所以，人們對於僞言應當不要相信，那麼就不會有僞言產生了，也就不會正中下懷了！此詩蓋諷刺晉獻公因爲自己先接納僞言，才讓僞言有機滲入，也才使說僞言的驪姬詭計得逞。

　　而讒言之可怕，還在於指鹿爲馬，顛倒是非，隨意羅織人入罪，所以，〈小雅・十月之交〉篇中詩人才會發出無奈又不平之語說：「黽勉從事，不敢告勞。無罪無辜，讒口囂囂。」自己勤勉地堅守崗位，仍不敢邀功。但是讒佞之人，不做正事，還打壓賢良，誣害忠臣。這些人通常是「皋皋訿訿」，頑鈍無能，尸位素餐，遇事只會「蟊賊內訌」，互相指摘，互相陷害。而這還只是個開頭，更甚者，不擇手段，凶狠惡毒，置人於死地，如〈大雅・瞻卬〉一詩即言：「鞫人忮忒，譖始竟背。」所以，忠良們就算因讒言而無辜遭放，也百口莫辯，只能含冤對天哭訴：「何辜于天？我罪伊何？心之憂矣，云如之何？」最後就變成惡性循環，忠良們再也不敢對君王有任何的諫言，因爲「莫高匪山，莫浚匪泉。君子無易由言，耳屬于垣。」君王四周都是讒黨，都凶邪陰險，若講話，隨時會被竊聽，又會受害了。所以，忠良們每天生活在恐怖之中，想說又不敢說，深怕說了生命難保。

　　而〈小雅・巷伯〉則是寺人孟子親身受讒害，故作詩以儆同僚，其詩曰：

　　萋兮斐兮，成是貝錦。彼譖人者，亦已大甚。（一章）

　　哆兮侈兮，成是南箕。彼譖人者，誰適與謀。（二章）

　　緝緝翩翩，謀欲譖人。慎爾言也，謂爾不信。（三章）

　　捷捷幡幡，謀欲譖言。豈不爾受，既其女遷。（四章）

　　驕人好好，勞人草草。蒼天蒼天，視彼驕人，矜此勞人。（五章）

　　彼譖人者，誰適與謀？取彼譖人，投畀豺虎；豺虎不食，投畀有北；有北不受，投畀有昊。（六章）

　　楊園之道，猗于畝丘。寺人孟子，作爲此詩。凡百君子，敬而聽之。（七章）

〔註626〕陳子展：《詩三百解題》，頁451～452。

《詩序》：「〈巷伯〉，刺幽王也。寺人傷於讒，故作是詩也。」〔註627〕余培林《詩經正詁》：「綜觀全詩，並無刺幽王之意；如有，亦言外之旨也。故當是傷於讒言之寺人，作此詩以刺讒人，並警朝中之卿大夫也。」〔註628〕首二章以「萋兮斐兮，成是貝錦」，「哆兮侈兮，成是南箕」，言讒言交織，能無中生有，還用巧言羅織人入罪，而他的嘴巴大得像南箕星一樣，一開口就是要害人。詩中將讒佞之人的形象描摹得維妙維肖。余培林《詩經正詁》也說：「首二章責譖人編織巧言，羅織人罪以行讒。貝錦、南箕，狀其巧言、利口，堪稱絕妙。」〔註629〕但是到底是誰讓讒人能夠這麼過份？讒人又和誰是同謀呢？通常讒人都是「緝緝翩翩，謀欲譖人」，彼此交頭接耳說小聲話，就是準備要用巧佞之語來害人，所以，我們要謹言慎行，不要落入他們的圈套。而讒人們說話都是「捷捷幡幡」，口才很好，但是說話反反覆覆，所以，「豈不爾受，既其女遷」，剛開始他們說的話會讓人接受，但後來就會發現：原來他們說的都是假話。這是寺人孟子受到讒言危害的親身經驗，所以，對其同僚提出警告。但似乎也無可奈何，因為「驕人好好，勞人草草。蒼天蒼天，視彼驕人，矜此勞人」，只好呼告上天，憤慨地指責。最後則將內心的憤怒憎恨，轉為詛咒，恨不得將這些讒人們除之而後快，所以說：「取彼譖人，投畀豺虎；豺虎不食，投畀有北；有北不受，投畀有昊。」如果豺狼虎豹都拿他們沒輒，那麼就交給上天來制裁了。可見讒言危害之深，讓人憎恨到惡言相對。最後則以「楊園之道，猗于畝丘」，喻己之言雖卑薄，但甚有理，可用於「凡百君子」，〔註630〕希望大家有所警惕，不要像我一樣受讒害。

　　而〈小雅・巧言〉篇更是直斥亂之生於幽王聽信讒言，幽王不信忠臣勸諫，正直無辜者反招禍害，小人當權顛倒黑白，政亂至此，詩人憂心，故作此詩。詩中對於讒言的描摹極具形象，足見詩人對讒言體認之深，其詩云：

　　　　悠悠昊天，曰父母且。無罪無辜，亂如此憮。昊天已威，予慎無罪。
　　　　昊天大憮，予慎無辜。（一章）

　　　　亂之初生，僭始既涵。亂之又生，君子信讒。君子如怒，亂庶遄沮。
　　　　君子如祉，亂庶遄已。（二章）

〔註627〕鄭玄：《毛詩鄭箋》，頁 93。
〔註628〕余培林：《詩經正詁》下冊，頁 189。
〔註629〕余培林：《詩經正詁》下冊，頁 189。
〔註630〕余培林：《詩經正詁》下冊，頁 188。

君子屢盟，亂是用長。君子信盜，亂是用暴。盜言孔甘，亂是用餤。
匪其止共，維王之邛。（三章）

奕奕寢廟，君子作之。秩秩大猷，聖人莫之。他人有心，予忖度之。
躍躍毚兔，遇犬獲之。（四章）

荏染柔木，君子樹之。往來行言，心焉數之。蛇蛇碩言，出自口矣。
巧言如簧，顏之厚矣。（五章）

彼何人斯，居河之麋。無拳無勇，職爲亂階。既微且尰，爾勇伊何。
爲猶將多，爾居徒幾何。（六章）

《詩序》：「〈巧言〉，刺幽王也。大夫傷於讒，故作是詩也。」〔註631〕朱熹《詩
經集註》：「大夫傷於讒，無所控告，而訴之於天。」〔註632〕屈萬里《詩經詮釋》：
「此刺讒人之詩。」〔註633〕朱守亮《詩經評釋》亦言：「此傷讒致亂之詩。」
〔註634〕據《史記・周本紀》：「周王以虢石父爲卿用事，國人皆怨，石父爲人佞
巧善諛，好利，王用之，又廢申后去太子也。」〔註635〕即使疑《序》的姚際恆
亦曰：「此幽王時之大夫，以小人讒謀啓亂，將甘心焉，而賦是詩。」〔註636〕
是故，《序》說可信也。故詩中之君子，是爲幽王。而胡承珙《毛詩後箋》更云：

詩以「悠悠昊天」發端，而取五章之「巧言」名篇，蓋讒人之言非
巧不入，詩人所深惡也，大夫傷於讒，非獨一己傷困於讒，謂大夫
傷痛讒言之亂政，故其詞屢言亂，而深望君子察而止之。〔註637〕

詩人規諫幽王，勿信讒言，並深惡痛斥佞臣之禍國殃民，望幽王能悔悟也。
是以，〈小雅・巧言〉一詩，一章詩人自述無罪而遭禍亂。二章述亂生於君子
信讒，而止亂則在於怒讒而喜賢。三章言亂之滋長在於君子屢盟。詩之前三
章刺聽讒者，後三章刺讒人，因爲一件事的發生是雙方面的，所謂的一個銅
板不會響，所以，不管是聽讒者甚或讒人都該罵，在此詩中充分表現出《詩
經》的罵人藝術。詩之一開頭即曰「悠悠昊天，曰父母且」，以呼天、呼父母，
來表達其對讒言的無可奈何，尤其是賢良無罪，讒人也能以巧言迷惑幽王，

〔註631〕鄭玄：《毛詩鄭箋》，頁92。
〔註632〕朱熹：《詩經集註》，頁111。
〔註633〕屈萬里：《詩經詮釋》，頁376。
〔註634〕朱守亮：《詩經評釋》，頁580。
〔註635〕瀧川龜太郎：《史記會注考證》，頁80。
〔註636〕姚際恆：《詩經通論》，頁218。
〔註637〕胡承珙：《毛詩後箋》，頁481。

用盡權謀，羅織罪名以陷害忠良，這種小人亂政的情況是非常嚴重的，所以詩人感到既憤怒、憂心又無奈，因為昊天所降威虐真的太大，而我們卻是無辜受害之人。讒言可怕的地方在於它剛開始產生的時候，幽王是用包容的態度看待它，而當它接二連三出現時，幽王就真的相信了，如果幽王在聽到讒言之時表示震怒，那麼讒言差不多可以立刻停止，也就不會再有讒言產生，而幽王如果可以親近賢臣，那麼讒言就更不會發生了。可見讒言之發生在於幽王親佞臣，遠賢臣，才使讒言有機會滲透。

而幽王自己本身行為不正，屢屢背信違盟，這更是使亂源有機會滋生的元兇。幽王聽信小人之言，所以讒言亂政才會越來越嚴重，而讒言是那麼的甜美好聽，聽讒言就像吃飯一樣，很容易入口，很容易聽進去，所以這不能完全歸咎於小人所表現過度恭敬諂媚的言行，而是幽王自己本身品行上的缺失。所以，詩人認為是幽王自己行不正，是幽王咎由自取，否則「躍躍毚兔，遇犬獲之」，賢臣對於小人的讒言詭計，早就猜到了，但由於幽王親佞臣，遠賢臣，才讓小人有機可趁。而今讒言產生，是幽王造成的，流言四起，幽王應該要加以辨識才對，雖然冠冕堂皇的話是從口說出，巧言就像是鼓簧那麼悅耳動聽，所以，讓人喜歡聽，易接受而難有防備，而讒佞之人臉皮之厚，簡直已到忝不知恥的地步。但是，幽王更要謹慎辨識才對呀！詩人希望幽王不要識人不清，用人不當，而一錯再錯下去，所以，詩人非常有膽識地指責讒人：「彼何人斯，居河之麋。無拳無勇，職為亂階。既微且尰，爾勇伊何。為猶將多，爾居徒幾何。」讒人是國家的亂源，不僅使國家如腳脛生瘡，腫了起來一樣，國家政策窒礙難行，如生了重病，所以，詩人呼喊這些小人們，你們的詐術這麼多，你們到底還有多少跟班？多少黨羽？顯見幽王信讒亂政之嚴重。而〈小雅‧青蠅〉一詩，即以青蠅喻讒人，言讒言擴散之快，為禍之大，其詩云：

> 營營青蠅，止于樊。豈弟君子，無信讒言。(一章)
>
> 營營青蠅，止于棘。讒人罔極，交亂四國。(二章)
>
> 營營青蠅，止于榛。讒人罔極，構我二人。(三章)

《詩序》：「〈青蠅〉，大夫刺幽王也。」屈萬里《詩經詮釋》謂：「此刺讒人之詩。」〔註638〕余培林《詩經正詁》則云：

〔註638〕屈萬里：《詩經詮釋》，頁424。

詩曰：「讒人罔極，交亂四國。」明此讒人必在王之朝廷，且爲王所親信。是則詩之「豈弟君子」，必指王無疑。王先謙《詩三家義集疏》曰：「《易林‧豫之困》：『青蠅集藩，君子信讒。害賢傷忠，患生婦人。』據此，《齊詩》爲幽王信褒姒讒言而害忠良也。」……。王氏之說極有道理。〔註639〕

〈小雅‧青蠅〉一詩，全詩三章，形式複疊，詩中以青蠅喻讒人形象，「止于樊」、「止于棘」、「止于榛」，是就空間而言，指讒人到處爲禍，可見讒言擴散之快，而「交亂四國」、「構我二人」則言其爲禍之大呀！後代詩人曹植也曾於〈贈白馬王彪〉一詩中用此典故說：「蒼蠅間白黑」，顯見此詩中以青蠅喻讒人之形象，非常成功。

三、隱逸之人

　　《詩經》中的隱逸詩，可稱爲中國隱逸文學的濫觴。而《詩經》時代隱逸的社會背景，根據孟慶茹在〈試論詩經中的隱逸詩〉中曾提出三點看法：第一是政治上的黑暗腐朽、仕途的險惡使正直之士志不獲展，苦悶壓抑，不得已而退隱山林鄉野。用《周易》裡的話說就是「天地閉，賢人隱。」第二點是經濟上的自給自足是培養隱士的溫床。第三點則是因爲人性追求獨立和自由的需要。〔註640〕孟慶茹並認爲《詩經》中的隱逸詩僅有〈衛風‧考槃〉、〈陳風‧衡門〉、〈小雅‧鶴鳴〉、〈鄘風‧干旄〉等四篇，然而〈鄘風‧干旄〉一詩，《詩序》：「〈干旄〉，美好善也。衛文公臣子多好善，賢者樂告以善道也。」〔註641〕考察詩中所言，《詩序》似未能得其詩旨。且姚際恆《詩經通論》更以詩中之「彼姝者子」爲由，而提出質疑：「〈邶風〉『靜女其姝』，稱女以姝，〈鄭風‧東方之日〉亦曰：『彼姝者子』，以稱女子。今稱賢者以姝，似覺未妥。」〔註642〕而屈萬里《詩經詮釋》則更進一步提出：「此蓋美貴婦人之詩。」〔註643〕但從《毛傳》指出干旄爲大夫之旄，〔註644〕《鄭箋》亦引《周禮》而以爲：「建旄，大夫建

〔註639〕余培林：《詩經正詁》下冊，頁263～264。
〔註640〕孟慶茹：〈試論詩經中的隱逸詩〉，《詩經研究叢刊》第八輯，（北京：學苑出版社，2005年1月），頁262～263。
〔註641〕鄭玄：《毛詩鄭箋》，頁23。
〔註642〕姚際恆：《詩經通論》，78。
〔註643〕屈萬里：《詩經詮釋》，頁95。
〔註644〕鄭玄：《毛詩鄭箋》，頁23。

物，首皆注旄焉。」〔註645〕可知毛、鄭皆認爲干旄爲大夫之旌旗，顯示其身分爲大夫無疑，又據余培林於《詩經正詁》中所言：

> 旄、旟、旌，皆行陣之物，武士所建，以表示其身分地位，婦人何所用焉？詩之言及旗旄者多矣，如〈出車〉、〈六月〉、〈采芑〉、〈車攻〉、〈庭燎〉等，無一與婦人有關，此詩何獨例外？「彼姝之子」即指衛大夫，不必另出賢者以當之。〔註646〕

余培林認爲從詩中提到旄、旟、旌，皆爲行陣之物，已明白表示其身分爲武士，故「彼姝者子」甚難指女子與賢者，是以，本研究採用余氏之說法，不將〈鄘風‧干旄〉一詩列入隱者之詩。所以，除了〈衛風‧考槃〉、〈陳風‧衡門〉、〈小雅‧鶴鳴〉外，另將〈邶風‧北風〉、〈魏風‧十畝之間〉等詩篇亦爲研究之列。

《詩經》中隱逸詩的隱者，大約可分爲兩大類：其一、是欲隱居之人，如〈魏風‧十畝之間〉，〈邶風‧北風〉等即是；其二是已隱居之人，如〈衛風‧考槃〉，〈陳風‧衡門〉，〈小雅‧鶴鳴〉等。在〈魏風‧十畝之間〉篇中所呈現的是一位亟欲尋求心靈的解放，想過悠閒自在隱者生活的詩人，其詩曰：

> 十畝之間兮，桑者閑閑兮，行，與子還兮。（一章）
>
> 十畝之外兮，桑者泄泄兮，行，與子逝兮。（二章）

朱熹《詩經集註》云：「政亂國危，賢者不樂仕於其朝，而思與其友歸於農圃，故其辭如此。」〔註647〕余培林則駁朱熹《詩經集註》曰：

> 詩中寫田家之樂，則自是不樂仕而思歸之詩，然「政亂國危」，詩文中無法看出。或謂此農家婦女採桑之歌，或男女愛情之詩，則又與「還」、「逝」之文不切。詩中隱逸甚明，視爲「歸去來詩」可也。全詩重心在一「還」字。還者，還於其故處，亦即歸於「十畝之間」也。掌握此字，則掌握詩旨矣。「十畝之間」有容膝易安之意，「閑閑」、「泄泄」，田園生活之寫照也。既嚮往此田園生活而欲歸焉，其不樂於仕朝也，明矣。〔註648〕

詩中的確沒有「政亂國危」的描述，但從詩人既羨慕田園生活又堅定表示歸

〔註645〕鄭玄：《毛詩鄭箋》，頁23～24。
〔註646〕余培林：《詩經正詁》上冊，頁152。
〔註647〕朱熹：《詩經集註》，頁52。
〔註648〕余培林：《詩經正詁》上冊，頁301。

隱的語氣中，想必背後有個強而有力的理由支撐著，是以，「十畝之間」爲欲歸之所，而「閑閑」、「泄泄」，是田園生活悠閒自得的寫照。而詩之一章以「還」字，以示其志，言其欲歸也，而二章之「逝」字，則堅定其志，有去了不再回來之意。可見詩人要尋求的是心靈上的解放，想過悠閒自在的生活。此正與陶淵明的〈歸園田居〉之一所寫有相同的心志，其詩曰：「少無適俗韻，性本愛丘山。誤落塵網中，一去三十年。羈鳥念舊林，池魚思故淵。……，久在樊籠裡，復得返自然。」所欲尋求的就是一種不受拘束，反璞歸眞的生活。

而〈邶風・北風〉一詩，則是姦邪當道，國是日非，詩人徬徨無助，乃思與好友歸隱田園，其詩曰：

> 北風其涼，雨雪其雱。惠而好我，攜手同行。其虛其邪？既亟只且。
>
> （一章）
>
> 北風其喈，雨雪其霏。惠而好我，攜手同歸。其虛其邪？既亟只且。
>
> （二章）
>
> 莫赤匪狐，莫黑匪烏。惠而好我，攜手同車。其虛其邪？既亟只且。
>
> （三章）

屈萬里《詩經詮釋》：「此蓋詩人傷國政不綱，而偕其友好避難之作。」〔註649〕而余培林《詩經正詁》則認爲：「此乃詩人有見於姦邪當道，國是日非，而思與好友同歸田園之作。」〔註650〕余培林又曰：「一、二章以風、雪起興，象徵政治暴虐，環境惡劣，於是詩人乃萌歸隱之意。卒章則在顯示朝廷皆貪暴而已。」〔註651〕李樗・黃櫄《毛詩集解》認爲中國人是安土重遷的，除非得已，絕不輕易離開，因衛之暴虐，始使人民忍痛離去，李樗云：

> 夫民之去父母國，豈人之本情也哉！昔孔子去魯，曰：遲遲吾行也，
> 去父母國之道也。今衛之暴虐，而民急去者，蓋恐遲留於此而遭其
> 禍，必有大不忍於此而奪其情也。〔註652〕

而陳子展《詩三百集解》也針對忍痛去國的情感來敘說：「詩裡恰好把這種徬徨苦悶無可奈何的情緒表達出來。」〔註653〕是以，〈邶風・北風〉一詩，是呈

〔註649〕屈萬里：《詩經詮釋》，頁75。
〔註650〕余培林：《詩經正詁》上冊，頁122。
〔註651〕余培林：《詩經正詁》上冊，頁123。
〔註652〕李樗・黃櫄：《毛詩集解》，卷六，頁686。
〔註653〕陳子展：《詩三百集解》，頁138。

現一位因姦邪當道，國是日非，內心徬徨無助之人，思與好友歸隱田園，充滿著被迫的無助與無奈的情感。

〈魏風‧十畝之間〉及〈邶風‧北風〉二詩，都是亟欲歸隱之詩，故對歸隱生活實況及感受，僅是透過個人的想像，而對歸隱生活著墨不深，不夠全面，但〈衛風‧考槃〉一詩，則是述一位隱居山水，隨遇而安，悠遊自得的快樂隱者，故能從隱居之所，隱士之人格特質，隱者的生活型態，隱者之志等多方面來呈現，其詩曰：

考槃在澗，碩人之寬。獨寐寤言，永矢弗諼。（一章）

考槃在阿，碩人之薖。獨寐寤歌，永矢弗過。（二章）

考槃在陸，碩人之軸。獨寐寤宿，永矢弗告。（三章）

朱熹《詩經集註》：「此詩乃美賢者隱處澗谷之間，而碩大寬廣無戚戚之意，雖獨寐而寤言，猶自誓不忘此樂也。」〔註654〕余培林《詩經正詁》則提出：「『寬』字為全詩之重心，惟其寬，故能考槃為樂，故能獨寐寤言。」〔註655〕今觀〈衛風‧考槃〉一詩，全詩三章，形式複疊，每章惟易末字，一章首句曰在澗，二章曰在阿，三章曰在陸，此表面上雖言隱士所居，然亦示其能隨遇而安也。二句曰碩人之寬、薖、軸，則就隱士之人格特質而言，言其心胸寬大，故能無處而不自得，〔註656〕言下之意，沒有半點的委屈與無奈。三句言「獨寐寤言」、「獨寐寤歌」、「獨寐寤宿」，則就其隱士生活型態而言，不管是說話為文，歌唱吟詩，舉凡生活起居，皆能幽居閑處，非常人俗輩所能即。〔註657〕末句則言「永矢弗諼」、「永矢弗過」、「永矢弗告」，以述其志。因為這種隱居的快樂是無法忘記的，所以，再也沒有辦法捨棄隱居的生活，而且這種生活是如人飲水冷暖自知，更是無法告訴別人的。〔註658〕劉玉汝於《詩纘緒》中更認

〔註654〕朱熹：《詩經集註》，頁29。

〔註655〕余培林：《詩經正詁》上冊，頁164。

〔註656〕「碩人之軸」，余培林：「《說文》：『軸，持輪也。從車，由聲。』軸從由聲，即用以通由字。《孟子‧公孫丑上》：『故由由乎。』《集註》：『由由，自得之貌。』自得，自適也。碩人之軸，即碩人之適也。與上文『碩人之寬』義正一律。不用由字而用軸字，取其協韻而已。」（語見余培林：《詩經正詁》上冊，頁163。）

〔註657〕劉玉汝《詩纘緒》：「獨，非孤獨之獨。言其幽居閑處，非常人俗輩所能即，故謂之獨。言，謂言語，凡文辭皆是。歌，謂歌詠，凡聲詩皆是。宿，非特覺臥，凡坐止偃息皆是。」（語見劉玉汝：《詩纘緒》，《文津閣四庫全書‧詩纘緒》卷四，北京：商務印書館，2005年，頁420。）

〔註658〕余培林：「弗諼、弗過、弗告，固在不忘其樂，以在自堅其隱逸之志，欲與世

爲僅以「永矢弗諼」四字，已備述隱者之美，劉氏曰：「永矢，見其節。弗諼，見其志。此四言備隱者之美，後世之善言隱，無以加此矣。」〔註659〕而孟慶茹於〈試論詩經中的隱逸詩〉一文中亦認爲：「（〈衛風・考槃〉）對隱士形象的刻畫則遺貌取神，通過幾個富有特徵的摹情動作，突現其幽獨之樂、拔俗之標、堅隱之節，給人留下深刻印象，具有感人的藝術魅力。」〔註660〕是以，詩中所呈現的是一位隱居山水，隨遇而安，悠遊自得的快樂隱者。〔註661〕

　　而〈陳風・衡門〉一詩，則是描寫一位安貧樂道，無求無欲，自樂的隱者，其詩云：

　　　　衡門之下，可以棲遲。泌之洋洋，可以樂飢。（一章）

　　　　豈其食魚，必河之魴？豈其取妻，必齊之姜？（二章）

　　　　豈其食魚，必河之鯉？豈其取妻，必宋之子？（三章）

朱熹《詩經集註》：「此隱者自樂而無求者之辭。」〔註662〕是以，〈陳風・衡門〉一詩，全詩三章，首章言衡門棲遲，居無求安也；泌水樂飢，食無求飽也。以示恬淡自足之志。〔註663〕而二、三章言食魚不必魴、鯉，娶妻不必齊姜、宋子，更是表現其放逸而曠遠，是眞無欲者也。〔註664〕詩中所追求的是精神上的自由自在，所以，不在乎物質上的享受，更不在乎世俗的看法，所謂「無欲則剛」也。是以，詩中所呈現的是位安貧樂道，無求無欲，自樂的隱士。而這種隱士的精神也影響了唐詩人劉禹錫，其在〈陋室銘〉一文中曾說：「山不在高，有仙則名；水不在深，有龍則靈。斯是陋室，惟吾德馨。」而蘇軾的〈薄薄酒〉也說：「薄薄酒，勝茶湯。麤麤布，勝無裳。醜妻惡妾勝空房。」後世更以「衡門棲遲」，「泌水樂飢」爲成語，以示人能安貧樂道。

　　至於〈小雅・鶴鳴〉一篇，則是位有令聞德誼，能成君之德業的隱者，所以，即使歸隱，仍聲聞于天，其詩云：

　　而相遺。」（語見余培林：《詩經正詁》上冊，頁164。）

〔註659〕劉玉汝：《詩纘緒》，卷四，頁420。

〔註660〕孟慶茹：〈試論詩經中的隱逸詩〉，頁254。

〔註661〕「考槃」，陳子展：「《毛傳》：『考，成。槃，樂也。』謂自得其樂，自成其樂的意思。」（語見陳子展：《詩三百解題》，頁194。）

〔註662〕朱熹：《詩經集註》，頁64。

〔註663〕余培林：「衡門棲遲，居無求安也；泌水樂飢，食無求飽也。恬淡而自足。」（余培林：《詩經正詁》上冊，頁377。）

〔註664〕余培林：「食魚不必魴、鯉，娶妻不必齊姜、宋子，放逸而曠遠，是眞無欲者也。」（余培林：《詩經正詁》上冊，頁377。）

> 鶴鳴于九皋，聲聞于野。魚潛在淵，或在于渚。樂彼之園，爰有樹檀，其下維蘀。它山之石，可以為錯。（一章）
>
> 鶴鳴于九皋，聲聞于天。魚在于渚，或潛在淵。樂彼之園，爰有樹檀，其下維穀。它山之石，可以攻玉。（二章）

方玉潤《詩經原始》：「此一篇好招隱詩也。」〔註665〕全詩二章，形式複疊，一至七句言隱者所居風物，八九句則述招隱之意。陳子展則認為：「〈鶴鳴〉，像是一篇〈小園賦〉，為後世田園山水一派詩的濫觴……，這是一篇寫實詩，是賦義，不是比興之義。」〔註666〕然一至七句雖言隱者所居風物，其中必有人在。〔註667〕故方玉潤又云：

> 覺其中禽魚之飛躍，樹木之蔥蒨，水石之明瑟，在在可以自樂。即園中人令聞之清遠，出處之高超，德誼之粹然，亦一一可以並見。則即景以思其人，因人而慕其景，不必更言其賢，而賢已躍然紙上矣。〔註668〕

而孟慶茹於〈試論詩經中的隱逸詩〉一文中也說：

> 展現在詩裡的幾乎都是白描式的自然景物：鳴鶴游魚，檀樹楮木，湖澤山石，水陸園林，天地四野，它們組成一幅動靜形聲兼備，遠近彼此相應，深淺高下互襯，意境深遠迷人的清新和諧的畫面，給人以畫美景奇之感。詩中的自然景物不是簡單的堆砌，而是以「園」為線索，以「樂」為核心，景為人設，有力地烘托了隱賢的精神與氣質，其令聞美德躍然紙上。〔註669〕

是以，從園中之景，以襯托此隱者之令聞德誼，不必更言其賢，而賢已躍然紙上矣，如此始能引起八、九句的招隱之意。執政者望藉此賢人才士以成君之德業矣。〔註670〕

　　而這種注重山水景物描繪，借景寫人的方法，成為後世隱逸題材的詩詞

〔註665〕方玉潤：《詩經原始》，頁813。

〔註666〕陳子展：《詩三百解題》，頁690～691。

〔註667〕方玉潤：《詩經原始》：「『樂彼之園』，此中有人，呼之欲出。」（語見方玉潤：《詩經原始》，頁813。）

〔註668〕方玉潤：《詩經原始》，頁814。

〔註669〕孟慶茹：〈試論詩經中的隱逸詩〉，頁259。

〔註670〕余培林：「『它山』二句乃每章結語，言必藉賢人才士以成君之德業也。此明明是理想之政，而以『樂園』方之，可謂善於用喻矣。」（語見余培林：《詩經正詁》下冊，頁98。）

曲作的一種模式，如唐代孟浩然的〈尋白鶴岩張子容隱居〉：「白鶴青岩半，幽人有隱居。階庭空水池，林壑罷樵漁。歲月青松老，風霜苦竹疏。睹茲懷舊業，回策返吾廬。」詩中有鶴、岩、水、石、松竹、林壑構成的山水圖，與〈鶴鳴〉有異曲同工之妙，二詩前後輝映。〔註671〕而《荀子・儒效》曰：「君子隱而顯，微而明，辭讓而勝。詩云：『鶴鳴于九皋，聲聞于天。』此之謂也。」〔註672〕及《史記・滑稽傳》云：「詩曰：『鶴鳴于九皋，聲聞于天。』苟能修身，何患不榮？」〔註673〕都藉此詩以說明修身務德之重要。後世更以「鶴鳴之士」，「閒雲野鶴」以喻隱居之人。

綜上所述，《詩經》中的隱逸之人，大約可分為兩大類，其一是積極樂觀型，對於隱逸生活甘之如飴，無怨無悔，如〈衛風・考槃〉，〈陳風・衡門〉，〈小雅・鶴鳴〉等詩篇；其二是消極被迫型，因為外在環境所致，被迫歸隱，心中有些許的徬徨、苦悶及無奈，如〈魏風・十畝之間〉，〈邶風・北風〉等即是。

四、憂國憂民之人

陳器文在〈論詩經的憂患意識〉一文中曾引牟宗三所論而提出這樣的看法：

> 如牟宗三先生所論：「西方英雄的表現，大都為情欲生命的強度，而中國聖王的表現，是必然兼有而且駕凌於情欲生命強度之上的道德生命強度。」我們的英雄是「一飯三吐哺，一沐三握髮」的周公，是「纍纍然若喪家之狗」的孔子，是「鞠躬盡瘁」的諸葛亮，他們極堅韌的生命，卻都是寄託在一個匍匐屈曲的肉身裡。暴虎馮河，力拔山分式的悲劇英雄，在我們傳統的價值取向上，是不足為用的。因為神話時代的這些莽莽撞撞的人物，隨後漸漸被一種意義，一種價值，打磨掉了他們的粗糲之氣，被一種道德生命所充滿，而成為歷史上的先聖先哲。這些匍匐屈曲的人物，在整部民族史上，卻投下了與身形不成比例的倒影。使後世志士聞風景從，隱然也有聖哲的理想與擔當，原本屬於聖王獨具的意識心態，以此而成為整個民族的內涵。〔註674〕

從陳器文的這段話中，吾人可以說中國聖王的表現是一種駕凌於情欲生命強

〔註671〕孟慶茹：〈試論詩經中的隱逸詩〉，頁259。

〔註672〕王先謙：《荀子集解》，卷四，頁276。

〔註673〕瀧川龜太郎：《史記會注考證》，卷一百二十六，頁1329～1330。

〔註674〕陳器文：〈論詩經的憂患意識〉，《詩經研究論集》（一），（台北：臺灣學生書局，1987年9月），頁251～252。

度之上的道德生命強度，他們的生命爲道德生命所充滿。此與前面所探討周先王、文王、武王乃至於成王形象上都可得到印證。而後世志士更承繼這樣的意識型態，對國家有著理想與擔當，欲將此精神予以承繼發揚，孔、孟就是一例，而韓愈的「文起八代之衰，道濟天下之溺」，即是承孔、孟以來之道統，范仲淹更以「先天下之憂而憂」自許。所以，聖王的憂患意識，在王道淪喪之後，遂轉變爲士民的傷亂無道之痛。

而本文中所探討的憂患意識，爲「感時憂國」的意味，是一種動人的大我之愛，因爲有感於國家的動亂不安，國君無道，而引發內心的憂慮或發出沉痛的呼籲，欲喚醒人心，以求有助於國家，而非爲凸顯個人之憂。《詩經》中有多篇這類的作品，其時代背景大約在西周末年以後，有志之士見國家動亂，只能深自惕勵，不敢稍有安逸之心，如〈王風・兔爰〉一詩云：

> 有兔爰爰，雉離于羅。我生之初，尚無爲；我生之後，逢此百罹，
> 尚寐無吪？（一章）

> 有兔爰爰，雉離于罦。我生之初，尚無造；我生之後，逢此百憂，
> 尚寐無覺？（二章）

> 有兔爰爰，雉離于罿。我生之初，尚無庸；我生之後，逢此百凶，
> 尚寐無聰？（三章）

屈萬里：「此憂時之詩。」〔註675〕余培林《詩經正詁》則云：「此詩人當亂世深自惕勵之詩。」〔註676〕全詩三章，詩中以「有兔爰爰，雉離于羅」，作一強烈對比，對比生之初、生之後，生之初所過的生活如兔般從容安逸；生之後所過的日子卻如雉遭遇困境，所以，當此百憂之際，怎可表現絕望的哀嘆，而關閉所有對外的任何感覺呢？應當要積極有作爲才是！〈王風・兔爰〉一詩所表現的是積極奮起，勇於承擔的形象。

又如〈王風・黍離〉一詩云：

> 彼黍離離，彼稷之苗。行邁靡靡，中心搖搖。知我者，謂我心憂；
> 不知我者，謂我何求。悠悠蒼天，此何人哉！（一章）

> 彼黍離離，彼稷之穗。行邁靡靡，中心如醉。知我者，謂我心憂；
> 不知我者，謂我何求。悠悠蒼天，此何人哉！（二章）

〔註675〕屈萬里：《詩經詮釋》，頁127。
〔註676〕余培林：《詩經正詁》上冊，頁204。

> 彼黍離離，彼稷之實。行邁靡靡，中心如噎。知我者，謂我心憂；
>
> 不知我者，謂我何求。悠悠蒼天，此何人哉！（三章）

《詩序》：「〈黍離〉，閔宗周也。周大夫行役，至于宗周，過故宗廟宮室，盡爲禾黍。閔周室之顛覆，彷徨不忍去，而作是詩也。」〔註677〕屈萬里《詩經詮釋》：「此行役者傷時之詩。」〔註678〕余培林：「觀之詩中憂傷憤懣，無所告訴，惟呼天而言，又非爲私人有所欲求，其爲悲憫故國宗廟宮室，極爲可能。故《詩序》之說可從。」〔註679〕方玉潤《詩經原始》則云：「三章只換六字，而一往情深，低徊無限。」〔註680〕余培林對此詩評之甚詳，其云：

> 全詩三章，形式複疊，皆寫見舊時宗廟宮室，盡爲黍稷，而心中感傷也。全詩僅易六字，而故國之悲含蘊無窮。一章曰「搖搖」，其心不安也。二章曰「如醉」，其心惛亂也。三章曰「如噎」，其心鬱結也。此詩言憂之深淺之序也。而後六句一詠不已，再三反覆而詠嘆之，其沉痛之情，似有無盡無已者。〔註681〕

詩人見舊時宗廟宮室之處，今盡爲黍稷，觸目所及，雖然黍稷離離，但心中卻產生一種失落感；這種失落，是對周室昔盛今衰的一種痛悟，是對周代盛世歷史的一種惆悵，更是周代文化道德的一種深情表現。所以，心生感傷與不安，進而心亂如麻，不知所以，中心鬱結，有苦難言。詩人雖不甘心與世浮沉，袖手旁觀，故沉痛憤懣，然怎奈獨木難支，無力回天，只能向天呼訴。

而〈小雅‧苕之華〉一詩，是詩人見幽王之時，國家動亂，民不聊生，而此動亂之由，蓋因人禍，而非天災，故詩人傷之。其詩云：

> 苕之華，芸其黃矣。心之憂矣，維其傷矣。（一章）
>
> 苕之華，其葉青青。知我如此，不如無生。（二章）
>
> 牂羊墳首，三星在罶。人可以食，鮮可以飽。（三章）

《詩序》：「〈苕之華〉，大夫閔時也。幽王之時，西戎、東夷交侵中國，師旅並起，因之以饑饉。君子閔周室之將亡，傷己逢之，故作是詩也。」〔註682〕屈萬

〔註677〕鄭玄：《毛詩鄭箋》，頁 31。
〔註678〕屈萬里：《詩經詮釋》，頁 120。
〔註679〕余培林：《詩經正詁》上冊，頁 192。
〔註680〕方玉潤：《詩經原始》，頁 424～425。
〔註681〕余培林：《詩經正詁》上冊，頁 192～193。
〔註682〕鄭玄：《毛詩鄭箋》，頁 114。

里《詩經詮釋》:「此傷時之詩。」〔註683〕全詩三章,首二章以「苕之華,芸其黃矣」,「苕之華,其葉青青」起興,以苕華之盛,來反襯人飽受饑饉,顯示天時地利兩者並宜,饑饉之成,並非天災,純由人為。〔註684〕所以,引起詩人的憂傷及悲痛,甚至有「知我如此,不如無生」之慨。三章則以「牂羊墳首」,來表示連羊都無草可吃,〔註685〕而「三星在罶」,則顯示只有三星倒映於罶間,連水中都沒有魚。〔註686〕所以,陳子展《詩三百解題》中引王照圓《詩說》謂此詩:「舉一羊而陸物之蕭索可知,舉一魚而水物之凋耗可想。」〔註687〕不管陸地或水中之生物都呈現一片蕭索、凋耗之狀,是以,末句點出詩人憂心之由,「人可以食,鮮可以飽」,全詩辭簡而情哀,而周室衰亂之象,如在目前。〔註688〕詩人對周室之衰亂,雖有百憂,但亦莫可奈何,甚至由憂而病,而昏,而疲累,最後產生了無力感,故作〈小雅·無將大車〉一詩以遣憂,其詩云:

> 無將大車,祇自塵兮。無思百憂,祇自疧兮。(一章)
>
> 無將大車,維塵冥冥。無思百憂,不出于熲。(二章)
>
> 無將大車,維塵雝兮。無思百憂,祇自重兮。(三章)

屈萬里《詩經詮釋》:「此只是遣憂之作。」〔註689〕方玉潤《詩經原始》:「此詩人感時傷亂,搔首茫茫,百憂並集;既憂知其徒憂無益,祇以自病,故作此曠達聊以自遣之詞。」〔註690〕余培林《詩經正詁》:「詩曰『思百憂』,則其作者必為大夫以上之在位者,以世衰政亂,欲救無從,心生感慨而作也。」〔註691〕全詩三章,形式複疊,全詩首句點出詩人之身分為大夫以上之在位者,然大車為塵所蔽,顯示詩人在其位而欲救無從,欲振乏力,故只能百憂並集,耿耿不安,就算累出病來也沒辦法。可見詩人背負著職業道德的使命,孤軍奮鬥,卻難敵世衰政亂之大勢。而〈魏風·園有桃〉則云:

〔註683〕屈萬里:《詩經詮釋》,頁447。
〔註684〕余培林:《詩經正詁》上冊,頁310。
〔註685〕「牂羊墳首」,朱熹《詩經集註》:「羊瘠則首大也。」蓋因無草可吃。(語見朱熹:《詩經集註》,頁136。)
〔註686〕「三星在罶」,屈萬里:「三星倒映於罶間。」(語見屈萬里:《詩經詮釋》,頁447。)蓋因水中無魚,所以,只有三星倒映於罶間。
〔註687〕陳子展:《詩三百解題》,頁902。
〔註688〕余培林:《詩經正詁》上冊,頁310。
〔註689〕屈萬里:《詩經詮釋》,頁397。
〔註690〕方玉潤:《詩經原始》,頁922。
〔註691〕余培林:《詩經正詁》下冊,頁215。

> 園有桃，其實之殽。心之憂矣，我歌且謠。不我知者，謂我士也驕。
> 「彼人是哉！子曰何其？」心之憂矣，其誰知之？其誰知之？蓋亦
> 勿思！（一章）

> 園有棘，其實之食。心之憂矣，聊以行國。不我知者，謂我士也罔
> 極。「彼人是哉！子曰何其？」心之憂矣，其誰知之？其誰知之，蓋
> 亦勿思！（二章）

屈萬里《詩經詮釋》：「此憂時之詩。」〔註692〕余培林《詩經正詁》：「此士人憂時之詩。位卑人微，雖憂國憂時，亦無如何，且不為人所諒解，反以其為驕。《序》謂：『國小而迫，日以侵削，故作是詩。』則得知矣。」〔註693〕又曰：

> 首二句言食桃、食棘，言桃、棘皆可食，以示所憂者乃國事，非憂
> 個人之利祿也。……，歌謠、行國，乃互文也，頗有屈原「行吟澤
> 畔」之慨。詩人悲歌行國，故在抒憂，亦所以喚醒人心，以求有助
> 於國家，非欲人知其憂也。然而無人知其用心，反以為驕狂，詩人
> 如之何能不深憂乎！〔註694〕

詩人雖有隱憂，然人微言輕，不為所用，故感嘆：「彼人是哉！子曰何其？」那些人說的都對，我還能說些什麼？深感莫可奈何，雖知如此，但「蓋亦勿思」，何能不思呢？所以，只能歌謠、行國以解憂，並喚醒人心，以求有助於國家。〈鄭風‧蘀兮〉篇則云：

> 蘀兮蘀兮，風其吹女。叔兮伯兮，倡予和女。（一章）

> 蘀兮蘀兮，風其漂女。叔兮伯兮，倡予要女。（二章）

方玉潤《詩經原始》謂此詩：「蓋小臣有憂國之心，而無救君之力；大臣有扶危之力，而無急難之心。當此國是日非，主憂臣辱之秋，而徒為袖手旁觀者，盈廷皆是。以故義奮忠貞不見諸大臣，而激於下位也。」〔註695〕余培林《詩經正詁》引嚴粲《詩緝》亦認為：

> 此詩解者雖多，要以嚴粲之說為近。《詩緝》曰：「此小臣有憂國之
> 心，呼諸大夫而告之。言蘀葉在柯，風將吹女，不能久矣。天大風
> 則蘀葉無不落，喻國有難則大夫皆不安。禍將及矣，豈可坐視以為

〔註692〕屈萬里：《詩經詮釋》，頁186。
〔註693〕余培林：《詩經正詁》上冊，頁296。
〔註694〕余培林：《詩經正詁》上冊，頁296～297。
〔註695〕方玉潤：《詩經原始》，頁476。

　　無與於己，而不相與扶將之乎？叔伯諸大夫其盍圖之。汝倡我，則

　　我和汝矣。謂患無其倡，不患無和之者也。」〔註696〕

今觀〈鄭風・蘀兮〉一詩，首二句言「蘀兮蘀兮，風其吹女」，蓋蘀雖堅而落葉晚，然風仍將汝吹落，以此暗示危疑之秋，災患將至。〔註697〕所以，引發有志之士者之擔憂，然詩人勢單力微，故一再呼喊「叔兮伯兮，倡予和女」，望居高位者有人能帶頭扭轉頹勢，屆時必將兩肋插刀以助之。而〈檜風・匪風〉一詩，則是因為憂國而思周之詩，其詩云：

　　匪風發兮，匪車偈兮。顧瞻周道，中心怛兮。（一章）

　　匪風飄兮，匪車嘌兮。顧瞻周道，中心弔兮。（二章）

　　誰能亨魚？溉之釜鬵。誰將西歸？懷之好音。（三章）

朱熹《詩經集註》：「周室衰微，賢人憂歎而作此詩。」〔註698〕屈萬里《詩經詮釋》：「此當是檜人憂國思周之詩。」〔註699〕方玉潤《詩經原始》：「傷周道不能復檜也。」〔註700〕全詩三章，一、二章形式複疊，首句「匪風發兮」、「匪風飄兮」，以示周室之危亂。二句之「匪車偈兮」、「匪車嘌兮」，則示逃亡之急迫。〔註701〕風吹得那麼急，車飆得飛快，詩人用風颯颯，車轔轔之聲，以製造緊張的氛圍，然在逃難情急之下，仍再三回頭瞻彼周道，可見內心之沉痛與不捨，詩中的「周道」充滿悲傷的情感，一語雙關，一方面指難再回周之大道，另一方面則指周室衰微，難復周文武之道矣！所以，詩人的心情百感交集，既沉痛又憂傷，但又抱持著希望，於是引出「誰能亨魚？溉之釜鬵。誰將西歸？懷之好音」，詩人仍盼望著有人能夠好好治國，希望有好消息出現。

　　《詩經》中所表現的憂國憂民形象，是本著忠厚愛國之心，除了〈王風・兔爰〉一詩，有積極奮起之意外，大多是承受著道德的焦慮，滿懷憂懣，欲救無從，欲振乏力，孤軍奮鬥，難敵大勢，只能眼睜睜見周室日漸衰微，或呼天訴之，或歌以遣憂，或期待救世主的出現，然周室衰亂至此，亦莫可奈何。陳器文在〈論詩經的憂患意識〉一文中稱此為：

　　士人在「國雖靡止」之際，無法置身世外，無法袖手旁觀，還存有

〔註696〕余培林：《詩經正詁》上冊，頁240～241。

〔註697〕余培林：《詩經正詁》上冊，頁240。

〔註698〕朱熹：《詩經集註》，頁68。

〔註699〕屈萬里：《詩經詮釋》，頁250。

〔註700〕方玉潤：《詩經原始》，頁650。

〔註701〕余培林：《詩經正詁》上冊，頁406。

生枯起朽的奢念，而表現出太多關切與熱中。因曾經瞻仰過周帝國
盛世的華采，使士人無法不念茲在茲，醒裡夢裡都懷抱著一腔憧憬
還想向歷史抓回些什麼。〔註 702〕

五、心有怨嘆之人

《詩經》中述心生怨嘆之原因甚多，或因仁而不遇，或因始終待遇不同，
或因勞逸不均，或因積勞而怨，或因行役在外，不得侍奉父母，或因為公事
繁忙，處境維艱，還不為家人所諒解等，皆使詩人心起怨懟而深嘆之。例如：
〈邶風‧柏舟〉一詩即因仁而不遇，又得罪小人，備受侮辱而莫可奈何，只
能自怨自艾：

汎彼柏舟，亦汎其流。耿耿不寐，如有隱憂。微我無酒，以敖以遊。
（一章）

我心匪鑒，不可以茹。亦有兄弟，不可以據。薄言往愬，逢彼之怒。
（二章）

我心匪石，不可轉也。我心匪席，不可卷也。威儀棣棣，不可選也。
（三章）

憂心悄悄，慍于群小。覯閔既多，受侮不少。靜言思之，寤辟有摽。
（四章）

日居月諸，胡迭而微？心之憂矣，如匪澣衣。靜言思之，不能奮飛。
（五章）

《詩序》：「〈柏舟〉，言仁而不遇也。」〔註 703〕全詩五章，一章詩人言心如柏
舟在水中漂浮不定，因為有隱憂，所以耿耿不安，難以成眠。縱使喝酒作樂，
遨遊逍遙也難以解憂。二章首二句言「我心匪鑒，不可以茹」，埋怨心事不被
了解，即使是兄弟也不可依靠，跑去跟兄弟訴苦，反遭其怒。連最親的人都
不了解他，不聽他的傾訴，哭訴無門，情緒得不到宣洩。三章「我心匪石，
不可轉也。我心匪席，不可卷也」，連續使用兩個譬喻以見其意志之堅定，不
隨意改變。即使有這種不幸的遭遇，其呈現出來的仍是「威儀棣棣，不可選
也」，益見其平時之修為。四章則自述憂慮之因，肇始於：「慍于群小，覯閔

〔註 702〕陳器文：〈論詩經的憂患意識〉，頁 262。
〔註 703〕鄭玄：《毛詩鄭箋》，頁 11。

既多，受侮不少」，因爲得罪一群小人，爲小人所怨怒，所以，遭受不少的刁難及侮辱。當自己靜下來想時，只能悲憤地自己搥胸，也莫可奈何。末章言「日居月諸，胡迭而微？」以日蝕、月蝕等日月異象而推及人事之異象。「心之憂矣，如匪澣衣」，則將憂心的狀況喻爲澣衣般，非常形象。當自己靜下來想想該怎麼辦時，自己也無法效法鳥兒奮飛離去，益見其無奈。陳器文於〈論詩經的憂患意識〉一文中，提到：

> 〈邶風·柏舟〉士人的骨架原是不可轉、不可卷，直是通天貫地的。
> 但現實卻要他承意觀色，要他局促在群小閒侮讒謗之中，使他對人
> 世的熱情與付出變成可笑，原是純一光潔的靈魂，如今卻被罩上件
> 無法清洗的髒衣服，使詩人瞬息難以自安；日月遷移，此身恍如無
> 繫之舟，飄飄搖搖，始終纏困在一個慘慘悄悄的惡魔之中。〔註704〕

可見此人在現實與理想中掙扎的痛苦，尤其當他選擇堅持理想時，更要承受人情的冷暖。余培林《詩經正詁》則謂此詩：「呼天而問，其無奈之情，溢於言表，然猶不改其忠貞之志，不易其高潔之情，此古世之屈原也。」〔註705〕而〈小雅·四月〉一詩，則是言認眞盡責反遭禍害，嘆萬物得其所，而我卻不得其所。其詩云：

> 四月維夏，六月徂暑。先祖匪人，胡寧忍予？（一章）
>
> 秋日淒淒，百卉具腓。亂離瘼矣，爰其適歸？（二章）
>
> 冬日烈烈，飄風發發。民莫不穀，我獨何害？（三章）
>
> 山有嘉卉，侯栗侯梅。廢爲殘賊，莫知其尤。（四章）
>
> 相彼泉水，載清載濁。我日構禍，曷云能穀？（五章）
>
> 滔滔江漢，南國之紀。盡瘁以仕，寧莫我有。（六章）
>
> 匪鶉匪鳶，翰飛戾天。匪鱣匪鮪，潛逃于淵。（七章）
>
> 山有蕨薇，隰有杞桋。君子作歌，維以告哀。（八章）

朱熹《詩經集註》：「此亦遭亂自傷之作。」〔註706〕余培林《詩經正詁》則認爲朱熹之說近是，並引季本《詩說解頤》云：「文中既曰『胡寧忍予』，『民莫不穀，我獨何害』，則此亂似非國家之亂，乃詩人自身之災難，故季本《詩

〔註704〕陳器文：〈論詩經的憂患意識〉，頁 262～263。

〔註705〕余培林：《詩經正詁》上冊，頁 79。

〔註706〕朱熹：《詩經集註》，頁 117。

說解頤》曰:『仕者……，爲小人構禍，無所容身，故作是詩。』是矣。」
〔註707〕全詩八章，首章點出事發之時間點是夏季，而末二句則怨怪「先祖
匪人，胡寧忍予？」責怪先祖爲什麼不保佑我，而讓我遭逢此亂呢？頗有生
不逢時之歎。二章言到了秋天一片淒涼蕭條的景象，百花都凋落，落土爲安，
而遭亂的我，卻不知要歸往何處？心如無根的浮萍，惴惴難安。三章則言「冬
日烈烈，飄風發發」，冬天是那麼的寒冷，風聲發發作響，而遭亂的我心更
寒，所以，埋怨地說:「民莫不穀，我獨何害？」四章首二句以「山有嘉卉，
侯栗侯梅」，言萬物本該得其所，而今卻被殘害，竟無人知這到底是誰的罪
過？五章則言「相彼泉水，載清載濁」，同樣是泉水，有時候清，也有時候
濁。而爲什麼只有我每日遇禍，這種情形到底什麼時候才會改善呢？六章以
「滔滔江漢，南國之紀」起興，言我那麼盡責守法紀，爲什麼反而遭構害，
無一相親者呢？七章以「匪鶉匪鳶，翰飛戾天。匪鱣匪鮪，潛逃于淵」，言
萬物得其所。末章則以「山有蕨薇，隰有杞桋。君子作歌，維以告哀」，蕨
薇本應在隰而今卻在山，杞桋本應在山而今卻在下濕的隰地，藉此點明作歌
的原因，是怨嘆自己不得其所。內心怨懟之起，全因守法重紀還被害，認眞
盡責還居下位，簡直天理不明，在哭訴無門之下，只能怨嘆先祖不保佑，以
致自己不得其所。

　　而〈秦風・權輿〉一詩則因始終待遇不同，不受重用而興嘆，其詩云:

　　　　於我乎夏屋渠渠，今也每食無餘，于嗟乎不承權輿。（一章）

　　　　於我乎每食四簋，今也每食不飽，于嗟乎不承權輿。（二章）

屈萬里《詩經詮釋》:「此自歎始受君主優禮而終被涼薄之詩。」〔註708〕余培
林《詩經正詁》亦云:「此述始受優禮而終遭冷落之詩。」〔註709〕詩中以始終
待遇不同作一強烈對比，始爲「夏屋渠渠」，「每食四簋」，今則爲「每食無餘」，
「每食不飽」，而感嘆今不如昔！詩中雖以飲食言之，實則言其不受重用，所
以，頗有「長鋏歸來兮」的意味。而〈召南・小星〉則是征人行役在外，日
夜勞苦而心生怨嘆，其詩云:

　　　　嘒彼小星，三五在東。肅肅宵征，夙夜在公。寔命不同。（一章）

　　　　嘒彼小星，維參與昴。肅肅宵征，抱衾與裯。寔命不猶。（二章）

〔註707〕余培林:《詩經正詁》下冊，頁208～209。

〔註708〕屈萬里:《詩經詮釋》，頁229。

〔註709〕余培林:《詩經正詁》，頁369。

余培林《詩經正詁》:「此征人日夜行役而自傷勞苦之詩。」〔註710〕全詩僅二章,然「肅肅宵征」,點其夜間行役,「維參與昴」,「抱衾與裯」,則言其苦,「寔命不同」,「寔命不猶」爲征人自嘆命不如人,句中有勞逸不均的暗示。余培林《詩經正詁》謂此詩:「雖不云苦,而苦在其中;雖不言怨,而怨自見。」〔註711〕〈小雅・北山〉一詩則言從事戰役,但勞逸不均情況嚴重,故發出不平之怨,其詩云:

> 陟彼北山,言采其杞。偕偕士子,朝夕從事。王事靡盬,憂我父母。(一章)
>
> 溥天之下,莫非王土。率土之濱,莫非王臣。大夫不均,我從事獨賢。(二章)
>
> 四牡彭彭,王事傍傍。嘉我未老,鮮我方將。旅力方剛,經營四方。(三章)
>
> 或燕燕居息,或盡瘁事國;或息偃在床,或不已于行。(四章)
>
> 或不知叫號,或慘慘劬勞;或棲遲偃仰,或王事鞅掌。(五章)
>
> 或湛樂飲酒,或慘慘畏咎;或出入風議,或靡事不爲。(六章)

《詩序》:「〈北山〉,大夫刺幽王也。役使不均,己勞於從事,而不得養其父母焉。」〔註712〕一章言朝夕從事王事,久不歸養父母,因以爲憂。二章言「率土之濱,莫非王臣」,王理應公平對待所有的下屬,而今卻不然,大夫皆逸而我獨勞,勞逸不均情況嚴重,故發出不平之怨。三章言「嘉我未老,鮮我方將。旅力方剛,經營四方」,都是讚美詩人寶刀未老,能力很棒,體力很強,可以有所作爲,然詩人怨不能以「能者多勞」爲由,而將所有的事都由其承擔,眞是同酬不同工呀!所以,四、五、六章一連串的對比,強調勞逸不均,顯示其憤怒之情非常之強。末三章,共十二句,可分六組作一對照,每一組前一句皆言大夫之安逸,後一句則言我之勞苦。而大夫之安逸表現在「燕燕居息」,「息偃在床」,安居休息,完全置「王事靡盬」於不顧;而我卻「盡瘁事國」,「不已于行」,爲國事到處奔波,不敢休息。大夫「不知叫號」,「棲遲偃仰」,對於徵召叫喚,完全不當一回事,還一副從容自如

〔註710〕余培林:《詩經正詁》上冊,頁60。
〔註711〕余培林:《詩經正詁》上冊,頁61。
〔註712〕鄭玄:《毛詩鄭箋》,頁97。

的模樣；而我則是「慘慘劬勞」，「王事鞅掌」，爲王事勞苦不安。當大夫「湛樂飲酒」，「出入風議」，正事不作，飲酒作樂，還對國事大放厥詞，只會動口，不想動手；而我則是「慘慘畏咎」，「靡事不爲」，成天勞苦於王事，還怕有罪過，所有的事都盡心盡力去做。唉！真是誰看不開，誰就得辛苦，更何況論功行賞還不一定是爲國家慘慘劬勞，鞠躬盡瘁之人呀！其勞逸不均情況之嚴重可知矣！難怪詩人會義憤填膺，發出不平之鳴。所以，李樗於《毛詩集解》中曾說：「孔子曰：『公則說。』人主苟有均平之心，則雖征役之重，不以爲怨，若有不均之心，則雖征役未甚勞苦，而人亦將怨矣。」〔註713〕如果君王公平處事，相信在下位者都能以愉悅的心情，盡心盡力的付出而無怨無悔。而同樣行役在外，〈唐風‧鴇羽〉一詩，則是因不得養其父母，而心生怨嘆，其詩云：

> 肅肅鴇羽，集于苞栩。王事靡盬，不能蓺稷黍。父母何怙？悠悠蒼天，曷其有所。（一章）
>
> 肅肅鴇翼，集于苞棘。王事靡盬，不能蓺黍稷。父母何食？悠悠蒼天，曷其有極。（二章）
>
> 肅肅鴇行，集于苞桑。王事靡盬，不能蓺稻粱。父母何嘗？悠悠蒼天，曷其有常。（三章）

《詩序》：「〈鴇羽〉，刺時也。昭公之後，大亂五世，君子下從征役，不得養其父母，而作是詩也。」〔註714〕余培林《詩經正詁》：「自『君子』以下皆合詩旨，『昭公之後，大亂五世』云云，則皆附會之辭也。《集傳》：『民從征役而不得養其父母，故作是詩。』是矣。」〔註715〕全詩三章，形式複疊，三章之首二句，皆以鴇之止息而羽猶肅肅不止，象徵自己之遷徙無定，不得安寧。〔註716〕「王事靡盬」一語爲全詩之關鍵，征人因爲王室而從事戰役在外，不得休息，不得在家奉養父母，所以，末二句呼天而問，其抱怨、無奈、悲愴之情，可想而知。而〈邶風‧北門〉一詩，則是言王事、政事繁忙，即使連家人都沒有人能體會其艱辛，而心生感嘆，其詩云：

> 出自北門，憂心殷殷。終窶且貧，莫知我艱。已焉哉！天實爲之，

〔註713〕李樗‧黃櫄：《毛詩集解》，卷二十六，頁804。
〔註714〕鄭玄：《毛詩鄭箋》，頁49。
〔註715〕余培林：《詩經正詁》上冊，頁328。
〔註716〕余培林：《詩經正詁》上冊，頁329。

謂之何哉！（一章）

王事適我，政事一埤益我。我入自外，室人交徧讁我。已焉哉！天實爲之，謂之何哉！（二章）

王事敦我，政事一埤遺我。我入自外，室人交徧摧我。已焉哉！天實爲之，謂之何哉！（三章）

《詩序》：「〈北門〉，刺仕不得志也。」〔註717〕余培林《詩經正詁》：「按詩文既謂：『王事適我，政事一埤益我』，是非不得志也。此當是嘆勞苦而不獲報之詩。」〔註718〕首章點出其憂心殷殷乃因「終窶且貧，莫知我艱」，言忙於王事、政事，處境已經很困難了，還沒有人能體會我的艱辛。二、三章則言其飽受內外的壓力，就連家人也無法體諒、包容我，還指責我的不是，在外奔波辛苦，回家還得不到溫暖。所以，末三句的副歌：「已焉哉！天實爲之，謂之何哉！」則將自己的命運歸之於老天爺的安排，營造出無可奈何，自怨自嘆的情感氛圍，具有一唱三歎的效果。後來的人，則據《詩序》將「北門之歎」，解爲貧士之不遇。如：《世說新語‧言語》中曾提到李充家貧，又懷才不遇，故有「北門之歎」，而王符《潛夫論‧交際》篇云：「處卑下之位，懷〈北門〉之殷憂。」〔註719〕

　　《詩經》中心有怨嘆者的形象，多是爲國家盡職盡忠，勞心勞力，卻反受陷害，不被賞識，不被諒解，或行役在外勞逸不均，同酬不同工，內心不能平衡，積勞成怨，而怨天、怨地、怨祖先。

〔註717〕鄭玄：《毛詩鄭箋》，頁17。
〔註718〕余培林：《詩經正詁》上冊，頁120～121。
〔註719〕王符：《潛夫論》，卷八，頁395。